高等职业教育高速铁路客运服务专业系列教材
高等职业教育校企合作精品教材——轨道交通类

高速铁路概论

（第2版）

主　编◎王　慧　谢思维
副主编◎方　钢　刘　佳　崔　涛　施　敏

西南交通大学出版社
·成　都·

图书在版编目（CIP）数据

高速铁路概论 / 王慧，谢思维主编. -- 2 版. -- 成都：西南交通大学出版社，2024.10. -- （高等职业教育高速铁路客运服务专业系列教材）（高等职业教育校企合作精品教材）. --ISBN 978-7-5774-0148-5

Ⅰ．U238

中国国家版本馆 CIP 数据核字第 2024FN8507 号

高等职业教育高速铁路客运服务专业系列教材
高等职业教育校企合作精品教材
Gaosu Tielu Gailun (Di-er Ban)
高速铁路概论（第 2 版）

主　编／王慧　谢思维	策划编辑／臧玉兰
	责任编辑／宋浩田
	封面设计／墨创文化

西南交通大学出版社出版发行
（四川省成都市金牛区二环路北一段 111 号西南交通大学创新大厦 21 楼　610031）
营销部电话：028-87600564　　028-87600533
网址：http://www.xnjdcbs.com
印刷：成都中永印务有限责任公司

成品尺寸　　185 mm×260 mm
印张　　14　　字数　　321 千
版次　　2019 年 11 月第 1 版　　2024 年 10 月第 2 版
印次　　2024 年 10 月第 7 次

书号　　ISBN 978-7-5774-0148-5
定价　　49.00 元

课件咨询电话：028-81435775
图书如有印装质量问题　本社负责退换
版权所有　盗版必究　举报电话：028-87600562

第二版前言

高速铁路广泛采用新技术、新结构、新材料、新工艺，在桥隧路基、轨道结构、高速动车组列车、牵引供电、通信信号、运输指挥、智能客运服务及安全监控等方面不断取得重大突破。

《高速铁路概论》(第2版)在第1版基础上修订而成，增加数字资源、高速铁路"工电供"一体化、自轮运转特种设备、动车组主要类型、复兴号动车组构造、复兴号智能动车组乘务作业、高速铁路智能建造、高速铁路智能装备、高速铁路智能客运应用等相关内容，并在项目描述中融入课程思政元素。作为相关专业开设的一门专业基础课，可为后续相关课程提供必要的基础知识，在培养专业人才方面发挥重要作用。

本书按照《高等职业学校高速铁路客运服务专业教学标准》的要求进行编写，全面、系统地介绍高速铁路基本知识。全书共分为八个项目，主要内容包括：项目一高速铁路、项目二高速铁路线路与车站、项目三高速铁路牵引供电系统、项目四高速铁路动车组列车、项目五高速铁路列车运行控制与通信系统、项目六高速铁路运营组织与管理、项目七"复兴号"动车组列车乘务作业、项目八智能高速铁路。教材编写坚持继承与创新相结合、实用可行的原则。

本书既可作为高等职业院校高速铁路客运服务、高速铁路相关专业的教材，亦可作为铁路相关专业职工的培训教材以及相关专业人员工作的参考资料。

本书由天津铁道职业技术学院王慧、中国铁路北京局集团有限公司信息技术所谢思维任主编，中国铁路北京局集团有限公司天津站方钢、中国铁路北京局集团有限公司唐山站刘佳、中国铁路北京局集团有限公司唐山车务段崔涛和长沙南方职业学院施敏任副主编。具体分工如下：刘佳编写项目一，施敏编写项目三，崔涛编写项目五，方钢编写项目六，王慧编写项目二、项目四、项目七，谢思维编写项目八。

由于编者水平有限，书中难免存在不足之处，敬请读者批评指正。

编 者
2024年11月

第一版前言

高速铁路广泛采用新技术、新结构、新材料、新工艺，不断在桥隧路基、轨道结构、机车车辆、牵引供电、通信信号、运输指挥及安全监控等方面取得重大突破。这些都旨在在确保安全舒适的前提下，实现高速运行的目标，提高铁路运输服务质量和经济效益。高速铁路是既能满足我国旅客运输的需求，又能满足可持续发展战略要求的最佳交通运输方式。

《高速铁路概论》作为高速铁路客运乘务专业教学标准中设置的一门专业基础课程，主要内容包括高速铁路概述、中国高速铁路发展与规划、高速铁路线路的平面和纵断面、高速铁路路基与桥隧建筑物、高速铁路轨道、高速铁路车站及枢纽、高速铁路牵引供电系统、中国铁路运用动车组车型、高速动车组运用与检修、高速铁路运行控制系统与通信设备、高速铁路运营组织与管理、复兴号动车组司机乘务作业、复兴号动车组随车机械师乘务作业、复兴号动车组客运乘务作业及智能高速铁路。可为后续相关课程提供必要的基础知识，对培养专业人才具有重要作用。

《高速铁路概论》按照《高等职业学校高速铁路客运乘务专业教学标准》编写，本书将理论与实际相联系，图文并茂，融合了高速铁路的最新技术，是一本全面、系统介绍高速铁路基本知识的图书。全书共分为九个项目，主要内容包括：项目一高速铁路概述、项目二高速铁路线路、项目三高速铁路车站及枢纽、项目四高速铁路牵引供电系统、项目五高速动车组列车、项目六高速铁路列车运行控制与通信系统、项目七高速铁路运营组织与管理、项目八"复兴号"动车组列车乘务作业、项目九智能高速铁路。教材坚持继承与创新相结合、实用可行的原则。

为满足读者需要，本书将现场客运岗位作业用语及 14 种站车交接情况处理，在每一个任务后面以二维码方式嵌入。给读者带去丰富的阅读体验与现场真实感受。

《高速铁路概论》教材既可作为高等职业院校高速铁路客运乘务、高速铁路相关专业的教材，亦可作为铁路相关专业职工的培训教材以及相关专业人员工作的参考资料。

本教材由天津铁道职业技术学院王慧任主编，长沙南方职业学院施敏任副主编，中国铁路北京局集团有限公司天津站客运车间主任吕忠强和天津铁道职业技术学院运输系刘小娣参编。具体分工如下：施敏编写项目一；王慧编写项目二、项目四、项目六、项目七、项目八、项目九；吕忠强编写项目三；刘小娣编写项目五。

由于编者水平有限，书中的不妥之处，敬请广大读者批评指正。

编　者
2019 年 8 月

数字资源目录

二维码编号	项目任务	资源名称	资源类型	页码
二维码 1	项目一任务 1	高速铁路技术的经济优势	动画	2
二维码 2	项目一任务 1	"八纵八横"高速铁路网规划	动画	5
二维码 3	项目二任务 1	铁路线路曲线	动画	16
二维码 4	项目二任务 2	路基的基本形式	动画	21
二维码 5	项目二任务 2	隧道压力波的产生	动画	26
二维码 6	项目三任务 1	牵引供电回路	动画	54
二维码 7	项目三任务 1	自耦变压器供电方式	动画	56
二维码 8	项目三任务 2	高速铁路接触网组成	动画	59
二维码 9	项目三任务 2	受电弓过无交叉线岔	动画	67
二维码 10	项目四任务 1	动车组的优点	动画	73
二维码 11	项目四任务 1	动车组六大关键技术	动画	73
二维码 12	项目五任务 1	CTCS 系统的应用等级	动画	109
二维码 13	项目五任务 1	CTCS-2 级列控系统结构	动画	113
二维码 14	项目五任务 1	CTCS-3 级列控系统信息传递	动画	114
二维码 15	项目五任务 1	完全监控模式	动画	115
二维码 16	项目五任务 1	调车模式	动画	115
二维码 17	项目五任务 1	休眠模式	动画	115
二维码 18	项目五任务 1	待机模式	动画	116
二维码 19	项目五任务 1	隔离模式	动画	116
二维码 20	项目五任务 1	部分监控模式	动画	116
二维码 21	项目五任务 1	联锁系统层次结构	动画	116
二维码 22	项目五任务 1	目视行车模式	动画	117
二维码 23	项目五任务 1	引导模式	动画	117
二维码 24	项目五任务 1	机车信号模式	动画	117
二维码 25	项目六任务 1	高速铁路客流调查方法	动画	128
二维码 26	项目六任务 1	高速铁路旅客运输计划的种类	动画	129
二维码 27	项目六任务 2	单线铁路站间区间	动画	136

续表

二维码编号	项目任务	资源名称	资源类型	页码
二维码 28	项目六任务 2	双线铁路站间区间	动画	136
二维码 29	项目六任务 2	双线铁路所间区间	动画	136
二维码 30	项目六任务 2	双线铁路自动闭塞分区	动画	136
二维码 31	项目六任务 2	信号机常态点灯的 CTCS-2 级自动站间闭塞区段特殊情况下办理发车的行车凭证	动画	136
二维码 32	项目六任务 2	安全距离	动画	139
二维码 33	项目六任务 3	人工窗口售票	视频	146
二维码 34	项目六任务 3	自动售票机	动画	146
二维码 35	项目六任务 3	自助检票	视频	147
二维码 36	项目六任务 3	自助验证	视频	147
二维码 37	项目六任务 3	人工验证	视频	149
二维码 38	项目六任务 3	电子支付售票	视频	149
二维码 39	项目六任务 3	打印行程提示单	视频	149
二维码 40	项目六任务 3	人工检票	视频	151

目 录

项目一 高速铁路 001
　　任务一　高速铁路概述 001
　　任务二　高速铁路"工电供"一体化 007

项目二 高速铁路线路与车站 015
　　任务一　高速铁路线路的平面和纵断面 015
　　任务二　高速铁路路基与桥隧建筑物 021
　　任务三　高速铁路轨道 031
　　任务四　高速铁路车站 040

项目三 高速铁路牵引供电系统 054
　　任务一　高速铁路牵引供电系统概述 054
　　任务二　高速铁路接触网系统 059

项目四 高速铁路动车组列车 073
　　任务一　动车组列车主要车型 073
　　任务二　R400BF 动车组列车基本结构 082
　　任务三　高速车组运用与检修 097

项目五 高速铁路列车运行控制与通信系统 109
　　任务一　高速铁路列车运行控制系统 109
　　任务二　高速铁路通信系统 119

项目六　高速铁路运营组织与管理 127
任务一　高速铁路旅客列车开行方案 127
任务二　高速铁路行车组织 134
任务三　高速铁路客运服务 145

项目七　"复兴号"动车组列车乘务作业 157
任务一　"复兴号"动车组司机乘务作业 157
任务二　"复兴号"动车组随车机械师乘务作业 168
任务三　"复兴号"智能动车组客运乘务作业 177

项目八　智能高速铁路 187
任务一　智能高速铁路概述 187
任务二　高速铁路智能客运应用 200

参考文献 213

项目一

高速铁路

// 项目描述//

高速铁路集中反映了铁路线路结构、列车牵引动力、高速运行控制、高速运营组织与管理等方面的技术进步,为"高端智造"注入了含金量。本项目主要介绍高速铁路核心系统构成和高速铁路工电供一体化。

通过本项目的学习,强化学生科技报国的爱国情怀,深化学生热爱劳动、精益求精、踏实肯干的敬业态度。

//// 任务一　高速铁路概述 ////

能力目标

能对高速铁路概念、技术经济优势及系统组成有初步的认识。能掌握我国高速铁路"八纵八横"铁路网的组成。

知识目标

掌握高速铁路概念;了解高速铁路技术经济优势;掌握高速铁路系统组成;掌握我国高速铁路发展规划。

相关知识

高速铁路运营系统主要由六大核心系统构成,分别是基础设施(工务工程)、牵引供电、通信信号、动车组、智能运输(运营调度与客运服务系统等)、养护维修,各系统之间既自成体系,又相互关联、影响并协调运转。

一、高速铁路概念

高速铁路是指能使列车高速运行的铁路系统。高速铁路的界定是一个动态的过程,并随着时代的发展而更新。

(一)国际铁路联盟(UIC)定义

国际铁路联盟(UIC)将高速铁路定义为,新建高速铁路的设计速度达到 250 km/h 及以上,经升级改造的高速铁路设计速度达到 200 km/h。

(二)世界铁路等级划分

目前被广泛接受的世界铁路等级划分标准为:100~120 km/h(常速)、120~160 km/h(中速)、160~200 km/h(快速或准高速)、200~400 km/h(高速)、400 km/h 以上(超高速)。

(三)我国高速铁路定义

1.《铁路技术管理规程》(高速铁路部分)定义

2018年《铁路技术管理规程》(高速铁路部分)条文说明(第一次修订)总则中将高速铁路定义为:200 km/h 及以上铁路和 200 km/h 以下仅运行动车组的铁路。

2.《高速铁路安全防护管理办法》定义

2020年《高速铁路安全防护管理办法》总则中将高速铁路定义为:"250 km/h 以上(含预留),并且初期运营 200 km/h 以上的客运列车专线铁路"。

高速铁路的技术经济优势动画扫码观看

二、高速铁路的技术经济优势

高速铁路是高新技术在铁路上的集中反映,体现了一个国家的科技和工业水平,同时在经济发达、人口密集的地区具有明显的技术经济优势。

(一)安全性好

安全始终是人们出行选择交通方式时首要考虑的因素。高速铁路普遍采用在线路全封闭环境中运行的方式,具有完善的安全保障体系,包括固定设施和移动设备的监测和诊断系统、科学的养护维修制度、先进的列车控制系统、自然灾害预警预报系统等,这一系列措施能够有效地防止人为过失、设备故障等引起的各类事故。除采用了一系列现代化的先进技术设备构成的安全监控系统外,在运输组织中对涉及安全的各个环节有一套十分严密的管理制度,有关的操作人员必须事先进行岗位培训,持证上岗。

(二)运输能力大

输送能力大是高速铁路主要技术优势之一。高速铁路运用了先进的通信和列车运行控制技术,可以采用高密度、公交化的开行方式。列车间隔越小,运行密度越大,为旅客提供的服务频率越高，旅客等待乘车的时间就越短，越能吸引更大的客流。

（三）运行速度高

列车运行速度高既是高速铁路最主要的标志，也是最显著的优势，是高速铁路技术的核心。动车组列车运行速度可达 300 km/h 及以上，能够节约旅客总旅行时间，深受旅客欢迎。

（四）列车运行正点率高

正点率既是高速铁路系统设备可靠性和运输组织水平的综合反映，也是运输服务质量的核心。只有列车始发、运行和终到正点，旅客才能有效安排自己的时间。列车正点率高不但赢得了旅客青睐，同时也强化了自身的管理工作。

（五）能源消耗低

能耗高低是评价交通运输方式优劣的重要经济技术指标之一。高速铁路动车组列车使用的是电力牵引，高速铁路车站则采用太阳能光伏发电、地缘热泵等新能源技术，高速铁路在能源消耗方面具有明显的优势。

（六）受气候影响小

除了可能危及行车安全的自然灾害外，高速铁路运营一般不受天气变化的影响，可以做到按列车运行图安全行车。高速铁路遇到大雾、暴雨、大雪、雷电、大风等天气时，可采取减速的方式组织运营。

（七）服务质量高

随着人们物质文化生活水平的不断提高，出行的舒适程度已成为人们选择交通方式的重要考虑因素之一。"快、稳、准"等的乘坐需求推动高速铁路技术不断革新发展，保证旅客出行的智能化和智慧化。

高质量服务必须要有完善的客运服务系统作支撑。客运服务系统是指直接面向旅客，为其在旅行过程中提供方便、周到的服务而设置的设施及系统。高速铁路动车组车内宽敞明亮、设施先进，装备齐全，旅客在途中占用的活动空间大，可以为其提供会议、娱乐、观光等条件。高速列车运行平稳，减振性好，具有良好的隔声效果，可以给乘客提供一个安静、舒适的乘车环境。

三、高速铁路系统组成

高速铁路形成了独立的体系结构，主要包括工务工程、牵引供电、通信信号、动车组、运营管理、客运服务等六大核心系统。

我国高速铁路系统构架和六大核心系统关系如图 1-1-1、1-1-2 所示。

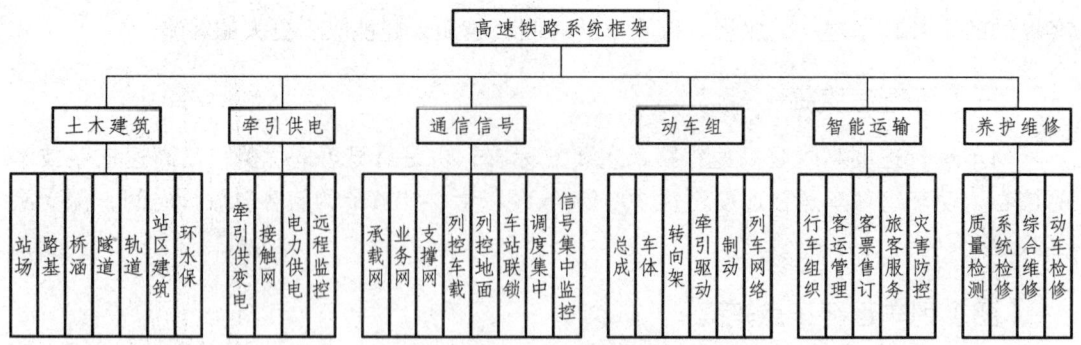

图 1-1-1　高速铁路系统构架

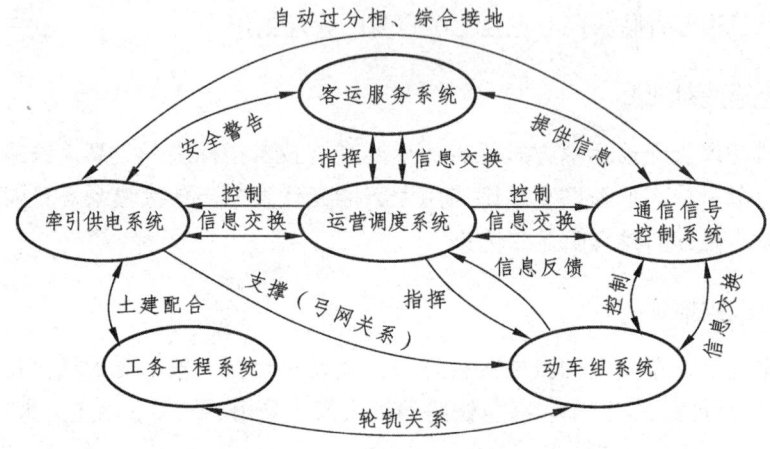

图 1-1-2　高速铁路系统关系图

（一）工务工程系统

工务工程系统是为高速运行的动车组列车提供高平顺性与高稳定性轨面条件，建立严格的线路状态监测机制和保障轨道持久平顺。

（二）牵引供电系统

牵引供电系统为高速铁路列车提供稳定、高质量的电流。

（三）通信信号控制系统

通信信号控制系统能及时准确地完成列车运行的各种调度命令和信息的传输，是列车高速、安全运行的重要保证。

（四）动车组系统

动车组系统是以整体固定编组为特征的高速铁路列车，具有复杂牵引传动与控制、计算机网络控制、车载运行控制等关键技术。

（五）运营管理系统

运营管理系统是完成高速铁路运输组织的根本保证，主要通过编制列车运行计划和基础设施维修计划来实现对列车的指挥并组织运行工作。

（六）客运服务系统

客运服务系统是处理与旅客服务相关事件的系统，包括发售车票、组织旅客乘降、客户服务、列车服务等。

"八纵八横"高速铁路网规划扫码观看

四、"八纵八横"高速铁路网

我国"八纵八横"高速铁路网是以沿海、京沪等"八纵"通道和陆桥、沿江等"八横"通道为主干，城际铁路为补充的高速铁路网。"八纵八横"可实现相邻大中城市间 1～4 h 交通圈、城市群内 0.5～2 h 交通圈。

（一）"八纵"通道

"八纵"通道包括沿海通道、京沪通道、京港（台）通道、京哈—京港澳通道、呼南通道、京昆通道、包（银）海通道、兰（西）广通道。

1. 沿海通道

沿海通道是指大连（丹东）—秦皇岛—天津—东营—潍坊—青岛（烟台）—连云港—盐城—南通—上海—宁波—福州—厦门—深圳—湛江—北海（防城港）高速铁路（其中青岛至盐城段利用青连、连盐铁路，南通至上海段利用沪通铁路）。连接东部沿海地区，贯通京津冀、辽中南、山东半岛、东陇海、长三角、海峡西岸、珠三角、北部湾等城市群。

2. 京沪通道

京沪通道是指北京—天津—济南—南京—上海（杭州）高速铁路，包括南京—杭州、蚌埠—合肥—杭州高速铁路，同时通过北京—天津—东营—潍坊—临沂—淮安—扬州—南通—上海高速铁路。连接华北、华东地区，贯通京津冀、长三角等城市群。

3. 京港（台）通道

京港（台）通道是指北京—衡水—菏泽—商丘—阜阳—合肥（黄冈）—九江—南昌—赣州—深圳—香港（九龙）高速铁路；另一支线为合肥—福州—台北高速铁路，包括南昌—福州（莆田）铁路。连接华北、华中、华东、华南地区，贯通京津冀、长江中游、海峡西岸、珠三角等城市群。

4. 京哈—京港澳通道

京哈—京港澳通道是指哈尔滨—长春—沈阳—北京—石家庄—郑州—武汉—长沙—广州—深圳—香港高速铁路，包括广州—珠海—澳门高速铁路。连接东北、华北、华中、华南、港澳地区，贯通哈长、辽中南、京津冀、中原、长江中游、珠三角等城市群。

5. 呼南通道

呼南通道是指呼和浩特—大同—太原—郑州—襄阳—常德—益阳—邵阳—永州—桂林—南宁高速铁路。连接华北、中原、华中、华南地区，贯通呼包鄂榆、山西中部、中原、长江中游、北部湾等城市群。

6. 京昆通道

京昆通道是指北京—石家庄—太原—西安—成都（重庆）—昆明高速铁路，包括北京—张家口—大同—太原高速铁路。连接华北、西北、西南地区，贯通京津冀、太原、关中平原、成渝、滇中等城市群。

7. 包（银）海通道

包（银）海通道是指包头—延安—西安—重庆—贵阳—南宁—湛江—海口（三亚）高速铁路，包括银川—西安以及海南环岛高速铁路。连接西北、西南、华南地区，贯通呼包鄂、宁夏沿黄、关中平原、成渝、黔中、北部湾等城市群。

8. 兰（西）广通道

兰（西）广通道是指兰州（西宁）—成都（重庆）—贵阳—广州高速铁路。连接西北、西南、华南地区，贯通兰西、成渝、黔中、珠三角等城市群。

（二）"八横"通道

"八横"通道包括绥满通道、京兰通道、青银通道、陆桥通道、沿江通道、沪昆通道、厦渝通道、广昆通道。

1. 绥满通道

绥满通道是指绥芬河—牡丹江—哈尔滨—齐齐哈尔—海拉尔—满洲里高速铁路。连接黑龙江及蒙东地区。

2. 京兰通道

京兰通道是指北京—呼和浩特—银川—兰州高速铁路。连接华北、西北地区，贯通京津冀、呼包鄂、宁夏沿黄、兰西等城市群。

3. 青银通道

青银通道是指青岛—济南—石家庄—太原—银川高速铁路（其中绥德至银川段利用太中银铁路）。连接华东、华北、西北地区，贯通山东半岛、京津冀、太原、宁夏沿黄等城市群。

4. 陆桥通道

陆桥通道是指连云港—徐州—郑州—西安—兰州—西宁—乌鲁木齐高速铁路。连接华东、华中、西北地区，贯通东陇海、中原、关中平原、兰西、天山北坡等城市群。

5. 沿江通道

沿江通道是指上海—南京—合肥—武汉—重庆—成都高速铁路，包括南京—安庆—九江—武汉—宜昌—重庆、万州—达州—遂宁—成都高速铁路（其中成都至遂宁段利用达成铁路）。连接华东、华中、西南地区，贯通长三角、长江中游、成渝等城市群。

6. 沪昆通道

沪昆通道是指上海—杭州—南昌—长沙—贵阳—昆明高速铁路。连接华东、华中、西南地区，贯通长三角、长江中游、黔中、滇中等城市群。

7. 厦渝通道

厦渝通道是指厦门—龙岩—赣州—长沙—常德—张家界—黔江—重庆高速铁路（其中厦门至赣州段利用龙厦铁路、赣龙铁路，常德至黔江段利用黔张常铁路）。连接海峡西岸、中南、西南地区，贯通海峡西岸、长江中游、成渝等城市群。

8. 广昆通道

广昆通道是指广州—南宁—昆明高速铁路。连接华南、西南地区，贯通珠三角、北部湾、滇中等城市群。

任务实施

根据以上相关知识，由老师组织学生分组讨论高速铁路定义、技术优势、系统组成及"八纵八横"高速铁路网，各小组派代表进行总结汇报，小组互评，教师点评。提高学生运用理论知识解决实际问题的能力。

//// 任务二 高速铁路"工电供"一体化 ////

能力目标

能了解高速铁路工务、电务、供电检修作业基本要求。

知识目标

了解高速铁路工务、电务、供电设备的维修的内容，掌握高速铁路"工电供""三位一体"维修管理的优势。

相关知识

从高速铁路基础设施运营维护实践来看，高速铁路设备维护的一体化、专业化将成为发展趋势。

一、工务、电务、供电设备

工务设备设施主要包括轨道、路基、桥梁、隧道等，是高速列车安全、平稳运行的基础。电务设备设施主要包括铁路信号和铁路通信两大系统，可分为电务固定设备和电务车载移动设备。供电设备设施包括接触网、牵引变电、电力等。

高速铁路工务、电务和供电等基础设施是保障行车安全、提高运输效率的关键设施，是高速铁路列车安全、正点、快速、高密度运行的重要保证。

二、列车运行图中的维修天窗

天窗是列车运行图中不铺画列车运行线，或调整、抽减列车运行线，为运营线路的施工和维修作业预留的时间。

（一）维修天窗的定义

高速铁路的综合维修主要是指对线路、供电和信号等固有设备进行的日常维护和检修。在列车运行图上预留的用于维修施工所需要的行车"空隙"称为天窗。在高速度、高密度的行车条件下，综合维修天窗开设方式和维修时间的确定，对高速铁路的通过能力和行车组织方式有很大的影响。

（二）天窗的开设方式及特点

列车运行图是铁路行车组织工作的基础，所有与列车运行有关的铁路部门，都必须按列车运行图的要求，组织本部门的工作，以保证列车按运行图运行。列车运行，原则上以开往北京方向为上行，反之为下行。

1. 矩形天窗

在列车运行图中一个或几个区段内上下行同时形成空白，将其作为维修时间，通常设置在 0:00—6:00 时段内。该维修天窗的形状类似矩形，因此称为矩形天窗，如图 1-2-1 所示。

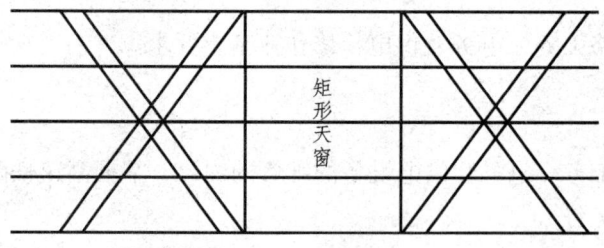

图 1-2-1　矩形天窗

2. V 形天窗

在整个区段内，按上、下行分别形成运行图空白，一条线维修施工时，另一条线组织双向运行。该维修天窗的形状类似字母"V"，因此称为 V 形天窗，如图 1-2-2 所示。

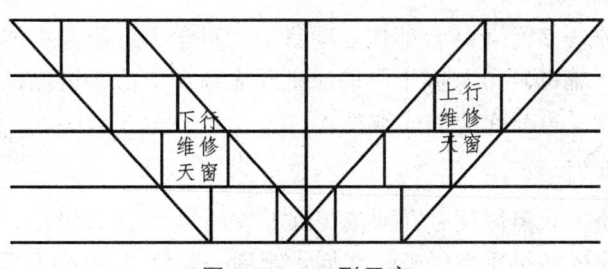

图 1-2-2　V 形天窗

三、"三位一体"维修管理模式

为解决各项维修作业占用时间过长造成的时间浪费、挤压列车运行时间等问题，高速铁路维修实施"三位一体"模式。

（一）基本概念

"三位一体"维修管理模式是指将承担铁路基础设施养修任务的工务、电务、供电三个专业整合到一个管理单位中，三个组织单元联合组成一个紧密协作的整体，设备共管、资源共享、天窗共用、责任共担，实行生产生活一体化。

（二）实施内容

三个专业在作业负责人的统一指挥下，同步作业，一专主导，互为支撑，形成"三位一体"模式的天窗修计划管理、施工维修作业登销记、施工维修作业卡控、防护员设置等制度和管理办法。

1. 统筹专业力量

成立集中监测机构，配齐配强检测监测设备，提高过程盯控和预警防范能力；成立道岔整治、电子设备维护等班组，提升专业管理保障水平。

2. 强化计划管理

结合实践经验，优化计划编制流程，自上而下布置每月生产任务，自下而上提报每周计划。上下结合的计划编制规则发挥了综合集中管理、统筹协调推进的优势，使天窗资源得到最大化共用。

3. 实施集中作业

制定"五个统一"和"五个一起"综合集中作业模式，即：统一计划管理、统一组织协调、统一作业制度、统一班组台账、统一考核奖惩；一起研究工作、一起制订方案、一起安排劳力、一起组织生产、一起总结完善。集中作业模式有效解决了 3 个专业"单打一"问题，提高了天窗综合利用率和劳动生产效率，降低了夜间道路交通等安全风险。

4. 开展综合维修

将区间的线路结构检查、信号设备巡检、接触网外观巡视及鸟巢检查等单独作业项目纳入一个作业组的工作范围，实行"专业搭配，综合协同"的区间综合巡检作业方法。

在道岔设备综合检修等多专业结合部作业项目中，科学界定作业主体和辅助环节，按照"主体环节专业干，辅助环节共同干"的原则开展综合整治，消除设备专业结合部养修不到位的问题，减少了重复作业的成本投入。

5. 优化劳动班制

实施"四大三小"天窗制度：在周二至周五凌晨 4 个大天窗内，组织开展综合集中作业、病害整治，完成各类重点任务；在周六至周一凌晨 3 个小天窗内，组织局部基础设施的巡检、检修，完成各类临时任务。

6. 推进岗位融合

将"线路工""信号工""接触网工"等整合成为"综合维修工"，进一步提高了劳动效率。

四、自轮运转特种设备

自轮运转特种设备，系指在铁路营业线上运行的轨道车及铁路施工、维修专用车辆（包括轨道起重机、架桥机、铺轨机、接触网架线车、放线车、检修车和大型养路机械等）。自轮运转特种设备是铁路建设、线路施工、线路及设备修理、抢险和检查等工作的主要运输设备，主要分为工务轨道车、供电作业车和大型养路机械三类。

（一）工务轨道车

1. 工务轨道车分类

工务轨道车按性能作用可分为轻型轨道车、重型轨道车（含起重轨道车和发电轨道车）和轨道平车；按传动方式分为机械传动式、液力传动式和电传动式；按轴列式分为 B 型二轴车、A-A 型四轴车和 B-B 型四轴车三种，其中四轴车为转向架结构，二轴车为轮对直接与车体车架连接结构。

2. 工务轨道车型号组成

轨道车的型号由轨道车的名称代号、结构特点代号和主要参数三部分组成。轨道车的名称代号用车辆名称的汉语拼音第一个字母大写组成，如重型轨道车用 G（轨）、C（车）表示。轨道车的结构特点代号指轨道车传动方式代号，其中机械传动不标，液力传动用字母 Y 表示，电传动用字母 D 表示。

3. 工务轨道车常用车型

轨道车常用车型有 GC-270 型轨道车、GCY-300Ⅱ型轨道车等。GC-270 型轨道车最高运行速度 100 km/h，技术成熟，性能可靠，车内空间大，可乘坐 35 人。GCY-300Ⅱ型轨道车最高运行速度 120 km/h，采用动力下悬布置，车后设载货平台和随车起重机。

（二）供电作业车

1. 供电作业车分类

供电作业车按作用性能分为接触网检修车（列）、接触网放线车、接触网检测车、接触网立杆车、绝缘子冲洗车等。供电作业车按传动方式分为机械传动式和液力传动式作业车。作业车轴列式与工务轨道车相同。

2. 供电作业车组成

供电作业车主要由动力及传动系统、走行系统、车钩缓冲装置、电气控制系统、制动系统、车体、液压系统及液力升降回转作业平台组成。

3. 供电作业车常用车型

供电作业车常用车型有 JW-4G 型接触网作业车、DPT 型接触网检修作业车、BRC-711 型多功能作业车和 JJC 型接触网检修作业车。

JW-4G 型接触网作业车最高运行速度 120 km/h，采用动力下悬布置；后端安装有自动调平功能的作业平台，如图 1-2-3 所示。

图 1-2-3　JW-4G 型接触网作业车

DPT 型接触网检修作业车最高运行速度 120 km/h，采用动力下悬布置；车后设三平台作业装置，主平台升起可以对接触网下部的接触导线及部件进行维修，侧平台可以避开接触网导线升到最高，对接触网上部设施检修维护。

（三）大型养路机械

在运营过程中，列车的运行必然会造成线路的磨损，导致几何参数的变化，计划性、系统性地对线路进行检查和养护是十分必要的。随着我国铁路高速化和舒适化的快速发展及要求，使用大型养路机械进行系统化、机械化养护已成为必然。

1. 大型养路机械组成

大型养路机械集机械、电气、液压、气动为一体，通过自动检测、电液伺服控制、自动联锁、微机控制等先进技术，实现线路的机械化养护。大型养路机械一般由发动机系统、动力传动系统、制动系统、走行系统、电气系统、液压系统、测量系统、工作装置等组成。

2. 大型养路机械分类

根据作业功能的不同，大型养路机械主要包括捣固车、动力稳定车、钢轨打磨车、清筛机、配砟整形车、物料运输车等几大类，此外还有焊轨车、钢轨铣磨车、桥梁检测车、除雪车、除沙车、轨道吸污车、连续式起道车、快速换轨车、轨道作业测量车、路基处理车、大修列车等。

3. 常用大型养路机械

（1）捣固车。

捣固车能对线路进行起道、抄平、拨道、道砟捣固及夯实作业。作业后可使线路方向、左右横向水平和前后高低均达到线路维修规则的要求，提高道砟的密实度，增强线路的稳定性，确保列车安全运行。DC-32K 型线路捣固车可以同时捣固两根轨枕，步进式走行，作业效率为 1~1.3 km/h，如图 1-2-4 所示。

图 1-2-4　DC-32K 型线路捣固车

DCL-32K 型线路捣固车可以同时捣固两根轨枕，连续式走行，作业走行速度为 0~2 km/h。

（2）配砟整形车。

配砟整形车具有对道床进行抛砟、配砟、整形和清扫轨枕面等作用，配砟整形车可编挂于捣固车之前，使捣固前道床断面成形、布砟均匀、方便捣固；也可编挂于捣固车之后，使捣固后的道床进一步整理成形，同时将散落在轨枕或扣件上的道砟清扫干净。

（3）动力稳定车。

WD-320 型动力稳定车作业时强迫轨排及道床产生横向水平振动并向道床传递垂直静压力，使道砟流动重新排列，互相填充达到密实，实现轨道在振动状态下有控制地均匀下沉，提高作业线路的横向阻力和道床的整体稳定性，该车作业效率为 0.2~2.5 km/h。

（4）钢轨打磨车。

钢轨打磨车通过打磨装置对钢轨表面进行打磨，消除钢轨表面不平顺、缺陷、病害等，可将轨头轮廓恢复到设计要求，实现预防钢轨表面缺陷的产生、减缓缺陷的发展、提高钢轨表面质量，进一步达到延长钢轨使用寿命、降低轮轨噪声、改善旅客乘车舒适度的目的。PGM-48 型钢轨打磨列车由三节车体组成，全列共有 48 个打磨头，作业走行速度为 1.6~24 km/h。GMC-96B 型钢轨打磨列车由七节车体组成，全列共有 96 个打磨头，作业走行速度为 3~15 km/h。GMC-96X 型钢轨打磨列车由五节车体组成，全列共有 96 个打磨头，作业走行速度为 3~24 km/h。CMC-20 型道岔打磨车由两节车体组成，全车共有 20 个打磨头，作业走行速度为 2~16 km/h。

（5）清筛机。

清筛机是用来清筛道砟的大型机械，它能将脏污的道砟挖出，进行筛分后，将清洁的道砟回填至道床，并将筛出的污土抛至线路外。

QS-650型线路清筛机可在不拆除轨排的情况下，挖出轨排下的道砟，经过筛分后，将污土抛到该机前方线路的两侧或物料运输车内，清洁道砟回填至挖掘区域后方。在翻浆冒泥路段，可对道床道砟进行全抛作业。该车作业走行速度为0~1 km/h，作业效率大于或等于650 m³/h，如图1-2-5所示。

图1-2-5　QS-650型线路清筛机

（6）物料运输车。

WY-100型物料运输车可与清筛机整编成一列车组，将清筛作业产生的废弃污土料在不间断清筛作业的情况下适时地运走，在提高天窗利用率的基础上，有效地避免了将大量废弃污土抛弃在路肩地段、多线区段以及车站范围内的情况，既保护了环境，也提高了清筛作业的整体作业效率。该车储料箱容积为68 m³，输送能力大于800 m³/h，满载料卸空时间小于5 min。

五、综合维修标准化作业原则

为提高工务、电务、供电天窗综合利用率，规范工电综合维修工区一日标准化作业流程，提高综合维修生产组织、安全风险研判和现场作业安全管控水平，实现一体化作业安全有序可控，实施工电综合维修工区一日标准化作业流程。

（1）流程的制定坚持"流程固化、便于操作"的原则。

（2）各专业综合维修作业主要按照"短周期为主、长周期为辅"的原则编制计划；实行"集中为主、分散为辅"的作业组织形式；采用"作业车为主、汽车为辅"的出行方式。

（3）段、车间、班组按时组织召开月、周计划平衡会，并逐级编制月、周作业计划；班组"作业流程"执行施工作业日计划对接会、日综合例会、日专业预想会"三会"。

（4）统一乘坐、加强盯控，合理使用自轮设备交通工具（工务轨道车、供电作业车、大型养路机械等）。对于乘坐自轮设备的作业组，由各专业班组负责人在对接会前填写《自轮运转设备使用申请单》，统一交工电综合维修工区工长汇总、编制、上报《派车单》，经审核、公布后将《派车单》交各专业组负责人、自轮设备司机及跟车盯控人员进行联合卡控。

任务实施

根据以上相关知识，由老师组织学生分组讨论高速铁路"工电供"一体化相关内容，各小组派代表进行总结汇报，小组互评，教师点评。提高学生运用理论知识解决实际问题的能力。

复习思考题

1. 高速铁路的含义是什么？
2. 简述高速铁路的主要技术优势。
3. 简述高速铁路系统的组成部分。
4. 绘图说明高速铁路核心系统之间的关系。
5. 叙述高速铁路"工电供"一体化内容。

项目二

高速铁路线路与车站

// 项目描述 //

高速铁路线路是高速铁路运输的重要技术设备之一，线路任何一个组成部分都应具备良好的状态，才能保证高速列车安全、平稳、舒适地运行。高速铁路车站是旅客集散的场所，其主要作用是完成旅客输送任务，生产活动主要包括客运作业、行车技术作业。本项目主要介绍高速铁路线路平面和纵断面、高速铁路线路的路基与桥隧建筑物、高速铁路轨道结构及高速铁路车站。

通过本项目的学习，培养学生不怕困难、不畏艰险、勇于胜利的艰苦创业精神以及尊重科学、依靠科学的创新精神。

//// 任务一　高速铁路线路的平面和纵断面　////

能力目标

能正确认识高速铁路线路平面和纵断面的组成要素。

知识目标

掌握高速铁路线路的平面和纵断面的技术参数。

相关知识

为了达到安全运营要求，高速铁路的基础设施既要为动车组运行提供高平顺性和高稳定性的轨面条件，又要保证线路各组成部分具有一定的强度与耐久性，使其在运营条件下保持良好状态。

一、高速铁路线路的平面和纵断面设计要求

（1）高速铁路线路以提高线路的平顺性为主，尽可能地降低列车的横向和竖向加速度，减小列车各种振动叠加的可能性，提高旅客乘坐的舒适度。

（2）在考虑安全的前提下，减小工程量、降低造价以及便于施工、运营、维修等。

铁路线路曲线动画扫码观看

二、高速铁路线路平面

线路中心线在水平面上的投影称为线路的平面，反映线路的直、曲变化情况。高速铁路线路平面涉及的技术参数包括曲线半径、缓和曲线、超高、欠超高等。

1. 最大超高

列车在曲线上运行时会产生离心力，使外股轨道承受较大的压力，发生严重的侧面磨损，并使旅客感到不适。为了平衡这种离心力，可将外轨抬到一定高度，借助因车体内倾而产生的重力内向分力来平衡这种离心力，外轨比内轨高出的部分称为超高，如图2-1-1所示。

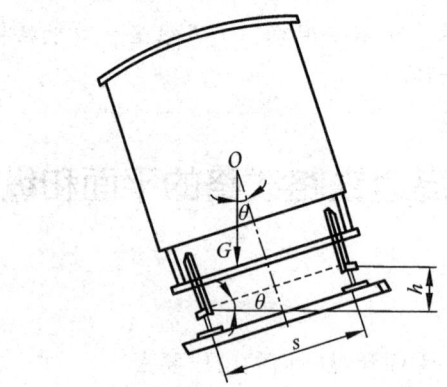

s—轨距；h—超高；θ—倾斜角度；G—车辆重力；O—车辆重心。

图 2-1-1　外轨超高原理

计算曲线外轨的理论超高，通常采用下列公式。

$$h = 11.8 \frac{v_{平}^2}{R} \text{（mm）} \tag{2-1-1}$$

式中　h——超高，mm；

$v_{平}$——通过曲线的各次列车的平均速度，km/h；

R——曲线半径，m。

从式（2-1-1）可以看出，在曲线半径固定时，超高的理论值取决于通过曲线的各次列车的平均速度，但超高不能太大，否则会造成内侧钢轨承受较大的横向力，不利于行车安全及养护维修，还会使旅客感到不适等。高速铁路线路的最大超高应保证列车在曲线上能安全、平稳地停车，列车在大风的情况下不会倾覆，乘客感到舒适。有砟轨道超高最大值一般不得超过 150 mm，无砟轨道超高最大值不得超过 175 mm。

2. 欠（过）超高

超高主要是按照各次列车的平均速度设置的，但通过同一曲线路段的列车速度是不一定相等的。当大于平均速度的列车通过某曲线路线时，其实际产生的超高大于设置的超高，大于的这部分称为欠超高；当小于平均速度的列车通过该曲线路段时，其实际产生的超高小于设置的超高，小于的这部分称为过超高。

外轨超高是一个定值，对于速度较高的列车，由于外轨超高不足（欠超高），会产生未被平衡的离心加速度；对于速度较低的列车，外轨超高过大（过超高），则又会产生多余的向心加速度。减小欠超高值应作为平面曲线设计的一个原则。我国客运专线采用的欠超高允许值见表 2-1-1。

表 2-1-1　我国客运专线铁路的欠（过）超高最大允许值

舒适度条件	良好	较好	一般	较差
欠超高最大允许值/mm	40	60	70	100
过超高最大允许值/mm	40	60	70	100

3. 曲线半径

曲线包括圆曲线和缓和曲线，设置曲线可以使线路更好地适应地形变化，减小工程量。最小曲线半径是线路平面设计时允许选用的曲线半径最小值，最小曲线半径的选定主要应考虑行车速度、地形条件和机车牵引种类等因素。其中行车速度是选定最小曲线半径的主要依据。

高速客运专线最小曲线半径的选择由下式确定。

$$R_{\min} = \frac{11.8 \times v_{\max}^2}{h_m + h_q} \tag{2-1-2}$$

式中　$R_{\min}$——最小曲线半径，m；

　　　$v_{\max}$——列车最大速度，km/h；

　　　h_m——实设超高值，mm；

　　　h_q——允许的欠超高值，mm。

与设计速度匹配的平面曲线半径见表 2-1-2。

表 2-1-2　平面曲线半径表　　　　　　　　　　　　　　单位：mm

设计行车速度/(km·h^{-1})			350	300	250
最小值	有砟轨道	一般	7 000	5 000	3 500
		困难	6 000	4 500	3 000
	无砟轨道	一般	7 000	5 000	3 200
		困难	5 500	4 000	2 800
最大值			12 000		

4. 缓和曲线

缓和曲线是在直线与圆曲线之间设置的曲率变化的曲线（见图 2-1-2）。缓和曲线的作用是当列车由直线（或圆曲线）驶向圆曲线（或直线）时，使列车的离心力逐渐产生或消失，并减缓外轮对外轨的冲击，保证行车平顺。缓和曲线线型要力求简单，便于铺设与养护。

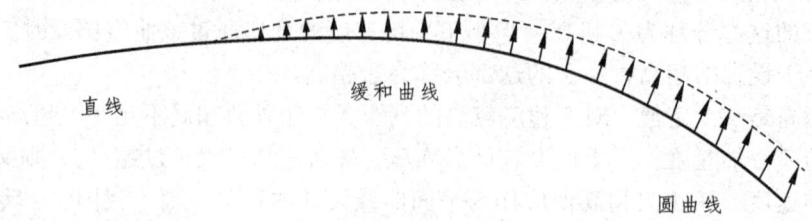

图 2-1-2　缓和曲线

5. 夹直线与圆曲线最小长度

夹直线是指两相邻曲线之间的直线段。两相邻曲线转向相同叫作同向曲线，如图 2-1-3（a）所示；转向相反则称为反向曲线，如图 2-1-3（b）所示。

图 2-1-3　相邻曲线间夹直线示意图

车辆运行在同向曲线上，由于相邻曲线半径不同、超高高度不同，因此，车体内倾角度也不同；车辆运行在反向曲线上，由于相邻曲线超高方向相反，车体左右倾斜。这两种情况会造成车体摇晃振动，夹直线越短，摇晃振动越大。

相邻两曲线间的夹直线和两缓和曲线间的圆曲线最小长度应根据下列公式计算确定。

$$一般条件下：L \geqslant 0.8v \tag{2-1-3}$$

$$困难条件下：L \geqslant 0.6v \tag{2-1-4}$$

式中　L——夹直线或圆曲线长度，m；

　　　v——设计速度数值，km/h。

圆曲线或夹直线最小长度见表 2-1-3。

表 2-1-3　圆曲线或夹直线最小长度

设计行车速度/(km·h^{-1})	350	300	250
圆曲线或夹直线最小长度/m	280（210）	240（180）	200（150）

注：括号内为困难条件下采用的最小值。

6. 线路间距

线间距是指相邻两股线路中心线之间的最短距离（见图 2-1-4），线间距的设定标准主要受列车交会时空气动力作用的影响。在高速铁路双线线路上，当两列车交会时，会引起气流的剧烈扰动，产生巨大的压力波，继而影响列车行驶的安全性和旅客乘坐的舒适性。当两列车相遇时，最初的风压力会使列车相互排斥，到接近列车尾部时变为相互吸引。

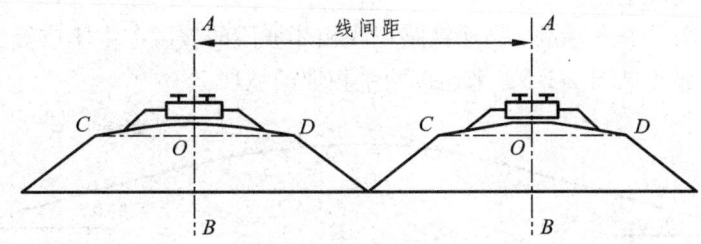

图 2-1-4　线间距示意图

高速铁路线间距越大，列车交会时空气动力作用越小，会车压力波也越小。相应的列车运行稳定性、平稳性、舒适性等指标越高。

高速铁路区间正线线间距见表 2-1-4，曲线地段可不加宽。正线与联络线、动车组走行线并行地段的线间距，应根据相邻线路的行车速度、高程关系、线间各种建（构）筑物以及养护维修条件综合确定，不应小于 5.0 m。正线与既有铁路并行地段线间距不应小于 5.3 m。两线不等高或线间设置其他设备时，最小线间距应根据相关技术要求计算确定。隧道双洞单线地段两线间距应根据地质条件、隧道结构及防灾与救援要求综合分析研究确定。

表 2-1-4　区间正线线间距

设计速度/（km·h^{-1}）	350	300	250
最小线间距/m	5.0	4.8	4.6

三、线路纵断面

线路中心线纵向展直后在铅垂面上的投影称为线路的纵断面，反映线路的起伏变化与高程。高速铁路线路纵断面是由坡段及连接相邻坡段的竖曲线组成，涉及的技术参数有最大坡度、竖曲线半径、最小夹坡段长度等。

（一）最大坡度

在一个区段上，决定一台某一类型机车所能牵引列车质量的坡度最大值称为最大坡度。高速铁路动车组列车具有功率高、速度快的特点，运营时可以为爬坡提供强劲的动能，线路设计中允许采用较大的坡度值。

我国高速铁路区间正线的最大坡度不大于 20‰，困难条件下经技术经济比较后不应大于 30‰。动车组走行线的最大坡度不宜大于 30‰，困难条件下不应大于 35‰。动车组走行线的最大坡度大于 30‰时，宜铺设无砟轨道。

（二）竖曲线半径

竖曲线是铁路线路纵断面上的曲线。线路纵断面上坡度的变化点称为变坡点。相邻变坡点间的距离称为坡段长度。由于列车在经过变坡点时会产生附加应力和附加加速度，其值与坡度代数差成正比。

为了保证行车的安全平顺，高速铁路正线相邻坡段的坡度差大于或等于1‰时，应采用圆曲线型竖曲线（见图2-1-5）来连接两个相邻的坡段。

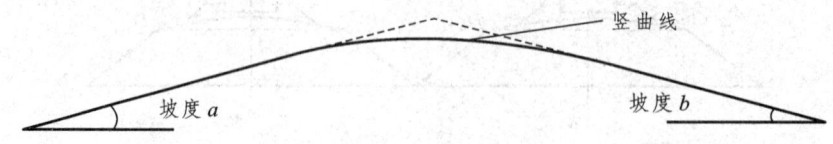

图 2-1-5　竖曲线示意图

竖曲线半径的大小，除要保证列车经过变坡点时车钩不脱钩、车轮不脱轨外，还应考虑在竖曲线上产生的竖向离心加速度和离心力对旅客舒适度的影响。竖曲线半径与行车速度有关，行车速度越高，竖曲线半径也应越大。

竖曲线的半径通常按下式确定。

$$R_s = \frac{v^2}{3.6 \times a_s} \tag{2-1-5}$$

式中　R_s——竖曲线半径，m；
　　　v——列车速度，km/h。

最小竖曲线半径见表2-1-5。

表 2-1-5　最小竖曲线半径

设计速度/（km·h^{-1}）	350	300	250
最小竖曲线半径/m	25 000	25 000	20 000

（三）最小坡段长度

高速铁路最小坡段长度应通过计算确定且取 50 m 的整倍数，并符合下列规定。

（1）正线最小坡段长度一般条件下不应小于 900 m，困难条件下不应小于 600 m，列车全部停站的车站两端不应小于 400 m。

（2）最小坡段长度不宜连续采用，困难条件下不应连续采用。

（3）动车组走行线最小坡段长度不宜小于 200 m，且竖曲线不应重叠。

（4）最大设计坡度采用 15‰时，坡段长度不宜大于 10 km；最大设计坡度采用 20‰时，坡段长度不宜大于 6 km；最大设计坡度采用 25‰时，坡段长度不宜大于 4 km；最大设计坡度采用 30‰时，坡段长度不宜大于 3 km。

（四）最小夹坡段长度

高速铁路线路除了最小坡段长度满足两个竖曲线不重叠外，还要考虑两个竖曲线间有一定的夹坡段长度，最小夹坡段长度应保证列车在前一个竖曲线终点处产生的振动在夹坡段长度范围内衰减完毕，不会在进入下一个竖曲线起点时产生叠加，保证高速铁路运行的平稳性与舒适性。此外，还需考虑坡段要能够适应地形，减少工程的投资。

任务实施

根据以上相关知识，由老师组织学生分组讨论高速铁路线路平面和纵断面组成及设计要求，各小组派代表进行总结汇报，小组互评，教师点评。提高学生运用理论知识解决实际问题的能力。

//// 任务二　高速铁路路基与桥隧建筑物 ////

能力目标

能掌握高速铁路路基、桥梁和隧道使用的技术要求。

知识目标

掌握高速铁路路基、桥梁和隧道的组成及特点。

相关知识

路基与桥隧建筑物是高速铁路线路的重要组成部分。路基是铁路线路的基础，桥隧建筑物是铁路线路跨越或穿越障碍的重要设施。

路基的基本形式动画扫码观看

一、高速铁路路基

（一）高速铁路路基组成

高速铁路路基一般由路基本体（如基床、路堤、路堑）、路基排水设备、边坡防护及加固设备等组成。路基基床分为表层和底层，基床范围是指设计标准道床地面以下部分，基床应具有足够的刚度、强度和稳定性。

路基工程应保障列车高速行驶的安全性和舒适性。路基基床结构的刚度应满足列车运行时产生的弹性变形能被控制在一定范围内，强度应能承受列车荷载的长期作用，厚度应使扩散到其底层面上的动应力不超过基床底层土的长期承载能力，基床表层结构应能防止地表水侵入导致基床软化及翻浆冒泥、冻胀等基床病害出现。

(二)路基的横断面形状

路基的横断面是指垂直于线路中心线截取的断面。因路段填挖方式的不同,路基分为路堤式路基、路堑式路基、不填不挖式路基、半堤式路基、半堑式路基、半堤半堑式路基等基本断面形式(见图 2-2-1)。其中路堤和路堑是路基的主要形式。

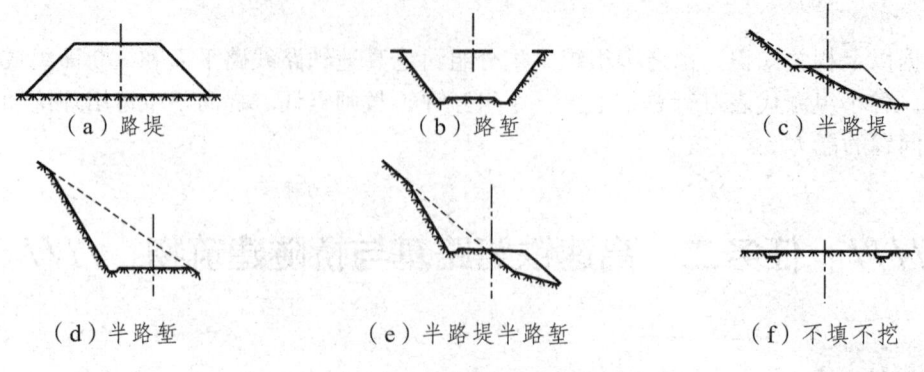

图 2-2-1 路基横断面形式

1. 路堤

路堤是以填筑方式构成的,在路堤工程中必须重视天然地基的形状。高速铁路无砟轨道路堤横断面形式如图 2-2-2 所示。

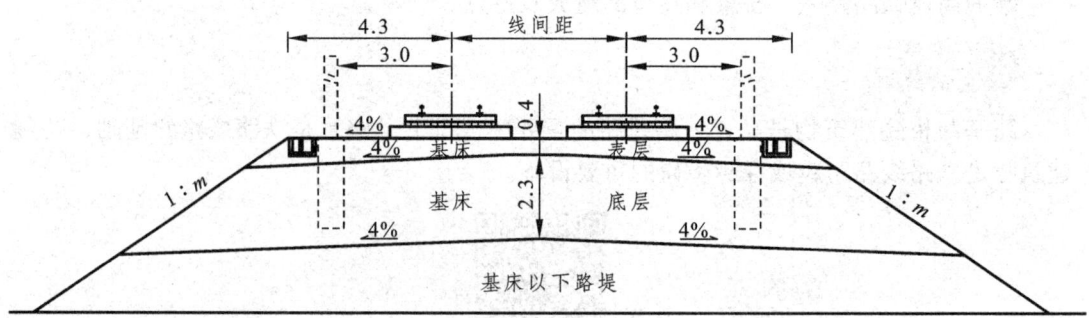

图 2-2-2 无砟轨道双线路堤标准横断面示意图(单位:mm)

2. 路堑

路堑是在天然地面上以开挖方式建成的路基,是通过山区和丘陵地区线路的常见路基形式。由于是开挖建造的,地质条件对路基的稳定有绝对性影响。高速铁路无砟轨道路堑横断面形式如图 2-2-3 所示。

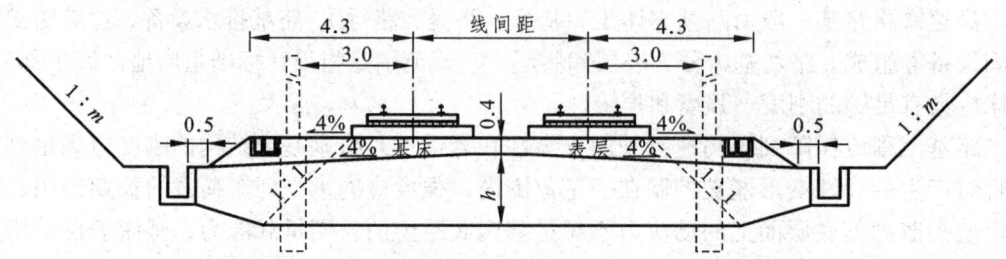

图 2-2-3 无砟轨道双线硬质岩路堑标准横断面示意图(单位:mm)

（三）路基面宽度

路基顶面为铺设轨道的工作面。其宽度为两侧路肩边缘之间的距离。路基横断面宽度的设计要考虑路基稳定、养护维修、安全、线间距、轨道结构形式、曲线超高设置、通信信号和电力电缆槽布置、接触网立柱基础位置、声屏障基础等因素的影响。

有砟轨道路基两侧的路肩宽度，双线不应小于 1.4 m，单线不应小于 1.5 m。

（四）过渡段

高速铁路线路是由不同的结构物（桥、涵、隧、路基等）和轨道结构构成，在路桥、路涵隧、路堤与路堑等相连地段，纵向刚度的平顺过渡是保证路基-轨道-车辆系统刚度均匀性，减小客运专线铁路系统震动及对轨下基础的动力作用，确保高速铁路行车平稳和安全的必要条件，以上地段均需设置过渡段。

路桥过渡段断面如图 2-2-4 所示。

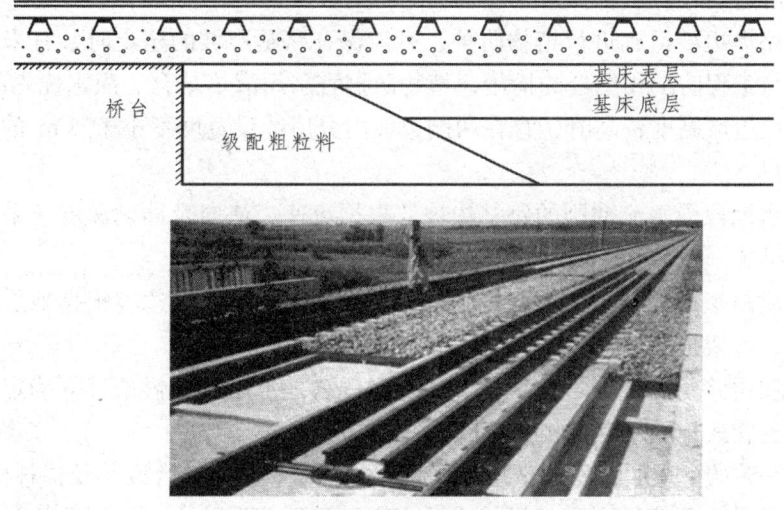

图 2-2-4　路桥过渡段

（五）路基排水

路基面排水设计应综合考虑轨道形式、电缆槽、接触网立柱基础、声屏障基础等因素。

（1）线间排水应根据线路、气候条件及对轨道电路的影响等综合考虑后，采用横向直排方式。

（2）轨道结构要求采用集水井排水时，集水井的位置、排水管的材质和结构尺寸及埋设深度和方式应根据荷载、降雨量和防冻、防渗要求等综合确定。

（3）侧沟、天沟、排水沟及无砟轨道线间排水沟应采用混凝土浇筑或整体式预制拼装结构。现浇混凝土水沟的厚度宜为 0.2 m，深度较大的矩形水沟的厚度应通过计算确定。

（4）低矮路堤或路堑地段，地下水位较高或无固定含水层时，可采用明沟、排水槽、渗水暗沟、边坡渗沟、支撑渗沟等设施排除地下水。埋藏较深的地下水或固定含水层危害路基时，可采用渗水隧洞、渗井、渗管或仰斜式钻孔等设施排除地下水。渗水暗沟和渗水隧洞的纵坡不宜小于5‰，困难条件下不应小于2‰，在出口位置应采用较陡纵坡。渗水暗沟等地下排水设施应设置反滤层。

（5）在易产生冻害地区，采用渗水暗沟和渗水隧洞降低地下水位，严寒地区出水口应采取防冻措施。

（6）路堑地段应在路肩两侧设置侧沟。

（7）路堑地段汇水面积较大时，根据具体情况可在天沟外增设截水沟。

（六）路基边坡防护

路堤边坡应设置坡面防护工程，具体的防护类型，应根据工程类型、当地年平均降雨量、工程及水文地质条件、边坡坡度与高度、材料来源、施工条件、环境保护及景观要求，经技术经济比较后合理选用。

（1）路堤边坡防护应贯彻绿色防护的理念，结合绿色通道建设，遵循因地制宜、安全可靠、经济适用、易于管护、兼顾景观的原则。

（2）当路堤边坡适宜进行植物防护，且能保证路基边坡的稳定时，宜采用植物防护或植物防护与工程防护相结合的措施，植物防护宜采用灌草结合、灌木优先的方式。

（3）路堤边坡高度较高时，宜在两侧边坡内分层铺设宽度不小于3 m的土工格栅等土工合成材料。

（4）浸水地段受水流冲刷的路基边坡应根据流速、流向及冲刷深度，采用抗冲刷能力强的防护措施。

（5）土质路堑边坡可采用植物防护措施，较高的土质路堑边坡根据地层性质可采取窗孔式护坡、骨架护坡或锚杆框架梁等措施。

（6）软质岩路堑应根据岩体结构、风化程度、地下水及气候条件等确定边坡加固措施，可采用窗孔式护坡、喷混植生等防护措施。

（7）较完整的硬质岩路堑边坡应采用预裂、光面爆破并结合嵌补及锚杆框架梁防护。当边坡岩体破碎、节理发育时，根据边坡高度可采用喷混植生、锚杆框架梁内喷混等防护措施；边坡较高时，可在锚杆框架梁内打设锚杆挂钢绳网防护。

（8）地下水发育及膨胀土路堑边坡宜结合边坡防护，采用边坡支撑渗沟加固，必要时结合深层排水孔加强地下水排泄。

二、高速铁路桥梁

高速铁路桥梁结构应具有良好的刚度和整体性，外形构造简洁合理，便于施工和控制建造质量，减小维修量。同时要求结构与环境协调，减小运营噪声，重视生态环境保护。

（一）铁路桥梁组成

铁路桥梁由跨越结构和支撑结构两大部分组成。其中跨越结构包括桥面、梁、支座等；支撑结构包括桥墩、桥台和基础，如图2-2-5所示。

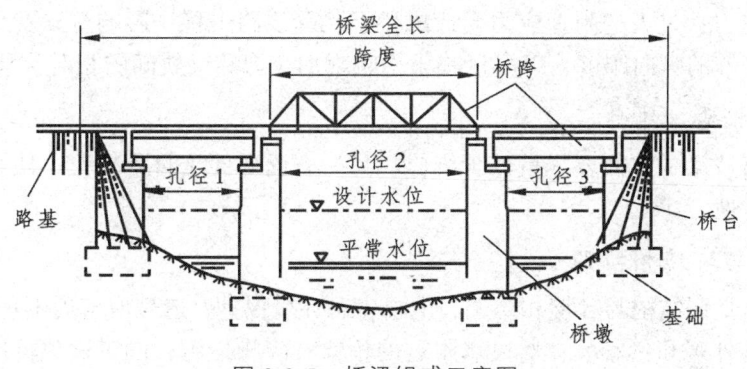

图 2-2-5　桥梁组成示意图

1. 桥面

桥面主要是指铺设轨道和供人行走的部分。桥面应为接触网支柱、电缆槽等有关设施的安装预留位置。桥面宽度应按照建筑限界、作业维修通道或人行道、电缆槽、接触网立柱、养护维修方式等要求确定。曲线地段桥上建筑限界加宽应通过计算确定。

2. 梁

梁是桥的跨越结构主体，梁的作用是支承桥面并承受由桥面传来的作用力。

3. 支座

支座是桥梁墩台上支承桥跨的构件，分为固定支座和铰支座。

4. 桥墩

桥墩是桥梁中部支承桥跨结构的建筑物。

5. 桥台

桥台是桥梁两端支承和连接路基的建筑物。

6. 基础

基础设置在桥墩和桥台的下部，支承墩台自身的重量、桥跨重量、列车重量和冲击力等，并把这些力传到地基。

每个桥跨两支点间的距离叫跨度，每个桥孔设计水位处的距离叫孔径，设计水位与桥跨底部之间的距离称为净空高度，两端桥台挡砟墙之间的距离为桥梁全长。

（二）高速铁路桥梁的特点

1. 多以中小跨度为主

高速铁路对线路、桥隧等土建工程的刚度要求严格，因此桥梁的跨度不宜过大，应以中小跨度为主。

2. 限制桥梁的纵向位移

高速铁路要求依次铺设跨区间无缝线路，而桥上无缝线路钢轨的受力状态不同于路基，结构的温度变化、列车制动、桥梁挠曲会使桥梁在纵向产生一定位移，引起桥上钢轨产生附加应力。过大的附加应力会造成桥上无缝线路失稳，影响行车安全。因此，墩台基础要有足够的纵向刚度，以尽量减小钢轨附加应力和梁轨间的相对位移。

3. 便于检查、维修

高速铁路桥梁一方面要尽量减少维修，另一方面要便于日常检查，使其具有长久的寿命和高可靠性。

4. 结构与环境相协调

高速铁路强调结构与环境相协调，重视生态环境保护，造型应与周围环境保持一致，并注重结构的外观和色彩。在居民点附近的桥梁有降噪措施，同时避免桥面污水对生态环境的损害等。

我国在高速铁路桥梁的建设中，多以标准设计的混凝土梁为主。对于交通繁忙的地区或建筑高度受限的地段，可采用钢混结合梁。在地形、地质满足要求及桥台设置合适的地方，高速铁路桥梁也可采用拱桥、连续刚构、斜拉桥等方式，一般以下承式结构为宜，可减少桥梁的横向振动。桥梁的截面形式主要有箱梁、T梁和板梁等。

沪昆高速铁路岔河大桥如图 2-2-6 所示。

图 2-2-6　沪昆高速铁路岔河大桥

（三）高速铁路桥梁救援疏散通道

为了应对在桥梁上出现重大意外情况时，旅客能够快速、有序地疏散至安全地区，桥长超过 3 km 时，应结合地面道路条件，在桥梁两侧每隔 3 km（单侧 6 km）左右交错设置可上下桥的救援疏散通道，救援疏散通道侧对应的桥上栏杆或声屏障位置应预留出口。

隧道压力波的产生动画扫码观看

三、高速铁路隧道

铁路隧道是修建在地下或水下并铺设轨道供列车通行的地下建筑物。当列车高速通过隧道时，产生的空气动力学效应对行车、旅客舒适度、列车相关性能和洞口环境的不利影响十分明显，同时对于防排水标准、防灾救援和耐久性等方面也有较高的要求。

（一）隧道结构

隧道一般由洞身、衬砌、洞口和附属建筑物几部分组成。

1. 洞身

洞身是隧道的主体部分，是列车运行的通道，其长度由两端洞门的位置决定。

2. 衬砌

衬砌指沿隧道周边用石料、混凝土等砌筑的支撑结构。它的作用是用来承受地层压力，阻止坑道周围地层的变形，防止岩石的风化、坍塌，维护坑道轮廓不侵入建筑限界，以保证行车安全。衬砌通常由拱圈、边墙、仰拱等组成，如图 2-2-7 所示。

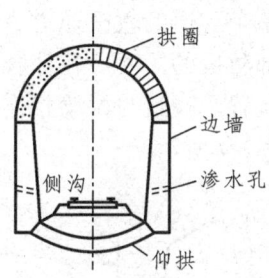

图 2-2-7　隧道内部衬砌

3. 洞口

洞口指隧道进出口的建筑装饰结构（见图 2-2-8），隧道洞口设计应结合地形、地质和环境条件，综合考虑景观要求。隧道洞口的作用是用来保持洞口上方及两侧坡面的稳定，并将洞口上方流下的水通过洞门处的排水沟引离隧道，保证隧道的正常使用。隧道洞门优先选用斜切式和帽檐式结构形式，洞门施工应减少洞口边仰坡开挖。隧道洞口上方有公路跨越时，应在靠近铁路的公路路侧设置防撞护栏，两座隧道洞口距离小于 30 m 时，宜采用明洞形式连接。

图 2-2-8　隧道洞口

4. 附属建筑物

附属建筑物包括为工作人员、行人及运料小车避让列车而修建的避人洞和避车洞。隧道内附属构筑物设计应考虑高速列车通过隧道时所产生的压力变化和列车风对附属构筑物结构及安装件的附加受力影响。隧道内根据接触网设计要求设置下锚区段。下锚区段应该布置在地质条件较好的地段。

(二) 隧道防灾救援疏散系统

高速铁路隧道的防灾设施主要是设置救援通道、隧道照明、逃生路线标志牌、气流显示和风向测量装置，以及紧急呼救电话和人行道等。另外，在靠近城市和有条件的隧道洞口处和紧急通道出口处，设置供外部救援车辆停放的场地。隧道防灾救援疏散应采取"以人为本，应急有备，方便自救，安全疏散"的原则。将列车发生灾害事故后所产生的危害降到最低程度。

双线隧道内两侧应设置贯通整个隧道的救援通道，单线隧道在单侧设置救援通道，满足在紧急情况下人员疏散和外部救援的需要。在综合洞室内安装简易的消防器具，在有变压器的洞室内安装自动消防装置。隧道与桥梁相连时，隧道内的救援通道与桥梁人行道应平顺连接。救援通道如图 2-2-9 所示。

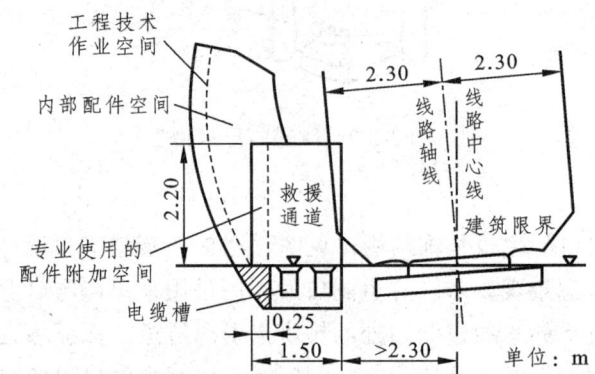

图 2-2-9 高速铁路隧道救援通道示意图

四、高速铁路建筑限界

为了确保机车车辆在铁路线路上的运行安全，防止机车车辆撞击邻近线路的建筑物和设备，而对机车车辆和接近线路的建筑物、设备规定的不允许超越的轮廓尺寸线就叫作限界。

(一) 高速铁路建筑限界轮廓及基本尺寸

高速铁路建筑限界其高度主要考虑接触网悬挂方式、导线高度、结构高度、带电体对地绝缘距离以及施工误差等因素。建筑限界的宽度主要与机车车辆限界的宽度、列车运行中横向振动偏移量、轨道状态等因素有关。高速铁路建筑限界轮廓及基本尺寸如图 2-2-10 所示。

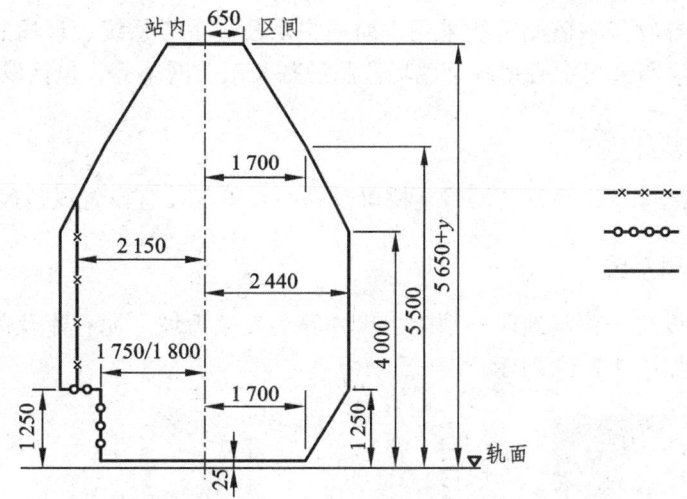

—×—×—× 信号机、高架候车室结构柱和接触网、跨线桥、天桥、电力照明、雨棚等杆柱的建筑限界（正线不适用）；

—ο—ο—ο— ①站台建筑限界（侧线站台为1 750 mm；正线站台，无列车通过或列车通过速度不大于80 km/h时为1 750 mm，列车通过速度大于80 km/h时为1 800 mm），②站内反方向运行矮型出站信号机的限界为1 800 mm；

———— 各种建（构）筑物的基本限界，也适用于桥梁和隧道。

y 为接触网结构高度。

图 2-2-10　高速铁路建筑限界轮廓及基本尺寸（单位：mm）

（二）曲线地段建筑限界加宽

曲线地段的建筑限界加宽是指因超高产生车体向曲线内侧倾斜的加宽，曲线上建筑限界的加宽范围包括全部圆曲线、缓和曲线和部分直线，采用阶梯加宽或曲线圆顺方式（见图2-2-11）。

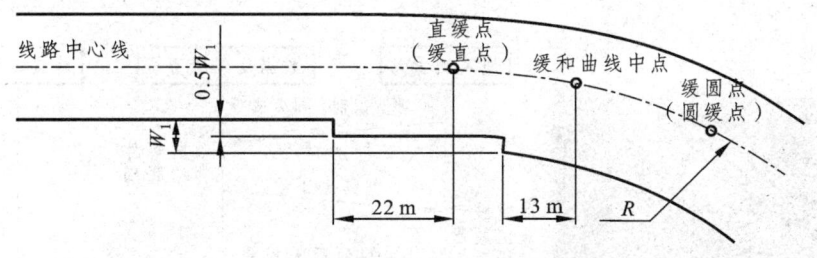

图 2-2-11　曲线地段建筑限界加宽方法

五、自然灾害及异物侵限监测系统

自然灾害及异物侵限监测系统可以实现对铁路沿线风、雨、雪、地震及上跨铁路的道路桥梁异物侵限的实时监测，为调度指挥及维护管理提供报警信息，具备条件时提供大风、地震监测预警信息。

自然灾害及异物侵限监测系统采用铁路局集团公司中心系统、现场监测设备两级架构，包括铁路局集团公司中心系统、现场监测设备及系统网络等，包括以下五个子系统。

（一）风监测系统

铁路沿线山区垭口、峡谷、河谷、桥梁及高路堤等区段宜设置风速风向监测点。

（二）雨监测系统

雨量监测点设置于路基地段和艰险山区铁路易发生滑坡、泥石流及危岩、落石或崩塌地段等处所，如图 2-2-12 所示。

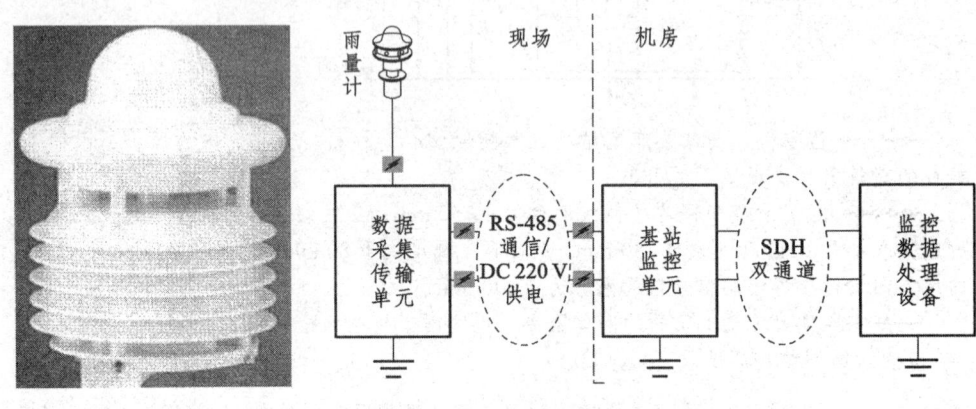

图 2-2-12 雨监测系统

（三）地震监测系统

综合防灾安全监控系统能够对铁路沿线的地震信息进行处理，当监测到的地震波达到设定的报警门限值时，提前采取控制牵引变电所切断接触网电源等措施，使列车停止运行，最大限度地降低灾害损失，系统同时向运营调度中心发出报警信息，如图 2-2-13 所示。

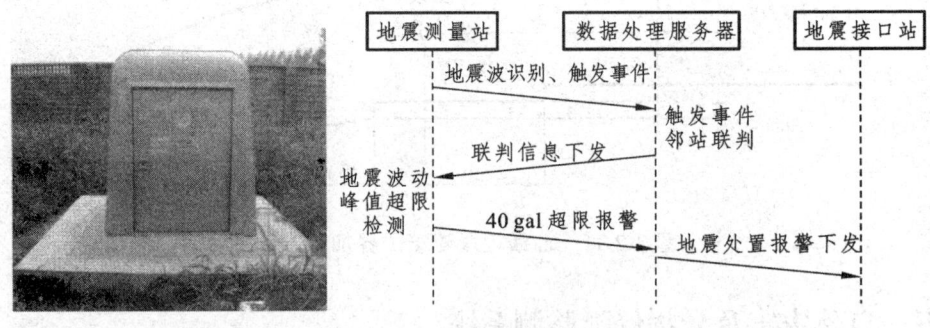

图 2-2-13 地震测量系统

（四）异物侵限监测系统

设计速度大于 160 km/h 区段内上跨铁路的道路桥梁处应设置异物侵限现场采集设备。当监测到发生异物侵限时，系统根据侵限实际情况发出预警或报警信息，通知相关维修部门或立即对列车运行进行管制，同时系统向运营调度中心发出报警信息。

（五）雪深监测系统

铁路沿线近 20 年最大积雪深度 3 cm 及以上的区段应设置雪深监测点。

任务实施

根据以上相关知识，由老师组织学生分组讨论高速铁路路基、桥梁和隧道的技术要求，各小组派代表进行总结汇报，小组互评，教师点评。提高学生运用理论知识解决实际问题的能力。

//// 任务三　高速铁路轨道 ////

能力目标

能掌握高速铁路轨道的组成、轨道结构类型及轨道结构部件。

知识目标

掌握高速铁路轨道的技术参数要求。

相关知识

为保证动车组列车能高速、安全、平稳和不间断地运行，以及确保旅客乘坐舒适，高速铁路的轨道结构应具有高平顺性、高稳定性，并具有足够的强度、良好的质量，减小养护维修工作量。

一、高速铁路轨道的类型

高速铁路的轨道分为有砟轨道和无砟轨道两种类型。有砟轨道包括钢轨、轨枕、联结零件、道床、轨道加强设备和道岔等主要部件。无砟轨道包括钢轨、整体道床、联结零件、道岔等主要部件。

（一）有砟轨道

1. 轨枕

轨枕安装在钢轨下面，承受钢轨传来的作用力，并将重量压力传递到道床上，有效地保持轨距、方向等轨道形位。高速铁路轨枕采用与扣件系统相匹配的预应力混凝土轨枕，轨枕间距按 60 cm 等间距均匀铺设，每千米铺设 1 667 根。道岔区段铺设混凝土岔枕。

2. 道床

道床是轨道的重要组成部分，碎石道床是指铺设在路基之上，钢轨、轨枕之下的碎石层，其主要作用是支撑轨枕，将来自轨枕上部的压力均匀地分布到路基面上；依靠自身和轨枕之间的摩擦来固定轨枕，防止其纵向或者横向移动；缓和车辆轮对对钢轨的冲击。

（1）高速铁路采用特级碎石道砟，站线可采用一级碎石道砟。

（2）有砟轨道的道床要有足够的厚度，一般采用双层道床，为了使道床的水能够迅速下渗，防止翻浆，垫层底部要加设用塑料和沥青等材料制作的各种形式的封闭层。

（3）道床顶面低于轨枕承轨面不应小于 40 mm，且不应高于轨枕中部顶面。

有砟轨道如图 2-3-1 所示。

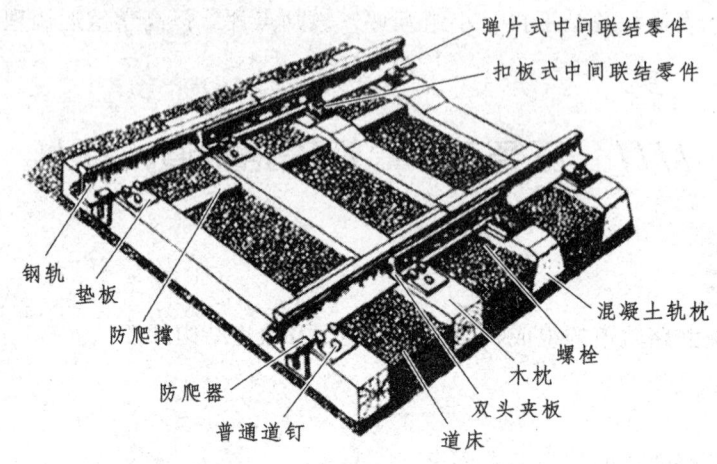

图 2-3-1 有砟轨道基本组成

（二）无砟轨道

无砟轨道是指采用混凝土、沥青混合料等整体基础的轨道，主要包括 CRTS Ⅰ 型、CRTS Ⅱ 型、CRTS Ⅲ 型板式无砟轨道，双块式无砟轨道，岔区长枕埋入式无砟轨道。

1. CRTS Ⅰ 型板式无砟轨道

CRTS Ⅰ 型板式无砟轨道主要由钢轨、弹性扣件、轨道板、水泥乳化沥青砂浆充填层、混凝土底座、凸形挡台及其周围的填充树脂等组成。

2. CRTS Ⅱ 型板式无砟轨道

CRTS Ⅱ 型板式无砟轨道主要由钢轨、弹性扣件、轨道板、水泥乳化沥青砂浆充填层、底座、侧向挡块等组成。CRTS Ⅱ 型板式无砟轨道的轨道板为单向预应力混凝土结构，横向设置预应力，采用先张法生产工艺；纵向通过 6 根 $\phi 20$ 的精轧螺纹钢筋连接。每块标准轨道板上设 10 对扣件，扣件节点间距 0.65 m，相邻扣件节点间的板顶面设置深度为 40 mm 的预裂缝，相邻预裂缝的距离为 0.65 m。

3. CRTS Ⅲ 型板式无砟轨道

CRTS Ⅲ 型板式无砟轨道主要由钢轨、弹性扣件、轨道板、现浇钢筋混凝土底座、自密实混凝土层等组成。

轨道板和底座板之间设置自密实混凝土层，是 CRTS Ⅲ 型板式无砟轨道的关键组成部分，其性能的好坏直接影响轨道系统的耐久性和日后的养护维修工作量。自密实混凝土层的主要功能是与轨道板形成复合板,通过与底座间设置的凹凸槽,实现对轨道板的纵横向限位,同时还具有施工调整等功能。

板式无砟轨道结构如图 2-3-2 所示。

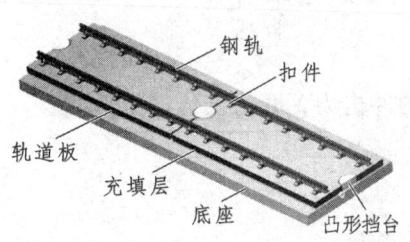
(a) CRTS Ⅰ 型板式无砟轨道

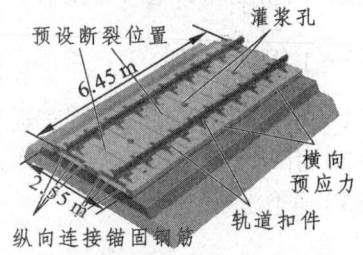
(b) CRTS Ⅱ 型板式无砟轨道

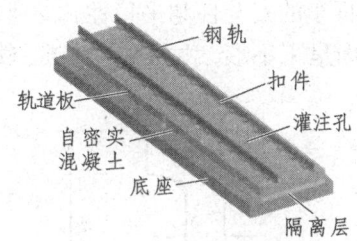
(c) CRTS Ⅲ 型板式无砟轨道

图 2-3-2　板式无砟轨道结构

4. 双块式无砟轨道

双块式无砟轨道道床板采用钢筋混凝土结构,现场浇筑成型,混凝土强度等级为 C40,是支撑块工厂预制成型的钢筋混凝土结构。

5. 道岔区轨枕埋入式无砟轨道

轨枕埋入式无砟轨道主要由道岔钢轨件、弹性扣件、岔枕、道床板和底座等组成。道床板和底座之间可设置隔离层,使道床板可以更换或修复。隔离层上可以设置弹性垫层以增加轨道整体弹性(见图 2-3-3)。

图 2-3-3　轨枕埋入式无砟轨道

二、钢轨

钢轨与列车车轮直接接触,为车轮提供平顺的滚动表面。高速铁路钢轨具有高纯净、高平直、高精度和长定尺等技术特点。

(一)钢轨作用

(1)承受列车的重力及列车运行过程中产生的冲击力,并将其传递给轨枕。
(2)引导车轮运行,控制列车运行方向。
(3)兼作轨道电路。

(二)钢轨截面

钢轨质量的好坏直接影响行车的安全性和平稳性,高速铁路常用 60 kg/m 100 m 定尺长的无螺栓孔钢轨。钢轨的截面呈工字形,由轨头、轨腰、轨底三部分组成(见图 2-3-4)。

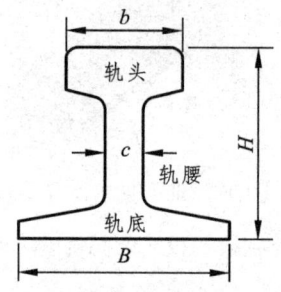

图 2-3-4 钢轨截面示意图

钢轨头部呈弧形以适合轮轨的接触,为了耐磨和抵抗压溃,应具有足够的面积和厚度;钢轨的腰部应有足够的高度,以提高钢轨抵抗挠曲的能力;钢轨底部应有足够的厚度和宽度,以保证稳定性。

三、扣件系统

扣件是指轨道上用于联结钢轨和轨枕的零件。

(一)高速铁路扣件系统要求

(1)具有足够的扣压力以确保线路的纵、横向稳定。
(2)弹性好,保证良好的减振、降噪性能。
(3)扣压力保持能力好,降低维修工作量。
(4)绝缘性能好,提高轨道电路工作的可靠性,延长轨道电路长度,降低轨道电路投资。

(二)有砟轨道扣件系统

有砟轨道主要采用弹条Ⅳ型、弹条Ⅴ型和 FC 型三种类型扣件,按轨下基础形式分为有挡肩和无挡肩扣件。弹条Ⅳ型和FC型扣件配套无挡肩轨枕，弹条Ⅴ型扣件配套有挡肩轨枕。

1. 弹条Ⅳ型扣件系统

弹条Ⅳ型扣件系统主要由弹条、绝缘轨距块、橡胶垫板和定位于预应力混凝土无挡肩轨枕的预埋铁座组成，其结构特征如下。

（1）在制作混凝土轨枕时预先埋设预埋铁座，弹条通过插入预埋铁座扣压钢轨，无须螺栓紧固。

（2）预埋铁座通过与钢轨间设置绝缘轨距块来调整轨距并起绝缘作用，通过更换不同号码的绝缘轨距块来调整钢轨左右位置。

（3）钢轨与混凝土轨枕承轨面间设橡胶垫板以起到绝缘缓冲和减振的作用。

弹条Ⅳ型扣件系统组成如图 2-3-5 所示。

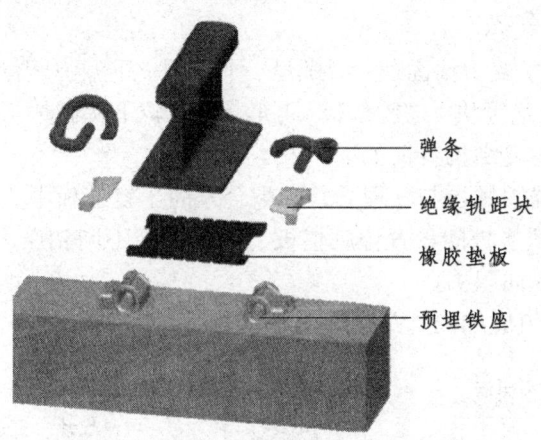

图 2-3-5　弹条Ⅳ型扣件系统组成

2. 弹条Ⅴ型扣件系统

弹条Ⅴ型扣件系统由弹条、螺旋道钉、平垫圈、轨距挡板、橡胶垫板（轨下垫板）、调高垫板和定位于预应力混凝土有挡肩轨枕的预埋套管组成，其结构特征如下。

（1）采用螺旋道钉与预埋套管配合紧固弹条，提高了扣件的绝缘性能。

（2）既可安装大扣压力弹条，也可安装小扣压力弹条。配合不同摩擦系数的橡胶垫板（轨下垫板），满足不同线路阻力的要求。

（3）利用工程塑料制造的轨距挡板调整轨距并起绝缘作用。

（4）通过在橡胶垫板（轨下垫板）与轨枕承轨面间垫入调高垫板来调整钢轨高低。

弹条Ⅴ型扣件系统组成如图 2-3-6 所示。

（三）无砟轨道扣件系统

无砟轨道扣件系统主要采用 WJ-7 型、WJ-8 型、W300-1 型和 SFC 型扣件，按无砟道床形式分为有挡肩和无挡肩扣件。WJ-7 型和 SFC 型为无挡肩扣件，WJ-8 型和 W300-1 型为有挡肩扣件。

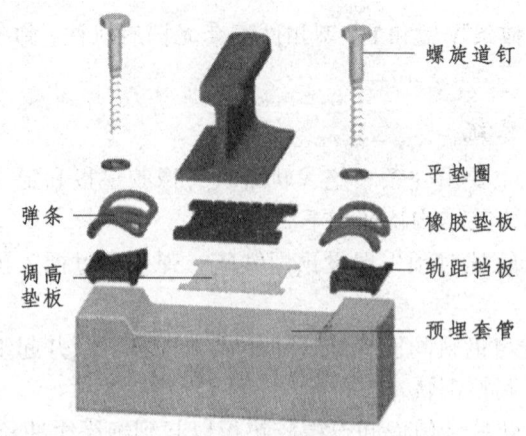

图 2-3-6　弹条 V 型扣件系统组成

1. WJ-7 型扣件系统

WJ-7 型扣件系统主要由锚固螺栓、螺母、平垫圈、重型弹簧垫圈、平垫块、铁垫板、绝缘缓冲垫板、弹条、绝缘块、橡胶垫板、T 形螺栓、轨下调高垫板、铁垫板下调高垫板、预埋套管等组成，其主要结构特征如下。

（1）铁垫板通过锚固螺栓与预埋套管的配合紧固于轨道板中。

（2）钢轨轨底与铁垫板间设置橡胶垫板，通过搭配不同扣压力的弹条及轨下调高垫板以获得不同的钢轨纵向阻力。

WJ-7 型扣件系统组成如图 2-3-7 所示。

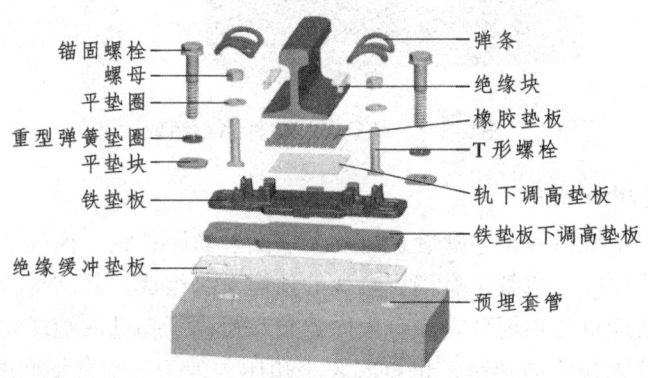

图 2-3-7　WJ-7 型扣件系统组成

2. WJ-8 型扣件系统

WJ-8 型扣件系统由绝缘块、橡胶垫板、弹条、轨距挡板、铁垫板下弹性垫板、预埋套管、螺旋道钉、平垫圈、微调垫板、铁垫板、铁垫板下调高垫板等组成，其主要结构特征如下。

（1）铁垫板上的挡肩与钢轨之间设置绝缘块，可以缓冲钢轨对铁垫板的冲击，还可提高扣件的绝缘性能。

（2）轨枕或轨道板设承轨槽挡肩，钢轨传来的横向载荷通过铁垫板和轨距挡板，最后传至轨枕挡肩，降低了横向载荷对轨枕的作用。

（3）通过不同规格尺寸的轨距挡板来保持、调整轨距。

WJ-8 型扣件系统组成如图 2-3-8 所示。

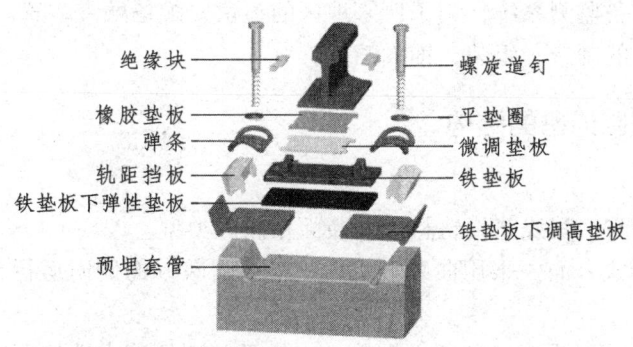

图 2-3-8　WJ-8 型扣件系统组成

3. W300-1 型扣件系统

W300-1 型扣件分为 W300-1a 型和 W300-1u 型两种，扣件由弹条、绝缘垫片、轨距挡板、橡胶垫板、弹条、轨距挡板、螺栓、轨下垫板、铁垫板、弹性垫板和预埋套管等组成，为满足高低调整要求，还加入了调高垫板，如图 2-3-9 所示。

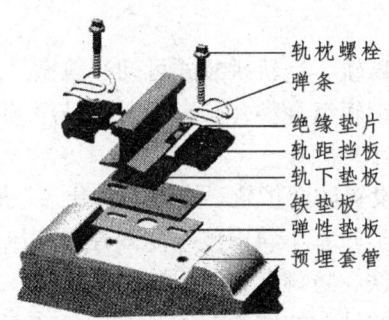

图 2-3-9　W300-1 型扣件系统组成

四、道　岔

道岔是使列车从一股轨道进入另一股轨道的线路设备，是轨道的重要组成部分。道岔是线路上的薄弱环节，是限制列车运行速度的关键。

（一）高速铁路道岔的特点

高速铁路道岔要具有足够的强度和稳定性，以保证列车运行的平稳安全及旅客乘坐的舒适。

（1）道岔种类较为单一，以单开道岔为主。

（2）道岔号码较大，一般在 18 号以上。

（3）辙叉方面，普遍采用可动心轨辙叉。

（4）道岔适用于跨区间无缝线路。

（5）电务转换采用外锁闭装置。
（6）轨下基础采用混凝土长岔枕，并与道床相匹配。
（7）道岔要配备监测系统，用于严寒地区的道岔要配备融雪装置。
（8）具有较高的制造、组装、铺设精度。

（二）高速铁路道岔的结构

1. 转辙部分

高速道岔采用与区间线路钢轨材质及断面相同的类型。

（1）在平面形式方面，采用曲线型尖轨，能获得较好的侧向运行平顺性和较高的过岔速度。

（2）高速道岔采用矮型特种断面钢轨，尖轨无须刨切基本轨轨底或抬高尖轨轨面标高，既加强了基本轨，又消除了水平不平顺，还为弹性可弯尖轨提供了强度条件。

（3）尖轨尖端采用藏尖式结构，能使尖轨尖端最薄弱的部分受到基本轨的庇护，免除了被车轮轧伤的风险，并增强了竖向稳定性。

（4）尖轨跟端采用弹性可弯式结构，具有构造简单、坚固可靠、稳定性好、使用方便等优点。

2. 可动心轨部分

可动心轨的主体采用长翼轨、钢轨拼装式可动心轨辙叉结构。

（1）可动心轨辙叉采用钢轨组合型，长、短心轨采用60D40钢轨制造，翼轨用轧制的特种断面钢轨（简称TY轨）制造。

（2）可动心轨辙叉侧线设置防磨护轨。护轨为分开式，采用33 kg/m槽型钢制造，护轨高出基本轨顶面12 mm，护轨基本轨内侧采用弹性夹扣压。

（3）心轨采用防跳间隔铁、防跳卡铁、防跳顶铁结构。

高速铁路可动心轨道岔的结构如图2-3-10所示。

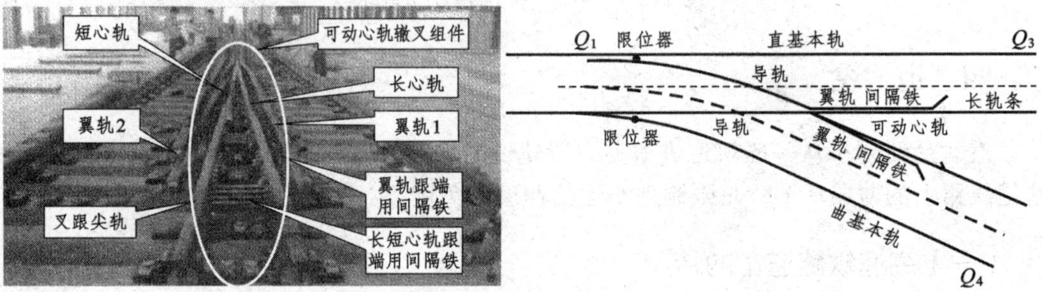

图2-3-10 可动心轨道岔示意图

五、轨道几何尺寸

1. 轨距

轨距为两股钢轨头部顶面内侧向下16 mm范围内两作用边之间的最小距离。因为钢轨铺设在线路上时是向内倾斜的，车轮轮缘与钢轨侧面接触点在钢轨顶面下 10~16 mm，所以规定轨距测量部位在钢轨顶面下 16 mm 处（见图 2-3-11）。轨距分为直线轨距和曲线轨距。

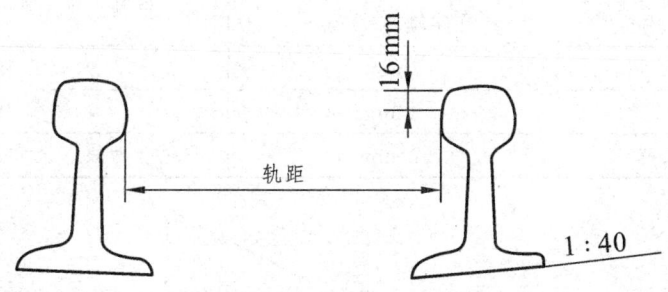

图 2-3-11　轨距量取示意图

轨距分为标准轨距、宽轨距和窄轨距三种。国际标准轨距尺寸为 1 435 mm，我国采用的就是国际标准轨距。

2. 轨向

轨向是指钢轨头部内侧面沿钢轨方向的横向凹凸不平顺，即直线上轨道是否直，曲线上轨道是否圆顺。如果直线不直，曲线不圆顺，势必会加剧车辆的左右摇摆振动，增大横向水平推力，产生车轮、钢轨的不正常磨耗，破坏轨距，对高速行车尤为不利。

为保证行车安全，必须定期检测轨向并及时校正，直线轨向必须目视顺直，可用 10 m 弦绳沿钢轨头部内侧测量顺直情况，轨向如图 2-3-12 所示。

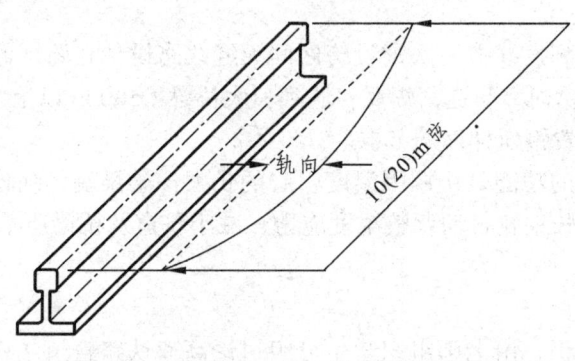

图 2-3-12　轨向

3. 水平

在线路同一断面处左、右两股钢轨顶面的高度差简称"水平"。为使两股钢轨受力均匀，直线地段两股钢轨顶面应保持在同一水平，但要保持绝对意义上的同一水平很不现实，因此直线地段的水平允许有一定的高差，其允许高差见表 2-3-1。

4. 高低

轨道上一股钢轨顶面纵向凹凸不平的现象叫作轨道前后高低，简称"高低"。钢轨顶面要目视平顺，前后高低差用 10 m 弦绳量测最大矢度，高低如图 2-3-13 所示。

表 2-3-1　正线轨道静态铺设精度标准

序号	项目	容许偏差	备注
1	轨距	无砟轨道±1 mm 有砟轨道±2 mm	相对于标准轨距 1 435 mm
2	轨向	2 mm	弦长 10 m
3	高低	2 mm	弦长 10 m
4	水平	2 mm	不包含曲线、缓和曲线上的超高值

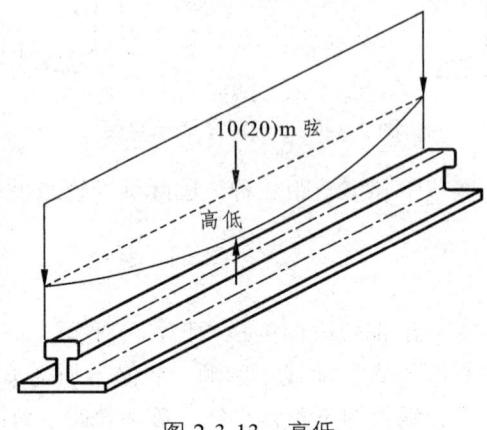

图 2-3-13　高低

六、钢轨伸缩调节器

高速铁路正线及到发线按一次铺设跨区间无缝线路设计，跨区间无缝线路消灭了钢轨有缝接头。遇到道岔时，与道岔焊联；遇到长大桥梁（500 m 以上）时，根据梁轨相互作用设计的需要，设置钢轨伸缩调节器。

钢轨伸缩调节器的功能是协调因温度引起的长大桥梁梁端伸缩位移和长钢轨伸缩之间的位移差，使桥上长钢轨自动调整温度应力，减小轨道及桥梁所承受的荷载。

任务实施

根据以上相关知识，由老师组织学生分组讨论高速铁路轨道结构的技术要求，各小组派代表进行总结汇报，小组互评，教师点评。提高学生运用理论知识解决实际问题的能力。

//// 任务四　高速铁路车站 ////

能力目标

能区分高速铁路车站站型，能使用高速铁路车站相关技术设备。

> **知识目标**

掌握高速铁路车站的含义及作用,掌握高速铁路车站的站型布置及车站建筑。

> **相关知识**

高速铁路车站是旅客运输的基层生产单位,应满足运输需要、便于运营管理、方便旅客乘降并留有进一步发展的条件。

一、高速铁路车站的作用及特点

(一)高速铁路车站的作用

高速铁路车站的主要作用是完成旅客运输任务及各种生产活动。高速铁路车站不仅是旅客运输的始发、中转和终到作业的地点,也是铁路旅客运输有关的行车、工务、电务等部门协调进行生产活动的场所。高速铁路车站的客运作业的目的是组织旅客安全乘降和迅速集散,保证旅客迅速方便地办理一切旅行手续,并为旅客提供舒适的候车环境和良好的文化生活服务。车站的工作组织水平将直接影响铁路旅客运输的效率和服务质量。

(二)高速铁路车站的特点

高速铁路车站是集新技术、新设备、新观念、高标准和高安全性为一体的铁路运营场所,设计时应突出"以人为本、安全第一"。

1. 行车组织方式

行车组织采用 CTC 调度集中控制,各车站行车工作由列车调度员直接办理。

2. 行车岗位人员配备

行车岗位仅设应急值守人员,正常情况下不参与行车作业,在设备故障、施工和非正常情况下协助列车调度员处理有关工作。

3. 作业内容

作业内容主要包括客运组织及客运服务工作,少量高速铁路快件作业。

4. 技术设备

技术设备采用计算机联锁、调度集中(CTC)、铁路综合移动通信系统(GSM-R)、列车运行控制系统(CTCS-2 或 CTCS-3)等,实行车站、线路全封闭管理。

5. 自动化程度高

高速铁路车站作业内容单一、性质相同,行车人员配备少,管理方法相同,日常工作专业性强,自动化程度高。

二、高速铁路车站的类型

高速铁路车站根据功能不同分为越行站、中间站、始发（终到）站和枢纽站；根据客运量大小不同分为特大型、大型、中型及小型站。

（一）越行站

越行站是为办理速度高的旅客列车越行速度低的旅客列车而设置的车站。一般设于站间距离较长的区间，高速铁路越行站主要办理以下作业。

（1）办理正线各种旅客列车的通过作业。

（2）办理速度较快的列车越行速度较慢的列车，不办理旅客乘降作业，需设 2 条待避用的到发线。

（3）个别车站设有综合维修管理区岔线，需办理相关作业。

（4）通常不办理客运业务，原则上不设站台（相关图型见图 2-4-1）。

有的越行站在设计时为未来办理客运业务预留了必要的发展条件。

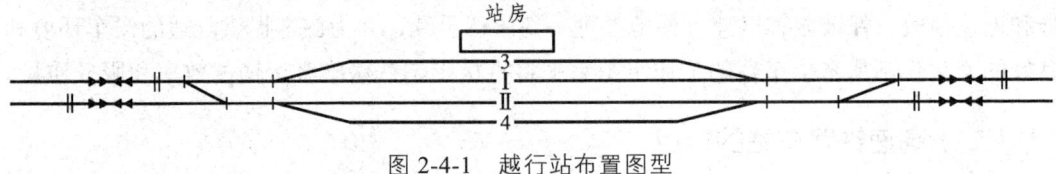

图 2-4-1　越行站布置图型

图中正线Ⅰ、Ⅱ主要用来办理高速列车通过作业，到发线 3、4 主要用来办理列车待避作业。

（二）中间站

高速铁路中间站是指主要办理客运业务，不办理列车始发、终到作业的车站。

1. 中间站作业

高速铁路中间站主要办理以下作业。

（1）高速旅客列车到发或者不停站通过作业。

（2）较低速旅客列车待避较高速旅客列车作业。

（3）少量高速旅客列车夜间折返停留，如客运整备作业、动车取送等。

（4）在综合维修管理区有岔线接轨的中间站，除办理上述业务外，正常情况下在"天窗"时间内还负责办理检测和维修列车进出正线的作业。

（5）与既有铁路有联络线连接的中间站，办理转线列车的接发作业。

高速铁路中间站在高速铁路线路上分布较多，具有 2~4 股到发线和 2 座旅客站台。

2. 中间站的布置形式

高速铁路中间站的基本站型布置形式有对应式和岛式两种。

（1）对应式站型。

对应式中间站的两个站台设在到发线外侧，即两个站台夹两条正线和两条到发线。

考虑到办理四交汇的可能性，设两条停车待避用的到发线（见图 2-4-2）。

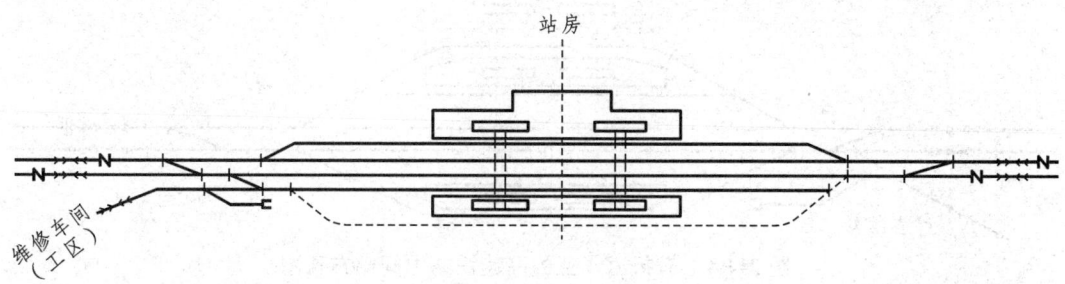

图 2-4-2　高速铁路中间站（对应式）布置图

对应式布置中间站的优点是：站台不靠近正线，高速列车自正线通过时，不影响站台上旅客的安全，站台安全退避距离不必加宽。如果客运量较大而且某个方向需办理 2 列停站待避列车，可增加 1 条到发线，如图 2-4-2 中虚线的位置。

这种布置形式一般适用于正线通过列车较多、停站列车相对较少的高速铁路中间站。

（2）岛式站型。

岛式中间站的两个站台均设在正线和到发线之间，站台一侧靠正线，另一侧靠到发线（见图 2-4-3）。

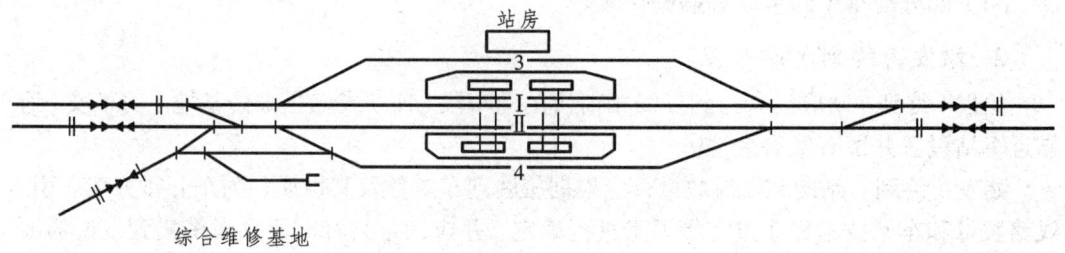

图 2-4-3　高速铁路中间站（岛式）布置图

岛式布置的中间站的缺点是：当有列车在正线停靠站台时，会影响后续追踪列车通过，降低区间通过能力；由于高速列车通过时受列车风的影响，站台安全退避距离需要加宽，以保证旅客的安全，需设置防护栅栏或者半封闭式屏蔽门。其优点是：岛式各线均可进行乘降作业，接发列车能力大。这种布置形式适用于停站旅客列车较多的情况，从而充分利用站台。

由于高速旅客列车大部分在中间站是不停站通过的，结合以上两种中间站布置形式的特点，中间站布置采用对应式的较多。

（3）动车组折返停留作业的中间站。

为便于高速铁路动车组停留折返，对于有少量动车组折返停留作业的中间站，要设置 3~4 条到发线，折返用的到发线布置位置应以折返列车到达时不切正线为原则（见图 2-4-4）。

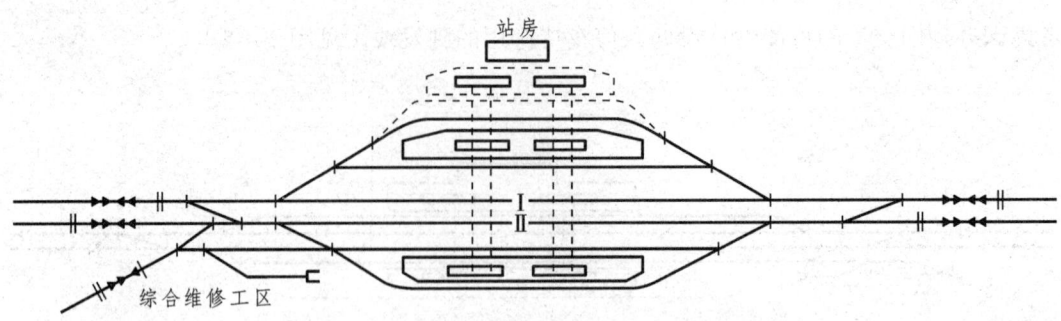

图 2-4-4　有折返作业的高速铁路中间站布置图

(三) 始发 (终到) 站

高速铁路始发 (终到) 站主要位于高速铁路线的起点和终点,办理大量高速旅客列车的始发和终到作业。

1. 高速铁路始发 (终到) 站作业

高速铁路始发 (终到) 站主要办理以下作业。

(1) 高速旅客列车的客运业务。

(2) 高速旅客列车的始发、终到,动车组的取送和折返作业。

(3) 动车组的整备、检修作业。

(4) 部分动车组的重联和摘解作业。

2. 始发 (终到) 站布置

始发 (终到) 站应设有与到发线相衔接的动车段 (所) 或综合维修基地。动车段 (所) 靠近车站设置并留有发展余地。

始发 (终到) 站的到发线数量,应根据旅客列车对数及其性质、列车开行方案、引入线路数量和车站技术作业过程等因素进行确定,并应满足高峰时段列车密集到发的需要。

正线不邻靠站台的始发站布置图如图 2-4-5 所示,正线邻靠站台的始发站如图 2-4-6 所示。

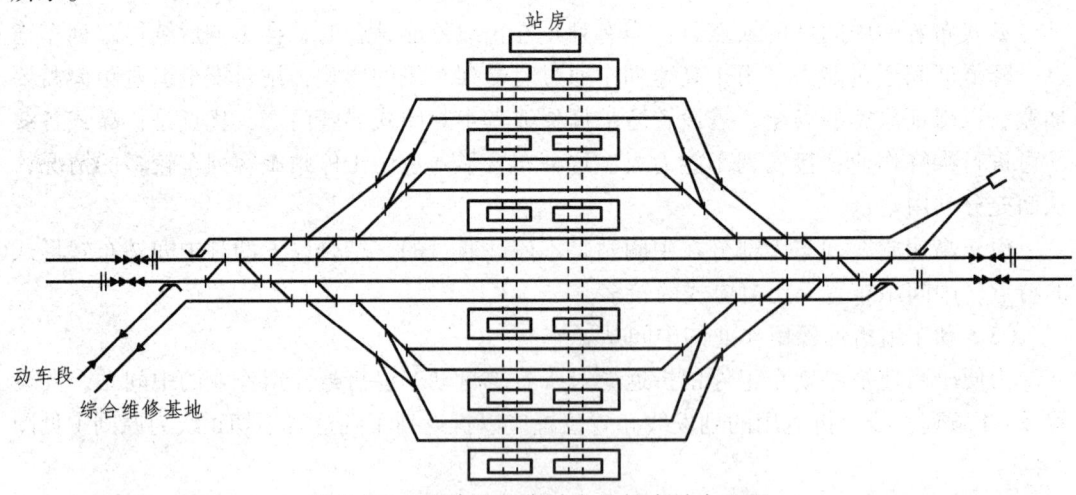

图 2-4-5　正线不邻靠站台的始发站布置图

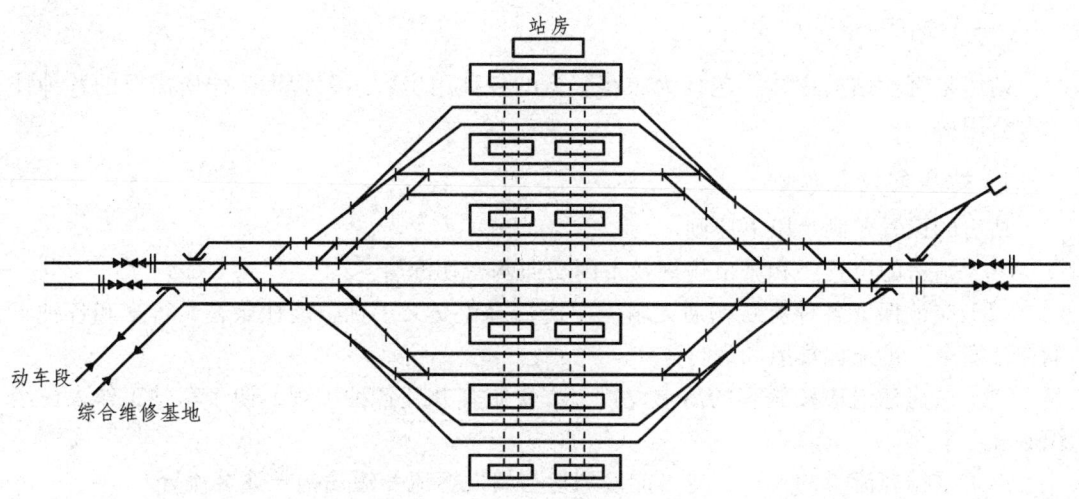

图 2-4-6　正线邻靠站台的始发站布置图

（四）枢纽站

1. 高速铁路枢纽的概念

在铁路网上几条铁路干线相互交叉或接轨的地点，需要修建一个联合车站，或修建几个专业车站及连接这些车站的联络线、进站线路、跨线桥等设备，这些车站和设备组成的整体称为铁路枢纽。

高速铁路枢纽是指以高速铁路车站为中心，在站场外部有动车检修场所、综合维修场所及连接这些场所的联络线、迂回线等，在车站内部可实现高速铁路、普通铁路、地铁、公交、出租车等多种交通方式间立体换乘的综合体。

高速铁路枢纽能高效、有序地完成旅客列车的到发，车底的整备、检修、取送等作业，同时也可满足旅客出行的换乘需要，符合高速铁路的发展需要。

2. 高速铁路枢纽站主要作业

高速铁路枢纽客运站是以"以人为本"为设计理念、以"为旅客服务"为建设宗旨、以实现"功能性、系统性、先进性、文化性、经济性"为目标的综合客运站。

高速铁路枢纽站主要办理以下作业：

（1）大量停站列车的到发作业。

（2）少量列车通过作业。

（3）大量列车始发终到作业。

（4）少量的动车组合并或分解作业。

三、高速铁路车站主要设施

高速铁路车站主要包含站房、站场以及与站房合并设置的商业服务空间、疏解换乘空间和其他铁路用房，以及市政交通配套设施。

（一）站房

站房是客运站的主体，包括为旅客服务的各种用房，运营管理工作所需要的各种技术办公用房。

1. 站房的设置原则

站房的设置要满足以下原则。

（1）站房的位置要和城市规划及市内交通网密切配合。

（2）应该保证各种流线畅通无阻、便捷，避免交叉干扰，能让旅客、行李和各种车辆在站安全、迅速地集散和通行。

（3）站房建筑应按旅客的需求设置，方便旅客办理各种手续，便于车站工作人员组织旅客上下车。

（4）根据客流量的大小，尽可能使到达与始发客流、短途与长途客流分开。

（5）站房应力求适用、经济、美观，并体现出城市的建筑风格和地理环境特点，此外还要有良好的通风和采光条件。

2. 站房的组成

高速铁路站房应根据客运量设置为旅客服务和满足客运生产、管理、办公、生活及驻站单位使用需求的各类房舍和设施，在功能上应包含以下用房。

（1）直接为旅客服务的各种房屋，如出入口、集散厅、问询处、售票处、候车室、通过大厅等。

（2）为旅客提供生活、文娱服务的餐厅、酒吧、超市、阅览室、公用电话、互联网服务中心、医务室、洗手间等房屋，是客运站房的核心部分。

（3）运营管理需要的各类技术业务用房，如行车室、技术室、列检车间及其他辅助用房。

（4）车站行政办公用房，如站长室、运转室、客运室、财务室等行政办公室、会议室。

（5）建筑设备用房、车站电气机械设备和通风、采暖、供应冷热水和饮用水所需房室。

（6）驻站单位用房，如海关办事处、公安驻站机构、检疫机构等单位用房。

（7）职工生活用房，如职工休息室、食堂等。

（二）站场设备

为了安全、迅速、准确、及时地完成运输任务，车站应设置满足业务性质、运量及技术作业需要的设备。

1. 站线

车站站线包括正线、列车到发线、联络线、走行线、段（区、所）及岔线等。

（1）正线。

正线是指连接车站并贯穿或直股伸入车站的线路。正线可分为区间正线及站内正线。连接车站的正线为区间正线，贯穿或直股伸入车站的正线为站内正线。高速铁路车站内正线一般采用上下行全部平行顺直与两端区间连接的方式，如图2-4-7所示，只有个别车站采用正线外包式，如图 2-4-8 所示。

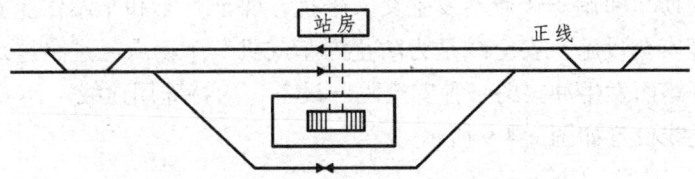

图 2-4-7　站内正线平行顺直与两端区间连接

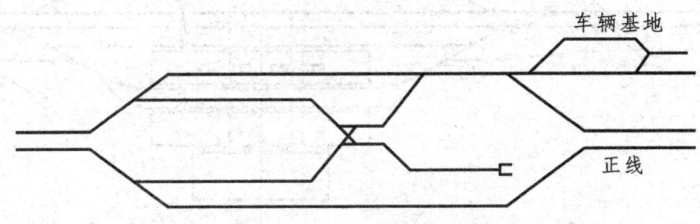

图 2-4-8　正线外包

（2）到发线。

高速铁路车站列车到发线是站内除正线以外，供高速铁路列车接车、发车和停靠，与正线平行设置且与站台相邻的站线。到发线的有效长根据高速铁路线上运行的客车种类、性质、长度等确定，一般为 650 m，按照双方向进路设置。

（3）折返线。

折返线是指在有大量列车折返作业的车站，接车方向末端设置的供机车车辆从一股到发线转到另一股到发线的线路。折返线有效长度需满足转线列车作业的要求，当动车组采用 16 辆编组时，有效长度为 480 m（含 50 m 安全防护距离）。

（4）救援列车停留线。

救援列车停留线指固定停留救援列车的线路，设在指定的车站上。救援列车停留线应与正线或到发线贯通，并不得停放其他机车车辆，使用时无须转线即可出动。

（5）走行线。

车站与动车段、动车组运用所连接时，应设动车组出入段（所）走行线，减小动车出入库与车站接发列车之间的干扰。动车段与车站之间的走行线应尽量布置在正线两侧，其中一条以立交的形式穿越正线。

（6）动车组存车线。

动车组长期停放（动车在中间站过夜停放）的车站设动车组存车线，车站具备为动车供电、防溜、安全防护等条件。

（7）作业车辆停放线。

作业车辆停放线是指维修工区内固定停放工务、电务、接触网等维修专用车辆的线路。

（8）岔线。

岔线是指通向路内外单位的专用铁路。为便于管理和确保正线作业安全，不允许在区间与正线接轨。

（9）安全线。

为确保接发列车和调车作业不发生交叉干扰，保证行车和车站作业安全，根据需要设置隔开设备等安全设施。安全线是为防止列车或机车车辆从一进路进入另一列车或机车车辆占用的进路而发生冲突的一种安全隔开设备，为特殊用途线。

中间站安全线设置如图2-4-9所示。

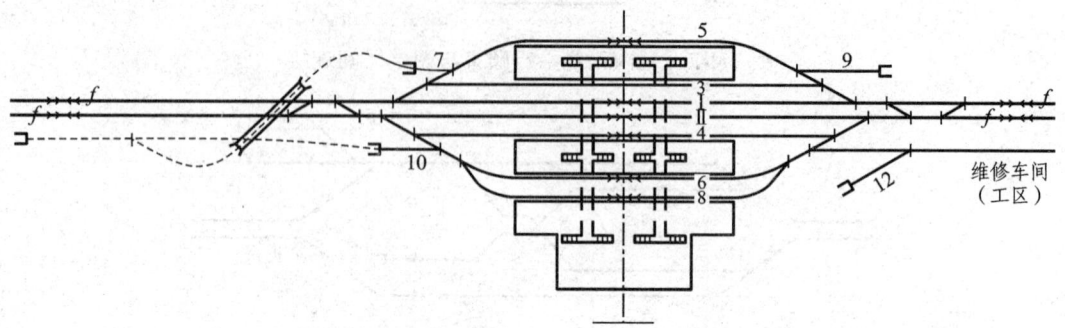

图 2-4-9　中间站安全线设置示意图

图2-4-9中的车站设有5条到发线，其中到发线3、4道办理通过旅客列车的停站作业，到发线5、6、8道主要办理立即折返旅客列车的到发作业。当到发线5、6、8道办理立即折返旅客列车的停留作业时，不影响正线通过和3、4道办理通过旅客列车停靠作业，并通过安全线保证其作业安全。图2-4-9中左端预留的折返线可利用7、10道两条安全线接入车站。车站右端5、6道可利用维修车间（工区）线与正线和4道隔开。

2. 高速铁路车站线路的线间距

线间距的设置要保证行车和车站工作人员作业时的安全和便利。

线间距的大小应根据《铁路技术管理规程》有关规定确定，站内线路间距见表2-4-1。

表 2-4-1　高速铁路车站线间距

序号	线别	线间设施		线间最小距离/mm
1	正线间	无		同区间并不小于4 600
2	正线与相邻到发线间	无		5 000
		接触网支柱	有砟	5 600+结构宽
			无砟	5 500+结构宽
3	到发线间或到发线与其他线间	无		5 000
		有站台		3 500+站台宽
		接触网支柱		5 000+结构宽
		雨棚柱		4 300+结构宽
4	正线与其他线间	无		5 000
5	正线与动车走行线	无		5 000

3. 列车上水及排污

（1）旅客列车上水。

旅客列车始发终到站、客运枢纽站和上水站，应在到发线间设置列车上水设施。铁路给水设备分为水道设备、水处理设备、扬水设备、管道设备、用水设备及自动化控制系统。

旅客列车上水主要用于旅客饮水、餐车服务、卫生清洗、卫生间用水等，保证列车供水是铁路客运服务的内容之一。

（2）旅客列车排污。

动车组列车需要及时进行排污，排污作业主要在动车运用所进行，站台排污为辅助方式。由于白天安排入库排污将严重影响动车组运用，在旅客列车始发终到站及客运枢纽站建设站台排污设施。排污设施设置在站台下方，由排污管道、吸污管和附属装置组成，列车需要进入设有排污管道的线路才能进行排污作业，为了提高排污作业的灵活性，可根据需要设移动式排污车辆。

站台排污和移动式排污均采用真空吸污方式。车站是大量旅客乘降的场合，应采取必要的措施防止排污时泄漏及污染。旅客列车技术作业时间短，排污设施的作业能力应满足日常运输需要。

（三）客运设备

客运车站应设有售票室、候车室、安全检查、客运信息查询显示等设施和设备，还应设实名制制证和验证、取票、视频监控等设备。客运量较大的车站应设有旅客问讯处、综合监控室、小件携带品寄存处、餐厅、小卖部、盥洗间及饮水设备等，以满足旅客文化、卫生和生活上的需要。站内主要通道应根据需要设置电梯、自动扶梯、无障碍通道和助残设施。为满足站内环境卫生和旅客列车垃圾下车，应设置垃圾存放和处理等设备和设施。

办理客运业务的车站，均应设置有雨棚的旅客站台和照明设备。旅客跨越线路应通过地道或天桥，确保旅客人身和行车安全。

1. 旅客站台及雨棚

（1）旅客站台及附属设施。

站台是供旅客乘降列车的场所。为了旅客人身安全以及行车作业和客运作业的需要，旅客站台上应设置安全标线、停车位置标识、防护栏杆、站台出入口等附属设备设施。旅客站台长度为 450 m，旅客站台高度高出轨面 1.25 m，站台宽度根据车站性质、站台类型、客流密度、安全退避距离、站台出入口宽度等因素确定。旅客站台位于到发线一侧时，安全标线距离站台边缘 1.0 m，列车通过速度大于 80 km/h 时，站台安全标线距离站台边缘 1.5 m。

旅客站台的出入口升降设计为双向出入口，通道出入口设有自动扶梯或升降电梯时，其宽度应根据升降设备的数量和要求加宽。高站台相邻线路的列车通过最高速度不得超过 250 km/h。

（2）雨棚。

站台上必须设置雨棚，雨棚的长度和宽度应该与站台的长度和宽度基本一致，对于客运量较小的小型站，雨棚的长度可以减小到 200~300 m，雨棚与进出站检票口相连接。雨棚的形状与站房整体建筑风格一致，具有防雨、防风、抗压、耐用等基本特点。

2. 跨线设备

跨线设备是站房与站台之间或站台与站台之间连接的供旅客与工作人员通行的通道。跨线设备的设置应该根据车站、站房等总体布局，配合旅客流线选用合适的类型，保证旅客安全以及保证其方便地通行和上下车。

3. 检票口

检票口既是站房与站台之间重要的连接设备，也是旅客进出车站必经的环节。检票口的布置应以尽可能地缩短旅客步行距离为原则，分进站检票口和出站检票口。进站检票口设在旅客由候车室分线进入站场的各个入口处，出站检票口设在旅客由站场走出车站的管理卡口。进站检票口和出站检票口的数目、位置和宽度都应符合进出站旅客流程、流量和检查方式，同时要根据通过该处检票进站（出站）的旅客人数及其检票口通过能力来具体确定。

4. 旅客进出站通道

旅客进出站通道的设置应根据旅客站房设计、旅客进出站流线等情况综合考虑，旅客进出站通道数方面：特大型站不应少于 3 处，大型站不应少于 2 处，中型和小型站不应少于 1 处；设有高架候车室时，出站通道不应少于 1 处。旅客进出站通道的最小宽度为 6~12 m。

5. 作业地道

办理物品搬运、垃圾清运和检修设备通行作业的车站应设置作业地道。作业地道宽度不应小于 5.2 m，地道净高不小于 3.0 m，地道应设置在站台的端部。

四、检修维修机构与车站的布置

为了保证动车组良好的技术状态，需要在动车段、动车检修基地和动车运用所等维修机构按时对动车组进行定期检修、技术改造、日常维修及整备作业。

（一）动车段与车站的布置方式

1. 动车段与通过式车站顺向布置

动车段与通过式车站顺向布置（见图 2-4-10）时，高速铁路车站两端咽喉均可用于接发列车，动车段从其中到发量小的一端接入，通过立体交叉疏解，这样既可避免正线与动车出入段交叉，又可保证车站的通过能力。

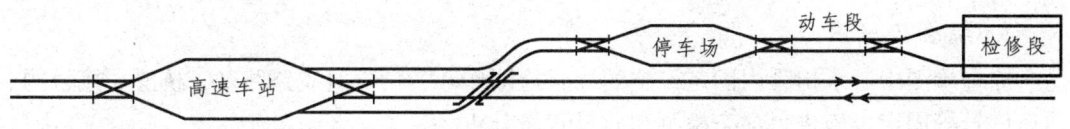

图 2-4-10　动车段与通过式车站顺向布置示意图

2. 动车运用所与通过式车站横向布置

动车运用所与车站横向排列布置时，多采用动车运用所与通过式车站呈横向布置的方式（见图 2-4-11），该布置方式多为小规模的动车运用所采用。

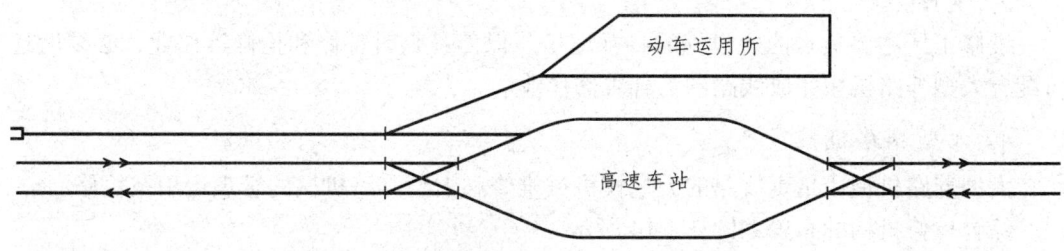

图 2-4-11　动车段与通过式车站横向布置示意图

3. 动车段与尽端式终点站顺向布置

动车段与尽端式终点站呈顺向布置（见图 2-4-12）的布局方式避免了高速正线与动车车底进出段交叉的情况，不需要修建进入段走行线进行立体疏解，节省了工程投资。该布局能使高速铁路车站两端咽喉作业均衡，一端咽喉接发列车，另一端咽喉供动车车底进入动车段，两个方向互不干扰。

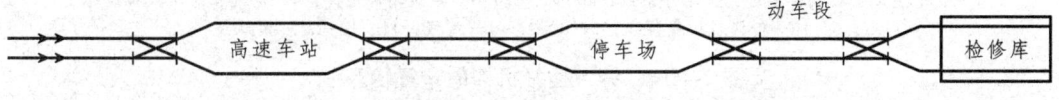

图 2-4-12　动车段与尽端式终点站顺向布置示意图

4. 动车段与尽端式终点站反向布置

动车段与尽端式终点站呈反向布置（见图 2-4-13）的布局主要针对受地理条件限制，无法顺向布置动车段与车站的情况。这种布置形式的最大缺点是列车的到发和车底的进出段在同一端的咽喉区，易造成咽喉能力紧张；部分到发列车与车底进出段会产生平面交叉，需修建专门的走行线与正线实行立体疏解，增加工程投资。

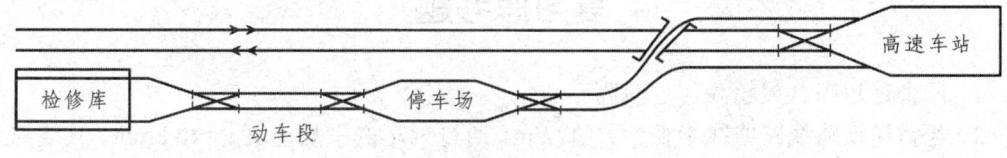

图 2-4-13　动车段与尽端式终点站反向布置示意图

（二）综合检修机构与车站的布置

综合检修是指把路基、轨道、桥梁、隧道、电力、牵引供电、通信信号、房屋建筑和给排水设施的施工维修作业内容进行统一管理，实行一元化领导。

1. 综合检测中心

综合检测中心承担管内固定设施的综合检测作业，负责对线路路基、桥隧、接触网、通信信号等固定设施进行动态检测和质量状态分析。

2. 综合维修段

综合维修段主要负责管内线路、路基、桥隧、接触网、通信信号水电等固定设施的检查、保养及维修等。

3. 维修工区

维修工区主要负责固定设施的日常巡检、保养、临时补修和抢修等作业，必要时还可配合大型养路机械完成线路的综合维修作业。

4. 大型养路机械段

大型养路机械段负责线路的大规模机械维修和大型养路机械的管理运用及检修。

综合检修机构的布置如图 2-4-14 所示。

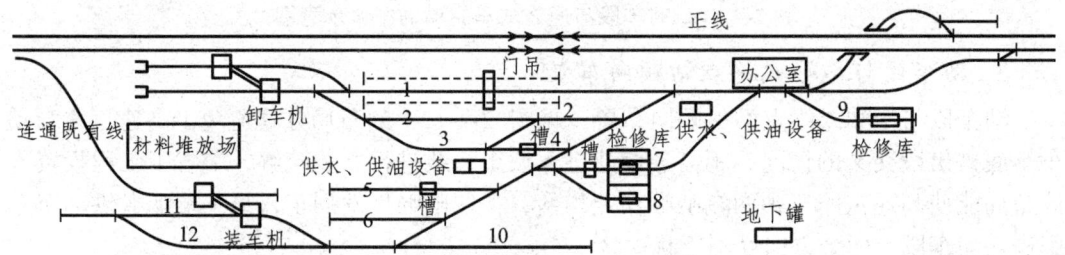

1—材料装卸、长钢轨运送更换车停留线；2—走行线；3—架线车停留线；4—电气作业车停留线；5、6、10—检修机械停留线；7、8、9—检修库线；11、12—道砟装卸线。

图 2-4-14 综合检修机构的布置示意图

任务实施

根据以上相关知识，由老师组织学生分组讨论高速铁路车站的布置形式及作业特点，各小组派代表进行总结汇报，小组互评，教师点评。提高学生运用理论知识解决实际问题的能力。

复习思考题

1. 什么是超高、欠超高、过超高？
2. 若高速铁路线路曲线半径为 $R=472$ m，通过列车的平均速度 $v=40$ km/h，其线路超高为多少？如果有列车运行速度为 80 km/h，其欠超高为多少？若列车运行速度为 $v=20$ km/h，其过超高为多少？
3. 高速铁路路基和桥梁有何特点？
4. 简述高速铁路隧道的组成及防灾救援措施。
5. 有砟轨道和无砟轨道的主要类型有哪些？

6. 高速道岔的构成是什么样的?
7. 高速铁路车站的含义及作用是什么?
8. 简述高速铁路车站的分类及站型。
9. 详细说明高速铁路车站的主要设施。

项目三

高速铁路牵引供电系统

// 项目描述 //

高速铁路上运行的动车组本身不带能源，必须依靠外部装置提供电能，专门给动车组供给电能的装置称作牵引供电系统。本项目主要介绍高速铁路牵引供电系统组成、高速铁路供电安全及高速电气化铁路作业安全。

通过本项目的学习，培养学生守正创新，将责任与安全刻入心间，争做供电安全"守护神"的精神和素质。

//// 任务一　高速铁路牵引供电系统概述　////

能力目标

能认识高速铁路牵引供电系统的作用，能识别牵引变电所的各个组成部分。

知识目标

掌握牵引变电所的作用，熟悉高速铁路牵引供电系统的主要供电方式。

相关知识

高速电气化铁路由动车组和牵引供电系统两大部分组成。外部供电系统的电能通过接触网与动车组顶部受电弓的滑动接触，不间断地向动车组供应电能，通过动车组，再经由轨道回路和回流线回到牵引变电所。

牵引供电回路动画扫码观看

一、高速铁路牵引供电系统的组成

高速动车组列车具有电力牵引功率大、所受阻力大、受电弓移动速度快、电流易发生波动性等特点。既要保证电压强度可以持续供应，又要避免电压过大带来的设备损伤，因此，牵引供电技术在保证高速列车的正常运行中起着重要的作用。

高速铁路牵引供电系统通常由牵引变电所（供电、变电）、接触网、电力和远程监控系统构成。

1. 牵引变电所

牵引变电所是电气化铁路动力的来源，牵引变电所最基本的功能是把地方电力系统提供的 110 kV 或 220 kV 的高电压转变为动车组所需要的电压。牵引变电所内设有主变压器，将三相交流高电压变换成单相交流低电压，以单相供电方式馈送给接触网，供动车组使用。

牵引变压器主要由铁芯、线圈、油箱、套管、防爆管（压力释放器）、净油器、散热器、呼吸器、温度计等部件组成（见图 3-1-1）。

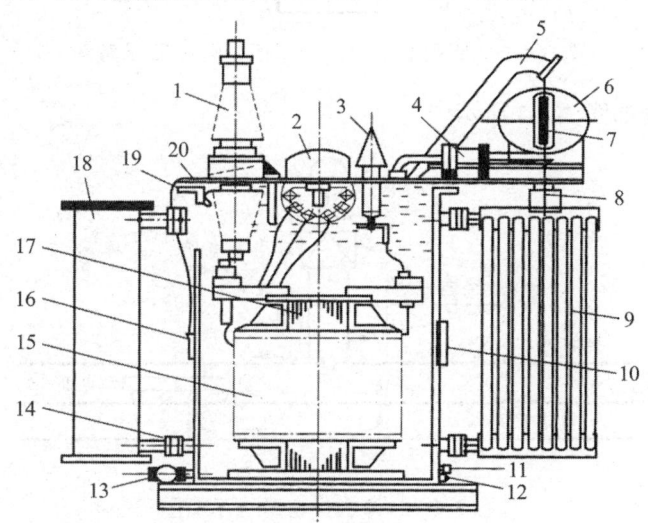

1—高压套管；2—分接开关；3—低压套管；4—气体继电器；5—安全气道（防爆管）；6—油枕（储油柜）；
7—油表；8—呼吸器（吸湿器）；9—散热器；10—铭牌；11—接地螺栓；12—油样活门；
13—放油阀门；14—活门；15—绕组（线圈）；16—信号温度计；17—铁芯；
18—净油器；19—油箱；20—变压器油。

图 3-1-1 变压器结构示意图

2. 馈电线（供电线）

馈电线是牵引变电所与接触网之间的连接线，向接触网供电。

3. 接触网

接触网沿铁路露天架设，是向高速铁路提供电能的特殊输电线路。

4. 回流线

回流线是轨道回路与牵引变电所之间的连接线，主要作用是将牵引电流回送牵引变电所内的变压器。

5. 开闭所

开闭所设有开关设备，将长供电臂分段，增加馈电线数目，降低牵引变电所的复杂程度，不进行电压变化。

6. 分区所

分区所在供电臂末端，设有开关设备，使牵引变电所可以进行越区供电，在复线区段可以实现上、下行接触网并联。

牵引变电所、分区所、开闭所设置如图 3-1-2 所示。

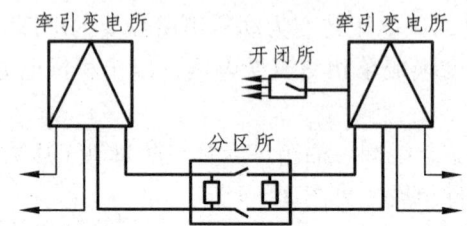

图 3-1-2　牵引变电所、分区所、开闭所示意图

牵引供电系统如图 3-1-3 所示。

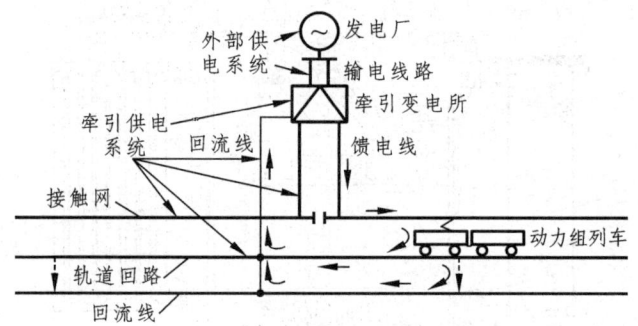

图 3-1-3　牵引供电系统示意图

自耦变压器供电方式动画扫码观看

二、高速铁路牵引供电方式

我国高速铁路大多数采用自耦变压器供电方式（简称 AT 供电方式），该供电方式的特点为每隔 10 km 左右在接触网与正馈线之间并联接入一台自耦变压器，其中性点与钢轨相连。自耦变压器将牵引网的供电电压提高一倍，而供给动车组的电压仍为 25 kV。

AT供电方式的电力设备包括牵引变电所、接触悬挂、轨道、自耦变压器、正馈线、列车等，如图3-1-4所示。

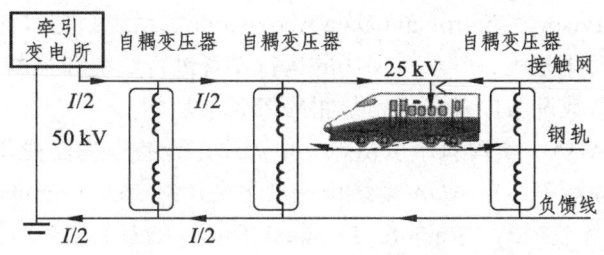

图3-1-4 AT供电方式示意图

三、电力设备

（1）电力设备包括变电所、配电所、10 kV电力电缆贯通线路（250 km/h及以上）、自闭贯通电线路（250 km/h以下）、箱式变电站等。

（2）电力设备应具备贯通线路由两端变、配电所供电的互供条件，远程监控条件，电气试验设备和拥有快速抢修能力。

（3）电力变、配电所的控制保护测量设备，应纳入远动系统调度管理；箱式变电站应设置远动终端，纳入远动系统。

（4）铁路电力线路的杆塔内缘至铁路线路中心的水平距离不小于杆高加3 100 mm。

（5）邻近铁路线路的路外电力线路杆塔内缘至铁路线路中心的最小水平距离应满足国家、行业相关标准规定，并采取防护措施防止杆塔倾倒后侵入铁路建筑限界。

电力架空线路如图3-1-5所示。

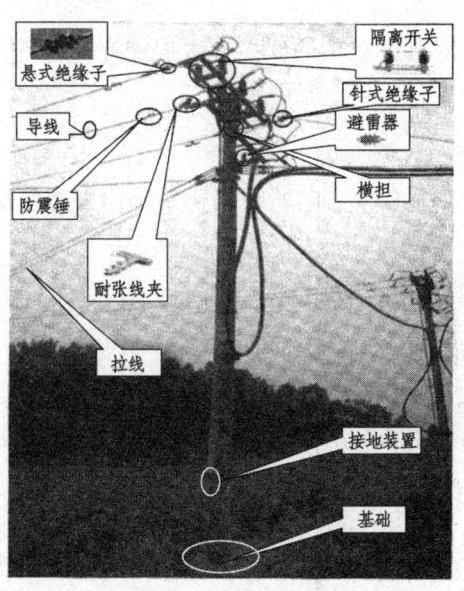

图3-1-5 电力架空线路

四、高速铁路供电 SCADA 系统

SCADA（Supervisory Control and Data Acquisition）系统，是以计算机为基础的生产过程控制与调度自动化系统，可以对现场的运行设备进行监视和控制，以实现数据采集、设备控制、测量、参数调节以及各类信号报警等各项功能。

远动系统（SCADA）实现对牵引供电、电力供电设备远程监视和控制，包括数据采集、处理、传输和显示等。SCADA 系统由调度主站（Master Terminal Unit，MTU）、传输通道（Channel）和被控站（Remote Terminal Unit，RTU）三大部分构成。SCADA 原理如图 3-1-6 所示。

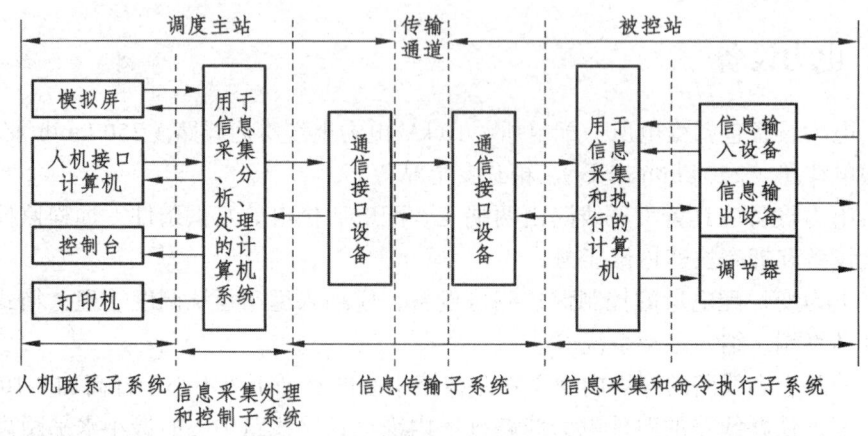

图 3-1-6　SCADA 系统原理框图

1. 调度主站

设在电力调度所内完成远方对象的监控、数据统计及管理功能等。

2. 被控站

被控站完成调度系统的数据采集、预处理，发送、接收及输出执行功能，常规远动系统被控站为远方终端设备 RTU，变电所自动化系统作为整体也可被看作是一个被控站。

3. 传输通道

连接调度主站与被控站的介质（通路）称为传输通道，可分为有线传输通道及无线传输通道，用于传输远动信息。

牵引变电所是高速铁路牵引供电系统的心脏，接触网是高速铁路牵引供电系统的主动脉，SCADA 系统是高速铁路牵引供电系统的"中枢神经"或"大脑"。

> **任务实施**

根据以上相关知识，由老师组织学生分组讨论高速铁路牵引供电系统组成，各小组派代表进行总结汇报，小组互评，教师点评。提高学生运用理论知识解决实际问题的能力。

任务二　高速铁路接触网系统

能力目标

能识别高速铁路接触网的组成及各部分作用。

知识目标

掌握高速铁路接触网的组成，掌握高速铁路对接触网和受电弓的基本要求。

相关知识

接触网是牵引供电系统的重要组成部分，牵引变电所通过接触网向列车（动车组）供电，而列车（动车组）通过受电弓从接触网取电，高速铁路采用架空柔性接触网。

高速铁路接触网的基本组成动画扫码观看

一、高速铁路接触网的基本组成

接触网一般由接触悬挂、支持和定位装置、支柱与基础等部分组成，接触网还安装防雷、接地、标识、保安等设备和设施。接触网通过支柱及软横跨、硬横跨，以一定的悬挂形式将接触线直接架设在铁路的上方。为了保证接触网的电气安全、提高接触网供电的灵活性，接触网中还架设有供电线、保护线、接地线等架空电线。

接触网结构如图3-2-1所示。

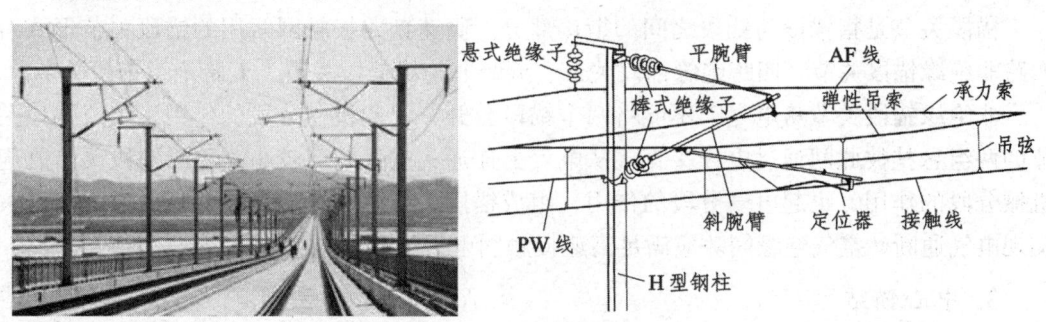

图3-2-1　接触网结构示意

（一）接触悬挂结构

1．接触悬挂

接触悬挂是接触网的接触线、吊弦、承力索、中心锚结、补偿装置以及连接零件的总称。通过支持装置架设在支柱上，将电能输送给动车组列车，接触悬挂应具备良好的机电性能。

接触悬挂如图 3-2-2 所示。

图 3-2-2　接触悬挂

2．锚段及锚段关节

（1）锚段。

接触网按一定规律分成若干一定长度且相互独立的段落，这种段落称作锚段。锚段是接触网的基本机电单元。将接触网分段主要是为了实现接触网的机械分段和电气分段，安装张力补偿装置或其他辅助电气设备，提高接触网供电的灵活性，缩小事故范围，保证吊弦及定位器的偏移不超出规定值。

锚段的长度取决于接触网的实际工作环境，如最高温度、最低温度、最大风速、线路状况以及下锚处至中心锚结处的张力差、下锚形式及补偿器的有效工作范围、锚段关节内两组悬挂间的绝缘间隙允许偏差等。高速铁路接触网一个锚段包括若干个跨距，锚段一般长度为 1 500 m 左右，困难情况不超过 2 000 m。

（2）锚段关节。

锚段关节是指锚段与锚段之间的衔接部分。高速铁路接触网常用的锚段关节形式有四跨非绝缘锚段关节、四跨绝缘锚段关节、五跨非绝缘锚段关节、五跨绝缘锚段关节。

非绝缘锚段关节从电气上不能将两个锚段分开，仅起机械分段的作用，组成锚段关节的两组悬挂彼此间通过电连接直接从电气上连通，空气间隙较小。绝缘锚段关节既起机械分段的作用，也起电气分段的作用，组成锚段关节的两组悬挂彼此间通过隔离开关实现电气通断，空气绝缘间隙应满足高速接触网电气绝缘要求。

3．中心锚结

由于气温、风雪、线路坡道、受电弓等的作用，接触悬挂存在来回蹿动的可能。当承力索或接触线断线时，锚段悬挂受到影响，严重时甚至造成塌网。为防止发生以上事故、缩小事故范围、减小温度变化引起的线索张力差、增强悬挂弹性均匀性，应在锚段中部适当位置设置中心锚结。中心锚结如图 3-2-3 所示。

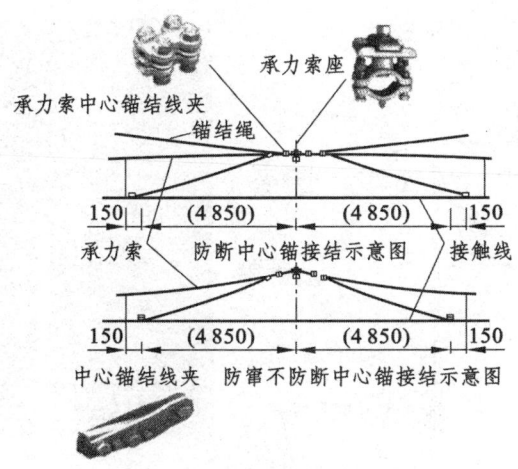

图 3-2-3 中心锚结

中心锚结的位置取决于线路条件,应尽量使中心锚结两侧半锚段产生的张力差相等,具体位置应通过张力差计算确定。跨距、锚段、锚段关节、中心锚结如图 3-2-4 所示。

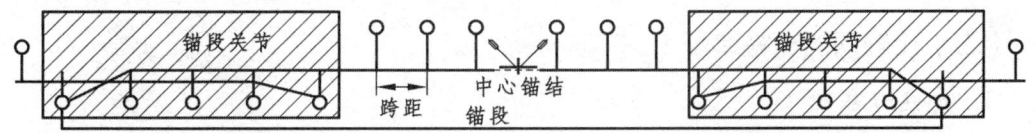

图 3-2-4 跨距、锚段、锚段关节、中心锚结示意图

4. 下锚及补偿装置

接触网每个锚段都需要固定,称为下锚,下锚有硬锚和补偿装置下锚两种形式。高速铁路接触网采用的是张力补偿装置下锚方式,承力索和接触网均通过补偿装置下锚,称为全补偿。

补偿装置有滑轮、棘轮、鼓轮、弹簧等多种形式。

滑轮补偿装置由补偿滑轮组、不锈钢补偿绳、补偿坠砣串、坠砣杆及其连接零件组成(见图 3-2-5)。

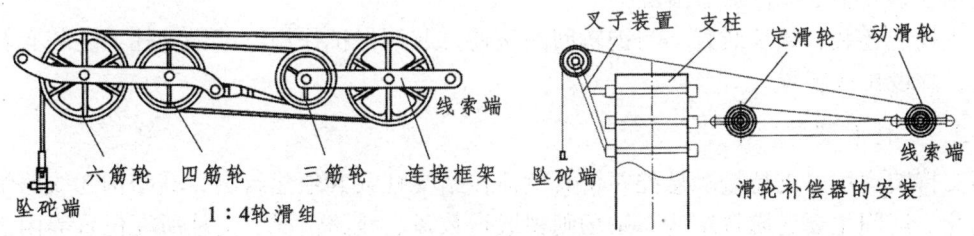

图 3-2-5 滑轮补偿装置示意图

棘轮补偿装置由棘轮、棘轮底座、棘轮连接架、补偿绳、平衡轮及双耳楔形线夹等组成(见图 3-2-6)。

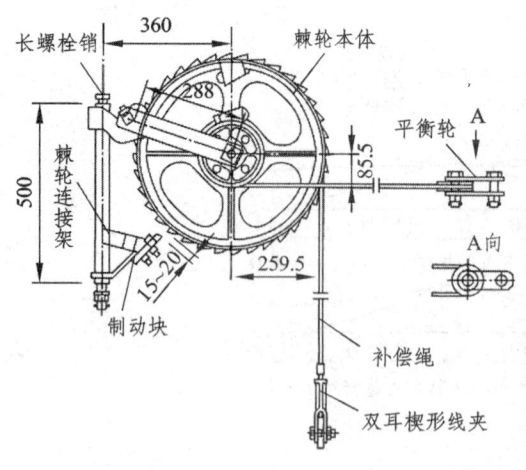

图 3-2-6 棘轮补偿装置

补偿下锚可调节和控制因温度变化引起的线索张力和弛度变化,使张力和弛度保持在一定技术范围内,提高接触网的机械稳定性。在高速铁路接触网中,为提高接触网(主要是接触线)的波动速度,承力索和接触线均加有较大的补偿张力。

(二)接触网的支柱装配

1. 支柱与基础

支柱与基础用以承受接触悬挂、支持装置和定位装置的全部负荷,并将接触悬挂固定在规定的位置和高度上。接触网支柱按使用材质可分为钢筋混凝土支柱和钢柱(高速铁路普遍使用)两大类。

(1)钢筋混凝土支柱。

钢筋混凝土支柱采用高强度的钢筋,在制造时预先使钢筋产生拉力,具有节省钢材、强度大、支柱轻等优点。

(2)钢柱。

钢柱是以角钢焊成的架结构,具有支柱较轻、强度高、抗碰撞、安装运输方便等优点。根据安装使用地点不同,钢柱的型号规格及外形结构也不同。桥梁(上承桥)通常采用钢柱,其基础在桥墩上预留。

支柱上还装有接地装置,与钢轨回路接通,起到保护作用。下锚支柱上还装有补偿装置,并设拉线装置。

2. 支持装置

支持装置用以支持接触悬挂并将其负荷传给支柱或其他建筑物,其结构随线路情况而变化。区间主要为腕臂结构,站场则视股道数量、线路情况、支柱所在位置等因素而选用软横跨、硬横跨或腕臂结构。

腕臂支持装置安装在腕臂柱、硬横梁及隧道内吊柱上,起到承载接触悬挂荷重、固定承力索、固定定位装置的作用,一般由平腕臂、斜腕臂、套管座、承力索座、腕臂支撑、套管单耳、管帽等组成,如图 3-2-7 所示。

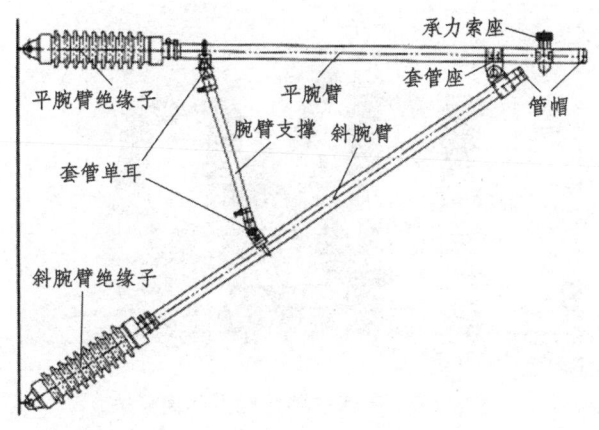

图 3-2-7　腕臂支持装置

支持装置应有足够的机械强度，重量轻、结构简洁、防腐性能好，便于安装和维护。

3. 定位装置

定位装置由定位管、定位器等零部件组成，安装在支持装置之上，完成接触线的空间定位，保证接触线相对于轨道平面的高度（导高）和轨道线路中心的偏离距离满足受电弓高速滑行的需要，对定位装置的要求是简洁、稳定，安全、可靠，零件少、质量轻，防腐性能好，便于装配和调整，定位装置如图 3-2-8 所示。

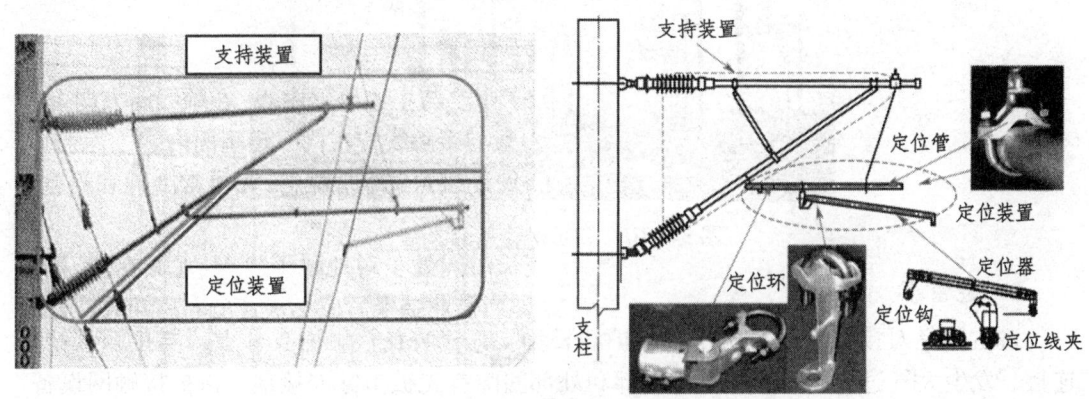

图 3-2-8　支持和定位装置的组成及零件

（三）接触网设备

1. 接触网隔离开关

隔离开关是用于接触网无负荷情况下切断或闭合供电回路的电气设备，可实现接触网的电分段在电气上的互相接通与断开，从而提高供电的可靠性和灵活性。由于高速铁路封闭管理，抢修人员到达现场的距离长，故沿线负荷开关和电动隔离开关纳入远动控制后，可准确判断故障，通过远动方便快捷倒闸作业，压缩故障停时（见图 3-2-9）。

图 3-2-9　高速铁路接触网隔离开关

2. 接触网线岔

在线路道岔区，列车会从一股道过渡到另一股道，与其对应，在道岔区上空，必须采取一定技术手段确保受电弓从一组悬挂平稳安全地过渡到另一组悬挂，完成这一功能的接触网结构就是接触网线岔，接触网线岔分为交叉和无交叉两大类。无交叉线岔如图 3-2-10 所示。

图 3-2-10　三组悬挂无交叉线岔

3. 避雷器

避雷器是对接触网进行防雷击保护的装置。其安装在接触网支柱上，与接触悬挂相连接，发生大气过电压时，避雷器内部和外部间隙首先被击穿而接地，保护接触网设备。避雷器如图 3-2-11 所示。

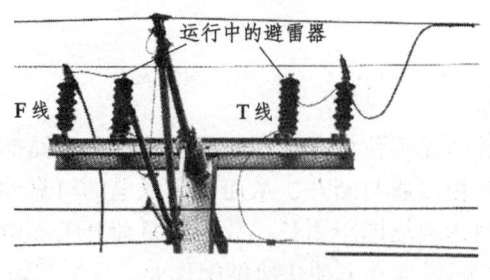

图 3-2-11　避雷器

二、接触网的分段、分相设置

接触网的分段、分相设置应考虑检修停电方便和缩小故障停电范围，并充分考虑电力动车组正常运行和调车作业的需要。分相的位置应避免设在进出站和变坡点区段。双线电气化区段应具备反方向行车的条件。负荷开关和电动隔离开关应纳入远动控制。接触网不得引接非牵引负荷。

（一）电分段

为增强接触网供电的灵活性和安全性，缩小停电事故范围，满足供电、检修以及其他特殊需要，对同相接触网进行的电气绝缘分段称作接触网电分段。

电分段的形式有空气式（绝缘锚段关节）和器件式（分段绝缘器、绝缘子）。器件式电分段一般用于空间有限或不便设绝缘关节的地点，如上下行正线间。

电分段的类型有纵向和横向之分，顺线路方向进行的电分段为纵向电分段，如区间接触网和站场接触网之间的电分段；站场各股道接触悬挂间进行的电分段为横向电分段，如站场上下行接触网之间的电分段。

电分段的设置涉及变电所（分区亭）馈线分布、接触网运营检修的安全性和灵活性、站内及相应地段的作业安全，应根据车站或站场的分布、变电所（分区亭）馈线的分布、接触网检修作业需求、上下行线路行车供电方式、机车行车进路等有关信息进行反复推敲，得出最优方案。

（二）电分相

电分相是两个不同相供电臂之间的分段装置。电气化铁路采用工频 25 kV 的单相交流电，对于三相电力系统而言，各牵引变电所需轮换相序向接触网供电，因此，接触网上有三相交流电存在，就必须采取分相措施。

高速铁路接触网均采用带中性段的锚段关节式电分相，一般由位于两相接触网之间的一个中性锚段（俗称小锚段）和带电的两相接触网组成两个绝缘锚段关节，通过受电弓在锚段关节和中性段上的转换实现换相。

中性段长度由列车编组情况，如动力集中或动力分散、升弓数量、受电弓间距、受电弓之间的电气连接情况以及最高运行速度等因素确定。当列车采用多弓运行时，若各弓间用高压母线连接，则两最远端受电弓之间的距离应小于电分相无电区的长度 D_1，如图 3-2-12（a）所示；若各弓间无高压母线连接，则任意两弓之间的距离应小于无电区长度 D_1 或大于中性段长度 D_2，如图 3-2-12（b）所示。

高速铁路列车每秒运行达 80~100 m，几分钟就会通过一个接触网电分相区，靠司机手动操作过电分相区存在严重的安全问题，高速铁路接触网采用列车自动过分相技术。

1. 车载设备自动过分相

车载自动过分相是通过列车与地面信号的配合，在列车上通过列车控制系统模拟司机手动过分相，即自动断辅助电路、断主断路器、合主断路器、合辅助电路等一系列操作过程。该过分相方式的最大特点是列车过分相时需断电,列车靠惯性通过中性段。系统由安装于电分相区的四个地面磁性感应器和安装于动车上的地面感应信号接收器、控制系统、信号指示系统 4 个部分组成,如图 3-2-13 所示。

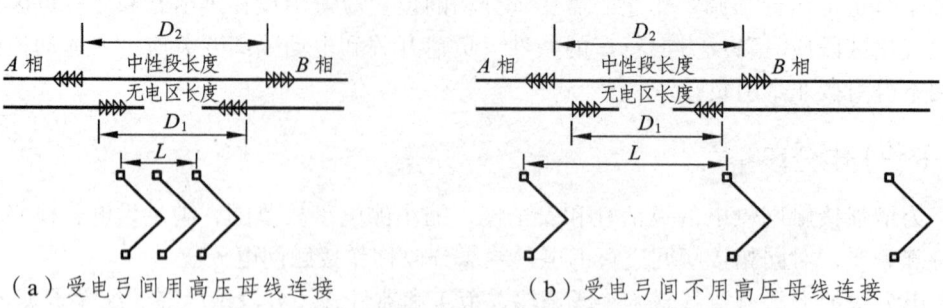

图 3-2-12　D_1、D_2、L 关系示意图

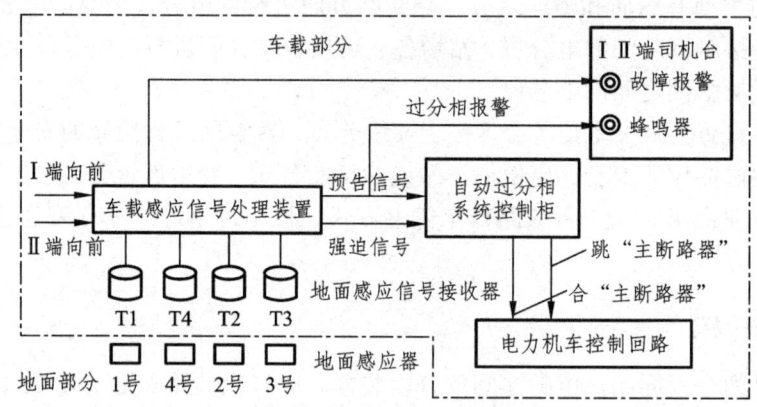

图 3-2-13　车载自动过分相系统示意图(虚线内为车内装置)

当列车接收到 1 号(反方向为 4 号)地面感应器的预备信号时,控制装置根据列车实际运行时速计算延时动作时间,一直延时到执行自动过电分相的系列动作开始。为保证感应器在可靠接收到 1 号(反方向为 4 号)地面感应器信号之后和接收到 2 号地面感应器信号之前,控制装置靠主断路器,应合理选择 1 号、2 号地面感应器之间的距离。

2 号(反方向为 3 号)地面感应器是过电分相时的强迫分断主断路器信号,同时也是反向运行时的合闸信号,它还可对过电分相预备信号丢失起到应有的保护作用。当列车收到该信号时,控制装置立即执行自动过电分相的全部动作。

2. 地面自动过电分相

地面自动过分相,是通过地面开关设备与列车位置信号配合,通过开关分相处两端的供电臂电压切换到中性段上。列车通过中性段时,不断电,列车不需要做切换动作,仅由地面开关完成。地面自动过分相方式实现了列车运行过程中不断电,可避免高速列车过分相时的速度损失,有益于高速列车的持续高速运行。地面开关式自动过分相如图 3-2-14 所示。

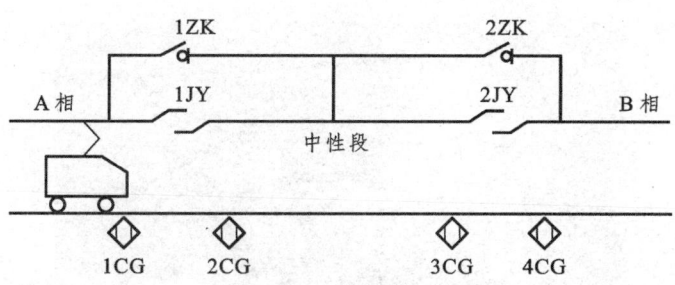

图 3-2-14　地面开关式自动过分相示意图

三、弓网系统

接触网是牵引供电系统的主动脉，其功能是通过与受电弓在运行中的良好接触将电能传给动车组。受电弓是安装在动车组上从接触网上获取电能的装置。由受电弓和接触网组成的电力系统就叫弓网系统。弓网系统通过不间断的机械、电气接触向动车组供电。弓网关系示意如图 3-2-15 所示。

为了使动车组连续不断地获取电能，要求接触线与受电弓在运行中接触良好，包括弓网振动小、相互冲击小、离线次数和时间少、导线和滑板磨耗小等。

图 3-2-15　弓网关系示意图

受电弓过无交叉线岔动画扫码观看

（一）受电弓

1. 受电弓的位置及结构

受电弓安装在动车车顶上，通过与接触导线的摩擦，将变电所的电能转移给动车组。受电弓可分单臂弓和双臂弓两种，均由滑板、上框架、下臂杆、绝缘子、升弓与降弓机构等部件组成，如图 3-2-16 所示。

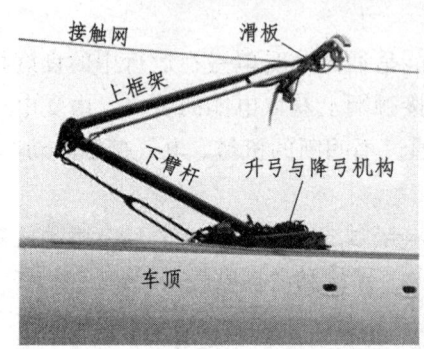 

图 3-2-16　受电弓结构

2. 受电弓的工作原理

（1）升弓。

压缩空气经电空阀均匀进入传动气缸，气缸活塞压缩气缸内的降弓弹簧，此时升弓弹簧使下臂杆转动，抬起上框架和滑板，受电弓匀速上升，在接近接触线时有缓慢停滞，然后迅速接触接触线。

（2）降弓。

传动气缸内压缩空气经受电弓缓冲阀迅速排向大气，在降弓弹簧作用下，克服升弓弹簧的作用力，使受电弓迅速下降，脱离接触网。

3. 高速受电弓的要求

高速动车组受电弓应满足以下基本要求。

（1）保持合适的接触压力。

受电弓的结构应保证滑板与接触导线在规定的工作高度范围内保持合适的接触压力，以实现可靠的连续电接触。

（2）减轻受电弓运动部分的重量。

减轻受电弓运动部分的重量，以减小运动惯性，从而使受电弓滑板迅速跟上接触导线位置的变化，保证良好的电接触。

（3）良好的结构设计。

高速受电弓在结构设计上要充分考虑列车高速运行时的空气动力学问题，力求使作用在滑板上的空气动力由别的零件承担，从而使受电弓滑板在其垂直工作范围内始终保持水平位置，以减小甚至消除空气动力对滑板与接触导线间接触压力的影响。

（4）对滑板的要求。

滑板的材料、形状和尺寸应适应高速的要求，以保证良好的接触状态，提高耐磨性能。

（5）受电弓的升降。

受电弓在升降弓时，初始动作应迅速，终了动作应较为缓慢，以确保在降弓时快速断弧，并防止升降弓时受电弓对接触网和底架有过大的冲击荷载。

（6）空气动力学设计。

高速受电弓还应具有良好的空气动力学性能，以减小高速运行时产生的噪声。

（二）受流技术

受电弓从接触线获取电能的过程被称为"受流"。

1. 受流过程

列车的受流过程是一个动态过程，主要包括以下几个方面。

（1）受电弓相对于接触导线的滑动摩擦。

（2）受电弓上下振动。

（3）受电弓由于动车横向摆动而形成的横向振动。

（4）接触网上下振动，并形成行波沿导线向前传播。

（5）受电弓和接触导线直接发生的水平和垂直方向的撞击。

（6）弓网离线发生电弧，受电弓受流中，电流发生剧烈变化。

弓网受流随列车速度的提高，上述各种运动加剧，维持弓网之间的良好接触性能愈加困难，受流质量也随之下降，当列车速度超过受流系统的允许范围时，受流质量将受到严重影响，影响列车取流和正常运行。

2. 高速铁路受流系统的要求

为了保证高速列车运行的安全、可靠，高速铁路的受流系统必须满足以下基本条件。

（1）保证功率传输的可靠性。

在高速列车运行的全部接触网区段，必须保证列车所需要的最低电压；在高速铁路所有可能的运营条件下，接触网-受电弓系统的电流负荷能力必须保证高速列车的可靠运行。

高速列车的电流负荷特征是：脉冲负荷占的比例大、电流大、持续时间短，由于列车速度快，启动和加速获得电流很大，因此，在弓网高速相对运动中，整个牵引供电系统均要适应高速列车对电压水平和电流负荷的要求。

（2）受流系统的运行安全性。

受流系统的安全运行是高速铁路正常运营的保证。接触网的几何参数（拉出值、导线高度、定位器坡度）保证受电弓滑板沿接触网安全地滑动。

接触线在定位点处与受电弓滑板中心有一定距离，这个距离在直线区段叫作接触线的之字值，在曲线区段称作拉出值，一般用符号"a"表示。接触网导线高度（导高）是指悬挂定位点处接触线距轨面的垂直高度，如图3-2-17所示。

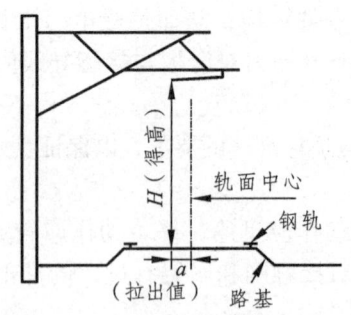

图 3-2-17　导高和拉出值示意图

（3）良好的受流质量。

受流系统的理想运行状态是弓网可靠接触，动车不间断地从接触网上获得电能。运行状态的性能参数为无离线、无火花。实际线路中，离线率要尽量小，系统具有动态稳定性。

（4）保证受流系统的使用寿命。

受流系统中，涉及使用寿命的两个主要因素是接触导线的使用寿命和受电弓滑板的使用寿命。其寿命大小取决于它们之间的磨耗，磨耗量在一定速度和传递功率条件下，主要取决于弓网接触力的大小，故应保持接触力均匀，即控制接触力的标准偏差以减小接触导线的局部磨耗。接触导线和受电弓滑板在材质上应具有一定的耐磨性能，另外，接触导线应具有抗电化学腐蚀性能。

（5）减小对周围环境的影响。

受流过程中，产生的电弧会产生电磁干扰和噪声，故应采取措施减小对周围环境的影响。

四、高速电气化铁路安全知识

为了防止触电伤亡事故发生，凡在电气化铁路工作的从业人员以及广大旅客和沿线居民，必须熟知电气化铁路安全的有关规定，并且必须严格执行。

（一）安全电压

安全电压是指对人体没有生命危险的电压，它是根据人体电阻确定的，人体电阻一般为 $800\,\Omega \sim 1\,\mathrm{M}\Omega$，流经人体没有生命危险的电流大小一般不会超过 $50\,\mathrm{mA}$，按照欧姆定律可推知，人体安全电压应小于 $40\,\mathrm{V}$。我国规定 $36\,\mathrm{V}$ 以下为安全电压，在某些特殊场合规定 $12\,\mathrm{V}$ 为安全电压。

（二）低压和高压

低压指对地电压在 $250\,\mathrm{V}$ 及以下，如 $380/220\,\mathrm{V}$ 三相四线制居民生活用电线路、直流 $220/110\,\mathrm{V}$ 电源等。

高压指对地电压在 $250\,\mathrm{V}$ 以上，如 $10\,\mathrm{kV}$ 电力线路、接触网线路等。

（三）跨步电压

跨步电压是指电气设备碰壳或电力系统一相发生接地短路时，电流从接地处四散流出，在地面上形成不同的电位分布，人走近短路点时，两脚之间的电位差，如图 3-2-18 所示。当跨步电压达到 40 V 及以上时，人有触电危险，特别是人被跨步电压击倒后会加大人体的触电电压，从而造成意外和死亡。发现有跨步电压危险时，应单足或并双足跳离危险区，亦可沿半径垂直方向小步慢慢退出。

图 3-2-18　跨步电压示意图

（四）接触网线路作业人员安全要求

站内和行人较多的地段，牵引供电设备支柱在距轨面 2.5 m 高处均要设白底黑字"高压危险"并有红色闪电符号的警示标志，如图 3-2-19 所示。禁止借助接触网支柱搭脚手架，必须借助接触网支柱登高时，须有供电专业人员现场监护。

图 3-2-19　警示标志

发生高压接地故障时，在切断电源前，任何人与接地点的距离，室内不得小于 4 m，室外不得小于 8 m。接触网断线接地不得小于 10 m。必须进入上述范围作业时，作业人员要穿绝缘靴。

为保证人身安全，除专业人员执行有关规定外，其他人员（包括所携带的物件）与牵引供电设备带电部分的距离，不得小于 2 000 mm。

在设有接触网的线路上，严禁攀登车顶，如确需作业，须在指定的线路上，将接触网停电接地并采取安全防护措施后，方准进行。

双线电气化铁路实行 V 形天窗作业时，为确保人身安全，应在设备、机具、照明、作业组织等方面采取相应措施。

牵引、电力变配电所控制室，应采取防雷措施，设置机房专用空调。控制、保护及通信设备，应装有防止强电及雷电危害的浪涌保护器等保安设备，电子设备应符合电磁兼容有关规定。

任务实施

根据以上相关知识，由老师组织学生分组讨论高速铁路接触网的构造及安全作业要求，各小组派代表进行总结汇报，小组互评，教师点评。提高学生运用理论知识解决实际问题的能力。

复习思考题

1. 什么是高速铁路牵引供电系统？
2. 牵引变电所的作用是什么？
3. 接触网由哪几部分组成？各有什么作用？
4. 高速铁路的受流系统应满足哪些基本要求？
5. 高速电气化铁路有哪些基本安全要求？

项目四

高速铁路动车组列车

// 项目描述 //

动车组列车是高速铁路旅客旅行的主要载体，由动力车和拖车固定连挂在一起组成。采用大功率牵引、制动控制、列车运行控制、空气动力学工程、减振降噪技术、可靠性与安全性技术等铁路专业领域的最新成果。本项目主要介绍高速铁路动车组车型、复兴号动车组列车技术优势和基本构造以及动车组列车运用与检修。

通过本项目的学习，培养学生科技报国的爱国情怀，培养学生耐心、细致、踏实的工作作风。

//// 任务一　动车组列车主要车型 ////

能力目标

能正确识别 CRH 系列动车组车型；能正确识别 CR 系列动车组车型。

知识目标

掌握 CRH 系列动车组车型及特点；掌握 CR 系列动车组车型及特点。

相关知识

动车组中带有动力的车辆称为动力车，简称动车（用 M 表示），不带动力的车辆称为拖车（用 T 表示），列车两端都带有司机室，可在线路上往复运行。

动车组六大关键技术动画扫码观看

动车组的优点动画扫码观看

一、CRH 型系列动车组

中国铁路高速动车组（China Rail High-speed，CRH），又称"和谐号"动车组。

（一）CRH1 型动车组

目前我国 CRH1 型动车组主要有 CRH1A、CRH1B、CRH1E 三种类型。CRH1A 型动车组全列 8 节编组，包括 5 节动车及 3 节拖车（5M3T）；CRH1B 型动车组全列 16 节编组中包括 10 节动车配 6 节拖车（10M6T），其中包括 3 节一等座车、12 节二等座车、1 节餐车。CRH1E 为 16 节车厢的卧铺动车组，每组包括 10 节动车配 6 节拖车（10M6T），其中包括 1 节豪华软卧车（WG）、12 节软卧车（WR），2 节二等座车（ZE）和 1 节餐车（CA），全列定员 618 人。位于 10 号车厢的高级软卧车每车定员 16 人，设 8 个包厢，每个包厢 2 个铺位，每个包厢中均有沙发和衣柜，没有独立卫生间，车厢一端设有带转角式沙发的休息室，最高运营速度为 250 km/h。

（二）CRH2 型动车组

CRH2 型动车组包括 CRH2A 型动车组、CRH2B 型动车组、CRH2C 型动车组、CRH2E 型动车组和 CRH2G 型高寒动车组。

1. CRH2A 型动车组

CRH2A 型动车组的编组方式是 4 节动车配 4 节拖车（4M4T）。列车设有一等座车、二等座车和二等座车/餐车，其中一等座及二等座座椅均可旋转。CRH2A 型动车组可两组重联运行。二等座座椅旋转如图 4-1-1 所示。

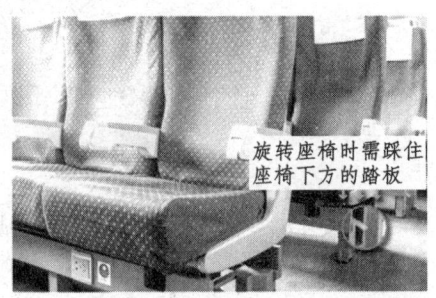

图 4-1-1　二等座座椅旋转

2. CRH2B 型动车组

CRH2B 在 CRH2A 基础上扩编至 16 节，CRH2B 型列车设有 3 节一等座车、12 节二等座车和 1 节餐车，其中一等座及二等座座椅均可旋转，全列车定员增加至 1 230 人，并在一等座车车厢内加装了电视屏幕影视系统。

3. CRH2C 型动车组

CRH2C 型动车组可两组重联运行。列车持续运营时速提高至 350 km，最高运营时速为 380 km。列车加强了减小阻力的设计，减少了头车车顶的信号天线等。

4. CRH2E 型动车组

CRH2E 型卧铺动车组为 16 节编组。列车设有 13 节软卧车、2 节二等座车和 1 节餐车。软卧车每辆 10 个包厢，共 40 个铺位，每个铺位均装有附耳机的液晶电视，并增加了即时联系乘务员的旅客呼唤系统。餐车内设有休闲酒吧和三台液晶电视机。为方便旅客使用随身电子产品，每个车厢均安装了 AC 220 V 家用电源插座。其中二等座车每隔三排座椅下设 1 个插座；软卧车每个包间设 1 个插座，走廊设 2 个插座；餐车酒吧区设 2 个插座。

5. CRH2G 型高寒动车组

CRH2G 是高寒动车组，耐高寒、抗风沙、耐高温、适应高海拔、防紫外线老化，CRH2G 型高寒动车组时速 250 km，采用 8 辆编组。

（三）CRH3 型电力动车组

CRH3 型动车组主要有 CRH3A 型（200~250 km/h）和 CRH3C 型（300~350 km/h）动车组列车。

1. CRH3A 型动车组

CRH3A 型动车组采用 4 动 4 拖 8 辆编组，车门车窗均采用拓宽设计，满足旅客快速上下车，密闭的车厢结构将行车噪声降至最低。

2. CRH3C 型动车组

CRH3C 型动车组采用动力分散式设计，列车设有一等座车(ZY)1 辆、二等座车(ZE)6 辆和带酒吧的二等座车（ZEC）1 辆。其中一等座采用"2+2"方式布置，二等座采用"2+3"方式布置。除了带酒吧的二等座车外，其他车厢所有座位均能旋转。

（四）CRH5 型动车组

CRH5 型动车组主力车型包括 CRH5A、CRH5E 和 CRH5G，其中 CRH5G 为高寒型动车组。

1. CRH5A 型动车组

CRH5A 为 8 辆车厢编组座车动车组。共 5 节动车 3 节拖车（5M3T）。列车可通过两组联挂方式增至 16 车。列车设有一等座车（ZY）、二等座车（ZE）、一等包座/二等座车（ZYE）和带酒吧的二等座车/餐车（ZEC）。其中一等座采用"2+2"方式布置，二等座采用"2+3"方式布置。

2. CRH5E 型动车组

CRH5E 型动车组为 16 车厢编组卧铺动车组，设计速度为 250 km/h。

3. CRH5G 型动车组

CRH5G 型动车组采用 8 辆编组，5 动 3 拖。通过使用耐严寒的材料，优化转向架、给水卫生系统、空调系统、电气结构等多种措施,解决积雪和结冰等情况对车辆的不利影响。在雨雪天气时,轨道与车轮之间的摩擦系数减小,车轮可能出现空转和滑行现象。CRH5G 型动车组设有撒砂装置,通过激活撒砂装置,向轨道上喷撒砂粒以增大轨道与车轮间的摩擦系数,提高轮轨黏着,保证雪天车轮不打滑,有利于行车安全。

和谐号 CRH5 型(重联)动车组列车设备设施如图 4-1-2 所示。

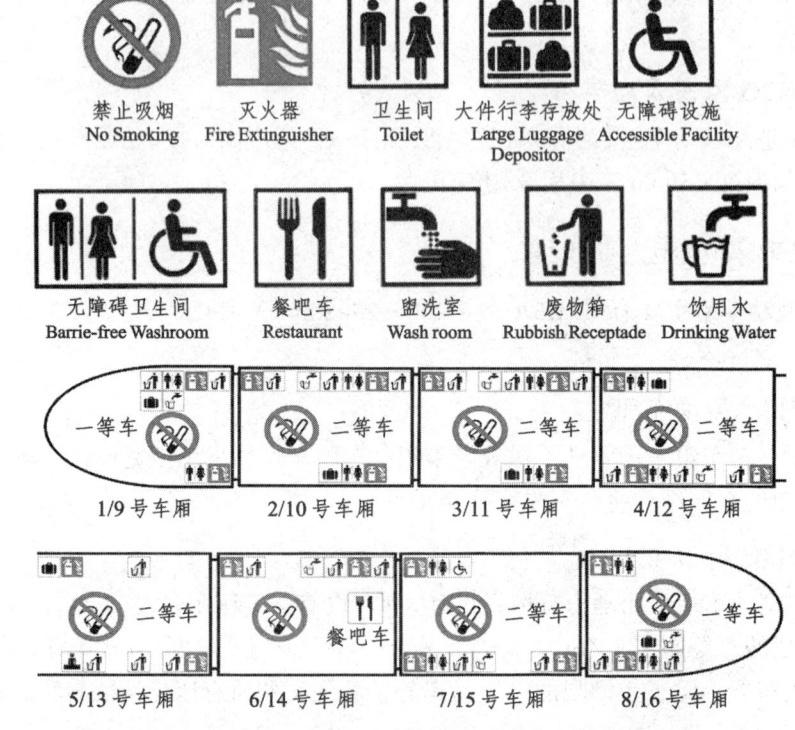

图 4-1-2　和谐号 CRH5 型(重联)动车组列车设备设施示意图

(五)CRH6 型动车组

CRH6 型城际动车组适用于城市间以及市区和郊区间的短途通勤客运,作为高速铁路和城市轨道交通的纽带,具有运能大、起停速度快、乘降方便快速、疏通迅捷有效、乘坐舒适、安全可靠、节能环保的特点。

1. CRH6A(200 km/h)

CRH6A 型动车组为 8 节编组,定员载客量 557 人(座席),超员载客量 1 488 人。座位采用"2+2"方式布置,座椅可调节,局部设茶桌,端部设可翻转座椅。1、3、5、7 号车厢设置卫生间,列车采用真空集便器。CRH6A-4002 和 CRH6A-4502 中间车厢为 3 门车厢。

2. CRH6F(160 km/h)

CRH6F 型动车组为 8 节编组,列车采用纵向座椅布置,格局与地铁车厢类似。CRH6F 型动车组定员载客量达 1 502 人,超员载客量达 1 998 人。列车座位采用"2+2"方式布置,座椅不可调节或翻转。列车在3、6号车设卫生间。车门采用宽阔的对开塞拉门,每节车两侧设有3个塞拉门(头尾车辆有2个,其中1个为驾驶室门)。

3. CRH6S(140 km/h)

CRH6S车型定员载客量达765人,超员载客量达1 322人,为地铁式座椅。列车在5号车厢设残疾人乘坐空间,列车不设洗手间。

(六)CRH380型动车组

CRH380系列动车组是在CRH1至CRH5型动车组基础上自主研发的高速动车组,最高营运速度380 km/h。

1. CRH380A型动车组

CRH380A型动车组采用6动2拖的编组方式,列车设有带一等包厢座位的一等座车(ZY)2辆、二等座车(ZE)3辆、带观光座的二等座车(ZEG)2辆和带酒吧的二等座车(ZEC)1辆。其中一等座采用"2+2"方式布置,二等座采用"2+3"方式布置。除了带酒吧的二等座车、一等包厢座位外,其他车厢所有座位均能旋转。列车设有观光座定员12人,一等包座定员6人,一等座定员89人,二等座定员373人,全列定员480人。

2. CRH380AL型动车组

CRH380AL型动车组为16节长编组,采用了14动2拖的编组方式,列车设有带VIP座席的商务车(SW)1辆、一等座车(ZY)2辆、二等座车(ZE)10辆、带观光座的一等座车(ZYG)2辆和餐车(CA)1辆。其中一等座采用"2+2"方式布置,二等座采用"2+3"方式布置,商务车和观光座采用"1+2"方式布置。除了带酒吧的二等座车外,其他车厢所有座位均能旋转。列车商务座定员26人,一等座定员112人,二等座定员923人,全列定员1 061人。

3. CRH380B型动车组

CRH380B型动车组采用4动4拖的编组方式。设有一等座、二等座、观光座、VIP座等座席等级。二等座车座席采用"2+3"方式布置;一等座车座席采用"2+2"方式布置,每组列车其中一辆一等座车设有一个4人包间及两个6人包间;VIP座位于商务车车厢(又称VIP车),采用"1+2"方式布置,设置有类似民航客机头等舱的高级可躺座椅。全列定员556人。

4. CRH380BL型动车组

CRH380BL型动车组为16节长编组,CRH380BL型动车组采用了8动8拖的编组方式,列车由1辆商务车(又称VIP座车)、4辆一等座车、10辆二等座车和1辆餐车组成,其中商务车定员28人,一等座车定员186人,二等座车定员791人,全列定员为1 005人。

二、"复兴号"中国标准动车组

CR(China Railway)中国铁路,称为"复兴号"动车组。目前"复兴号"动车组已有车型包括 CR400AF、CR400AF-A、CR400AF-B、CR400AF-C、CR400AF-G、CR400AF-Z、CR400AF-BZ，CR400BF、CR400BF-A、CR400BF-B、CR400BF-C、CR400BF-G、CR400BF-Z、CR400BF-BZ、CR400BF-GZ，CR300AF、CR300BF。CR200J 为复兴号时速 160 km 集中动力动车组（其动力集中在列车头部或列车首尾端）。

（一）时速 350 km"复兴号"动车组

时速 350 km"复兴号"动车组包括 CR400AF、CR400AF-A、CR400AF-B、CR400AF-C、CR400AF-G、CR400AF-Z、CR400AF-BZ、CR400BF、CR400BF-A、CR400BF-B、CR400BF-C、CR400BF-G、CR400BF-Z、CR400BF-GZ、CR400BF-BZ。其中 CR400AF-C、CR400BF-C 型、CR400AF-Z、CR400BF-Z、CR400AF-BZ、CR400BF-BZ、CR400BF-GZ 为智能型动车组；CR400AF-G、CR400BF-G 和 CR400BF-GZ 为 8 辆编组的高寒车型。

1. CR400AF 型动车组

CR400AF 型动车组全列 8 辆编组，4 动 4 拖，车辆类型包括一等/商务座车、二等/商务座车、二等座车（1 辆设有无障碍设施、1 辆为餐座合造车）。8 辆编组全列定员共 576 席（其中商务座席 10 席、一等座席 28 席、二等座席 538 席）。

2. 长编组"复兴号"动车组

CR400BF-A、CR400AF-A 型 16 辆编组"复兴号"动车组采用 8 动 8 拖配置，总长度超过 415 m，总定员 1 193 人，可满足时速 350 km 运营要求。16 辆编组"复兴号"在 1 号车设有单独的"商务座车"车厢，全部为商务座布局，可为商务座旅客提供更舒适的乘车体验。CR400AF-B 和 CR400BF-B 型为 17 辆编组，长 439.8 m，动力配置为 8 动 9 拖（8M9T）。载客量为 1 283 人。

3. "复兴号"智能动车组

"复兴号"智能动车组包括 CR400AF-Z、CR400BF-Z 为 8 辆编组，CR400BF-GZ 为 8 辆编组的高寒车型，CR400AF-BZ、CR400BF-BZ 为 17 辆编组。字母"Z"为"智能"的缩写，"-G"和"-B"分别代表"高寒"和"17 辆编组"。8 辆编组和 17 辆编组的复兴号智能动车组定员分别为 578 人和 1 285 人。

"复兴号"智能动车组车身的"复兴号"标识字体由之前的黑色改为金色，"复兴号"智能动车组在头车增设司机登乘门，便于司机上下车，避免司机通过商务车厢登乘司机室干扰旅客休息（见图 4-1-3）。

4. "复兴号"智能技术提升动车组

"复兴号"智能技术提升动车组包括 CR400AF-S、CR400AF-BS、CR400BF-S 和 CR400BF-BS 型动车组列车。

CR400AF-S 型车长约 209 m，大件行李处容积更大，2 至 8 车厢内增加 1 个大件行李柜，二等座车厢座席 19 排，列车定员为 619 人。采用降噪内风挡，新型地板及墙板减振器，有效降低客室噪声。电茶炉采用安全开关模式，接水时需先按下红色解锁按钮再按出水按钮，小桌板水杯杯托深度增加至 15 mm。

图 4-1-3 新版"复兴号"智能动车组车体外观

5. 复兴号智能动卧列车

复兴号智能动卧列车全列编组 16 辆，由 2 辆座位车、1 辆餐车/卧铺车、13 辆卧铺车组成，总定员为 652 人，其中特等座 24 人、二等座 90 人、卧铺 538 人。8 号车厢设置 1 个无障碍卧铺包间和 1 个无障碍卫生间，增加盲文标识。全列包括 42 个卫生间、17 个电开水炉；特等座椅增加可调节头靠，在扶手小桌板基础上增加背板小桌板，二等座椅在靠背上增加了 USB 充电接口。每个铺位设置集成式多功能服务装置（包括阅读灯、衣帽钩、裤架、插座、置物盒、氛围灯等设施）。采用以太网控车、车载安全监测、手持移动终端巡查等智能运维系统。

（二）时速 250 km "复兴号"动车组

1. CR300AF 型动车组

CR300AF 列车为 8 辆编组，长约 209 m，标定时速 250 km，CR300AF 的动力配置为 4M4T（四动四拖），02/04/05/07 车为带牵引电机的动车，01/03/06/00 车为不带动力的拖车（头车控制车无动力），动力单元呈中心对称，总定员为 613 人。CR300AF 型动车组如图 4-1-4 所示。

图 4-1-4 CR300AF 型动车组

2. CR300BF 型动车组

CR300BF 型动车组全列采用 8 辆编组，总定员 613 人，其中一等座 48 个席位，二等座 565 个席位。车内二等 2 人座椅宽度为 991 mm，二等 3 人座椅宽度 1 480 mm，一等座椅宽度为 1 190 mm。

二等 3 人座椅的两坐垫之间设置 2 个插座，每个插座面板集成 1 个三孔、1 个两孔、1 个 USB 口电源，旅客使用电子设备更加方便。垃圾箱分为可回收垃圾和不可回收垃圾，注重车内环保。

三、动车组的编号组成

（一）CRH 动车组的车型编号

CRH 动车组以技术序列代码命名，其编号形式如图 4-1-5 所示。

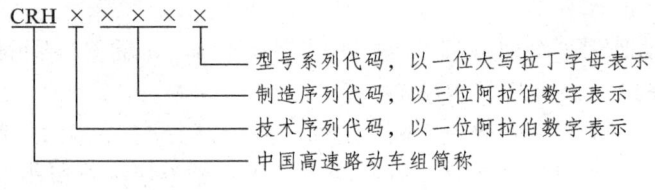

图 4-1-5　CRH 动车组编号

1. 技术序列代码

技术序列代码由一位阿拉伯数字表示，例如，BST 公司生产动车组为 1，中车四方股份公司生产的动车组为 2，中车唐山公司生产的动车组为 3，中车长客股份公司生产的动车组为 5。

2. 制造序列代码

制造序列代码按 001-999 排列。

3. 型号系列代码

型号系列代码按照动车组的速度等级、车种确定。

（二）新一代 CRH380 型动车组的车型编号

为体现新一代 CRH380 型高速动车组的自主创新和速度特征，在既有动车组编号规则的基础上，对其型号、车号及座席号进行了重新规定，其编号构成如图 4-1-6 所示。

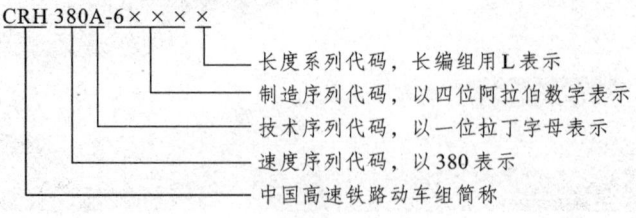

图 4-1-6　新一代 CRH380 型动车组的编号

1. 速度序列代码

速度序列代码以动车组设计的最高运行速度目标值的三位阿拉伯数字表示，380 即代表设计最高运行速度目标值为 380 km/h。

2. 技术序列代码

技术序列代码以一位大写拉丁字母表示。A 代表中车四方股份公司研制生产，8 辆编组，座车；B 代表中车长客股份公司/中车唐山公司研制生产，8 辆编组，座车；C 代表中车长客股份公司研制生产（与 B 采用不同的牵引及控制系统），8 辆编组，座车；D 代表 BST 公司研制生产，8 辆编组，座车。

3. 制造序列代码

制造序列代码用阿拉伯四位数字表示，以数字 6 开头，后三位为各制造厂的车组号，按已签订合同数量及百位间隔分配不同的号段，并按出厂时间顺序进行编排。

4. 长度系列代码

"L"表示 16 辆编组动车组，8 辆编组不带"L"标号。

（三）CR 型动车组的车型编号

CR 型动车组是以速度目标值命名，其编号构成如图 4-1-7 所示。

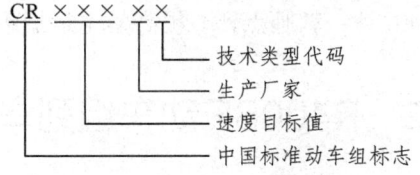

图 4-1-7　CR 系列动车组的编号

1. 速度目标值

速度目标值以动车组设计的最高运行速度目标值的三位阿拉伯数字表示。

400——设计最高运行速度目标值为 400 km/h。

300——设计最高运行速度目标值为 300 km/h。

200——设计最高运行速度目标值为 200 km/h。

2. 生产厂家代码

以一位大写拉丁字母表示。A 代表中车四方股份公司生产制造；B 代表中车长客股份公司生产制造。

3. 技术类型代码

以一位大写拉丁字母表示。F 代表动力分散式动车组；J 代表动力集中式电力动车组；N 代表动力集中式内热动车组。

（四）动车组的车辆编号

动车组中车辆的编号由车种代码、技术序列代码、制造序列代码和编组顺位代码组成，如图 4-1-8 所示。

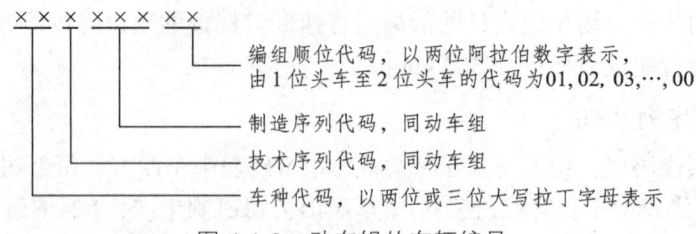

图 4-1-8　动车组的车辆编号

动车组应有识别的标记：路徽、配属局段简称、车型、车号、定员、自重、载重、全长、最高运行速度、制造厂名和日期、定期修理日期、修程和处所。动车组应有"电化区段，严禁攀登"的标识。

动车组应具有列车运行安全监控功能，对重要的运行部件和功能系统进行实时监测、报警和记录，并能及时向检修机构传输。

动车组须配备机车综合无线通信设备（CIR）、列控车载设备、车载自动过电分相装置等，满足相应速度等级运行需要。

任务实施

根据以上相关知识，由老师组织学生分组讨论中国高速铁路动车组车型，各小组派代表进行总结汇报，小组互评，教师点评。提高学生运用理论知识解决实际问题的能力。

//// 任务二　R400BF 动车组列车基本结构 ////

能力目标

能认识高速动车组列车的转向架、制动装置、连接装置的各个组成部分。

知识目标

掌握复兴号动车组的技术优势；掌握复兴号动车组的基本结构。

相关知识

动车组（以 CR400BF 为例）由车体、设备舱、转向架、高压牵引系统、辅助电气系统、供风及制动系统、网络控制系统、旅客信息系统、车内环境控制系统、给水及卫生系统、车内设施、驾驶设施、列车运行控制车载设备和其他装置系统组成。

动车组主要构成如图 4-2-1 所示。

一、编组及技术参数

CR400BF 中国标准动车组采取 8 辆编组，由两个"二动二拖"的牵引动力单元组成

"四动四拖"（4M4T）的结构。由TC01（一等28+商务5）、M02（二等85）、TP03（二等85）、MH04（二等75）、MB05（二等63）、TP06（二等85）、M07（二等85）、TC08（二等40+商务5）组成，具体编组情况如图4-2-2所示。

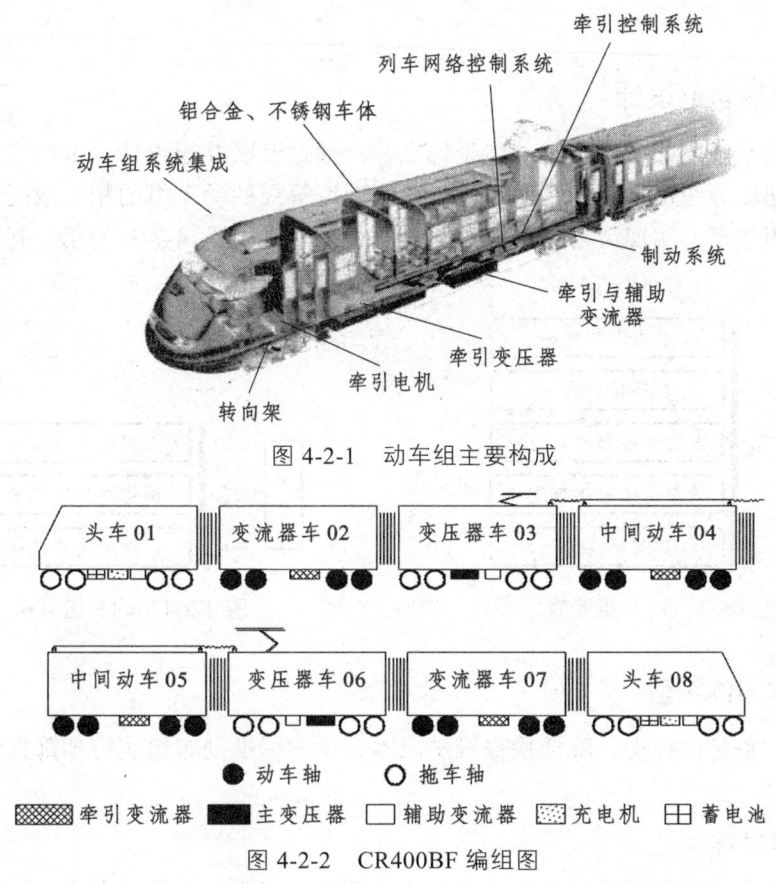

图4-2-1 动车组主要构成

图4-2-2 CR400BF编组图

CR400BF技术参数见表4-2-1。

表4-2-1 CR400BF技术参数

主要项点	参数	主要项点	参数
最高运行速度/（km·h^{-1}）	350	地板面距轨面高度/mm	1 260
最高试验速度/（km·h^{-1}）	385	受电弓落弓时高度/mm	~4 500
定员/人	556	轴重/t	≤17
编组型式	4M4T	转向架中心距/mm	17 800
长度/m	~210	转向架轴距/mm	2 500
中间车体长度/mm	25 000	轮周牵引功率/kW	10 140
车辆间距/mm	650	0~200 km/h平均加速度/（m·s^{-2}）	≮0.4
车体宽度/mm	3 360	350 km/h剩余加速度/（m·s^{-2}）	≮0.05
车辆高度/mm	4 050		

二、CR400BF 技术特点

CR400BF 中国标准动车组在创新、智能、安全、人性、绿色、经济六方面持续进行技术提升。

（一）互联互通设计

互联互通是中国标准动车组功能指标之一。通过互联互通设计，可以实现不同厂家生产的相同速度等级动车组的重联运营、不同速度等级的动车组的相互救援，有效提升动车组的利用效率，实现运营组织的灵活性。互联内容如图 4-2-3 所示，互通内容如图 4-2-4 所示。

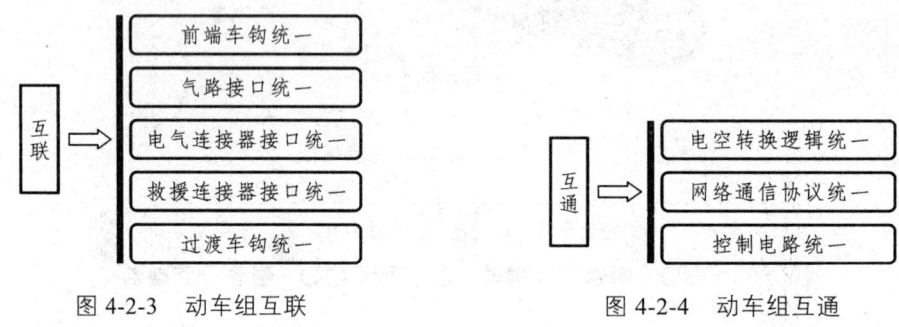

图 4-2-3　动车组互联　　　　　　图 4-2-4　动车组互通

（二）零部件统型

为减少配备备件种类，降低检修维护成本，中国标准动车组实行零部件统型，统一修程修制。

1. 零部件统型

为满足整机和维护部件完全互换，座椅、侧门、车窗、车钩、滑板、闸片、车轴、锁类等完全统型。

2. 接口统一

电视、内外信息显示器、蓄电池、电压电流互感器、受电弓等接口统一。

3. 维护部件统一

空调、便器、水箱、开水炉等维护部件和易损易耗件统一。

4. 修程修制统一

一级维修 6 000 千米或 48 h，二级维修 2~120（不含）万千米，三级维修 120 万千米或 3 年，四级维修 240 万千米或 6 年，五级维修 480 万千米或 12 年。

（三）采用智能 TCN 网+以太网

采用新一代列车网络控制系统（TCN 网+以太网），构建百兆级以太网列车网络，提升信息处理技术。

采用智能移动终端、WLAN 无线设备、以太网单点维护、故障自动识别等技术手段，提高运用检修效率。提供无线上网服务、新闻资讯、旅行信息、列车动态信息服务、旅客座席及乘务工作管理等在内的智能化服务。采用移动通信技术，优化车-地无线传输系统，提升动车组故障信息、状态信息实时传输能力。

（四）安全保障措施

在确保走行安全的基础上，增加了主动安全与被动安全措施。设置碰撞吸能装置，在列车发生碰撞时为司乘员提供基本的安全保障。

设置高速铁路列车追踪接近预警系统（TCAS）。具有实时显示前方列车位置、速度、状态等信息功能，并能够进行计算分析，确定预警提示级别，实施语音报警（见图 4-2-5）。具备列车失稳检测、烟火报警、轴温检测、受电弓视频检测等安全防护措施。

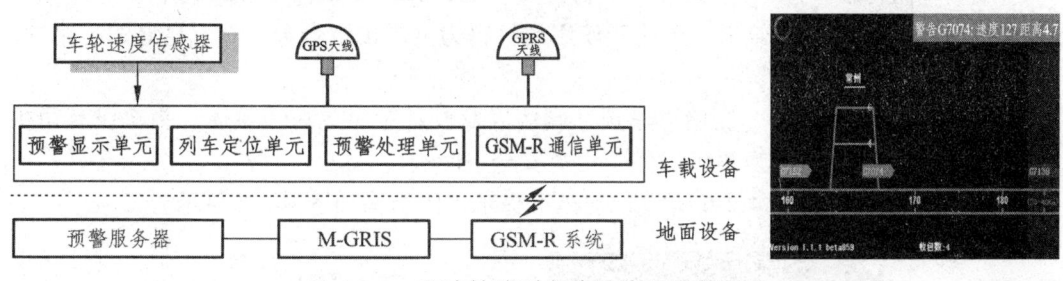

图 4-2-5　高速铁路列车追踪接近预警系统

（五）人性化服务

坚持以人为本的理念，结合人机工程学原理，优化旅客界面与司乘界面。二等座椅间距统一加大到 1 020 mm、一等座椅间距统一加大到 1 160 mm。座车增设阅读灯，设多种照明模式。增设 Wi-Fi、电子票务显示。增设旅客大件行李安全保存措施。

（六）绿色环保

采用轻量化及零排放设计、高效牵引/制动系统、环保材料，强化减振降噪措施。

1. 车内环保

车内采用分频段控制和等声压级设计策略，使用隔声材料（隔音垫、消音涂瓷等）和优化结构等措施提升各区域隔声量，使用密封材料和优化措施提升各区域密封，实现车内噪声在司机室、观光区和风挡区域的大幅度降低。

2. 车外环保

车外从声源控制入手，重点解决轮轨、集电系统、噪声传递路径（车端连接等位置）和车身表面气动噪声（优化车头、车下和车上倒流位置）等问题，车外噪声大幅度降低。

3. 降低整车自重

采用碳纤维、镁合金、预浸料等先进的轻量化材料，在确保综合性能指标的前提下，降低整车自重，最大轴重小于 16.5 t，以达到减重、降耗、环保、安全的综合指标。

4. 污水、污物排放

所有污水、污物均集中收集，到站段后集中排放，实现全程零排放。

三、"复兴号"动车组系统组成

（一）车体

1. 车体组成

根据车窗及车内设施不同，分为 TC01、M02/07、TP03/06、MH04、MB05、TC08 等 6 种车型。

（1）车体材料。

车体采用全长的大型中空铝合金型材组焊而成，为筒型整体承载结构。车体（尤其是侧墙）具有防振、隔音效果。车体所使用的材料为可焊接铝合金，具有良好的防腐性。

（2）车体承载结构。

车体承载结构由底架、侧墙、车顶、端墙以及设备舱组成一个整体。头车设有司机室，头车的车体结构设计为司机提供了一个安全空间。

动车组车体结构如图 4-2-6 所示，动车组头车车体结构如图 4-2-7 所示。

图 4-2-6 动车组车体结构

图 4-2-7 动车组头车车体结构

2. 车体技术特点

动车组采用整体承载结构，采用边梁承载的底架结构，有利于车下设备吊装及转向架安装；车头采用型材蒙皮与承载梁焊接结构，焊接变形小；按照车钩、防爬及主吸能块三级吸能原理设置高速车耐撞结构。

（二）设备舱

车下设备舱的作用是保护车下设备免受飞石和冬季冰雪的破坏。

1. 设备舱组成

设备舱由裙板、底板、裙板支架组成，与底架隔墙形成一个密闭型舱体。设备舱防护的车下设备包括牵引电机通风机、废排及风缸单元、牵引变流器、辅助变流器、牵引变压器、主空压机、蓄电池箱和污物箱等。

设备舱整体结构如图 4-2-8 所示。

图 4-2-8　设备舱整体结构

2. 技术特点

设备舱采用全密封式结构，格栅和滤网防水、防雪、防柳絮；主体材料为铝型材，轻量化程度较高；裙板采用双舌锁结构，检修操作方便；设备舱裙板、底板具有防松脱功能。

（1）裙板防松脱。

设备舱裙板锁带自锁功能，每块裙板设一把安全碰锁，裙板锁失效后能确保安全，裙板两侧设安全绳（见图 4-2-9）。

（2）底板防松脱。

设备舱底板锁加安全销，底板锁有指针防松标记，底板锁均失效后通过安全销起（见图 4-2-10）。

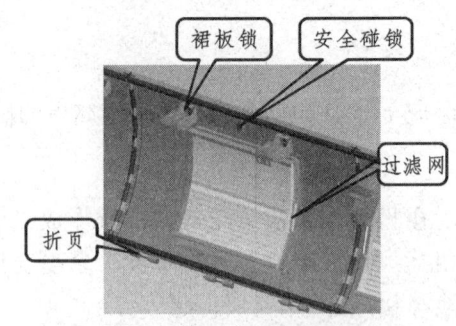

图 4-2-9　裙板防松脱

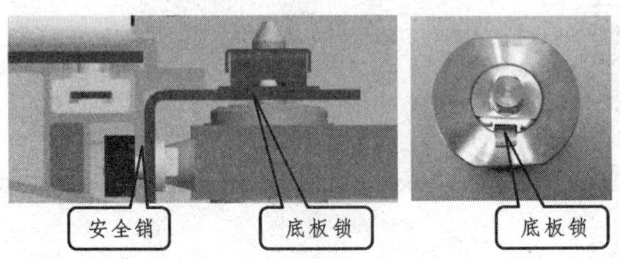

图 4-2-10　底板防松脱

（三）转向架

转向架是动车组的基本组成部件之一，是动车组的走行部，分为动车转向架和拖车转向架，均由构架、轮对、轴箱、一系悬挂装置、二系悬挂装置等组成。

动车转向架构造如图 4-2-11 所示。

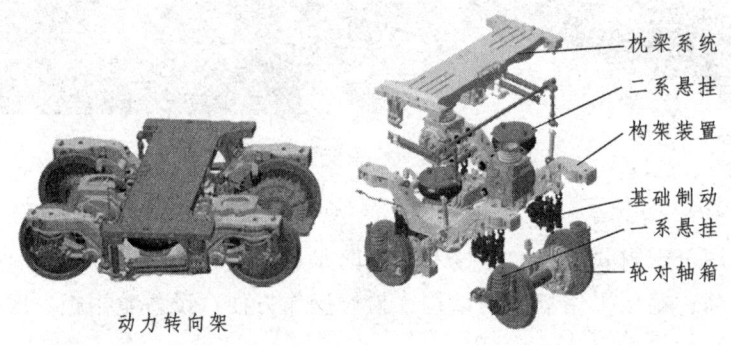

图 4-2-11　动车转向架构造

1. 转向架主要技术参数

转向架主要技术参数见表 4-2-2。

2. 转向架主要结构特点

电机采用 4 点弹性架悬结构（横向解耦），有利于提高踏面磨耗后车辆的稳定性；齿轮箱采用吊杆饼装吊挂方式；轴箱采用分体式结构，便于轮对更换。

表 4-2-2　转向架主要技术参数

主要内容	技术参数
最高运营速度/(km·h^{-1})	350
最高试验速度/(km·h^{-1})	385
固定轴距/mm	2 500
轨距/mm	1 435
轮对内侧距/mm	1 353（0，+2）
车轮直径/mm	ϕ920
最大设计轴重/t	17

3. 动车组踏面清扫装置

每个转向架配备 4 套动车组踏面清扫装置，全列共计 64 套，每台车同时设置两套踏面清扫控制单元，全列共计 16 套。踏面清扫装置可有效提高轮轨黏着力，防止车轮因空转、打滑造成损伤，缩短制动距离，清扫踏面水膜、杂质等。修正车轮踏面形状，对车轮多边形形成有一定的抑制作用，消除车轮踏面疲劳裂纹，消除安全隐患。

（四）高压系统

高压系统位于车辆顶部。为了提升车顶电缆连接处的环境适应性，CR400BF 型动车组车顶电缆采用完全密封式的内绝缘终端连接方式。

动车组由两个对称的牵引单元（01 至 04 车和 05 至 08 车）组成，它们通过车顶高压电缆相互连接。除车顶高压电缆和高压跨接电缆外，受电弓、避雷器、线电压互感器、主断路器/接地开关、线电流互感器及高压隔离开关等高压系统的所有组件都位于 03 和 06 车。采用高压部件集成车顶高压箱方案，具有耐候性、免清洗、检修维护方便、气动阻力和气动噪声小等特点，车顶高压系统布置如图 4-2-12 所示。

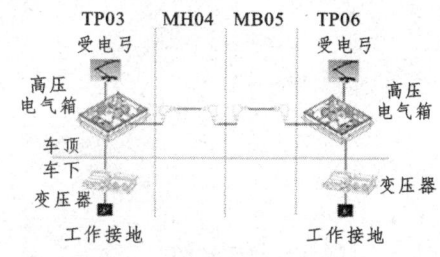

图 4-2-12　动车组车顶高压系统

（五）牵引系统

动车组牵引变流器具有救援回送再生发电功能，动车组在救援回送速度超过 55 km/h 时，牵引电机开始发电维持牵引变流器中间直流电压，辅助变流器能够启动，向充电机、主空压机等负载供电；当速度低于 35 km/h 时，牵引电机停止发电。发电容量满足救援回送条件下动车组辅助系统供电需求，实现动车组无火回送自发电功能。

1. 牵引系统组成

牵引系统由两个牵引单元组成,每个牵引单元由两个动车和两个拖车构成,两个牵引单元采用对称式设计。

2. 设备布置

一个牵引单元包括一台牵引变压器及冷却单元、两台牵引变流器及其冷却单元、四台牵引电机、两台牵引电机冷却风机。动车组共设置两台牵引变压器,安装在03/06号车,分别为相邻两个动力车的两台牵引变流器提供单相交流电源。每个动力车包含一台牵引变流器,牵引变流器采用交-直-交变换,可供本车四台牵引电机正常运行,并可实现牵引电机的变频调速。此外,牵引变流器通过中间直流环节为辅助变流器提供电源。牵引电机采用三相鼠笼式异步电动机,在驱动模式下可将电能转换成机械能,制动时将机械能转换成电能(见图4-2-13)。

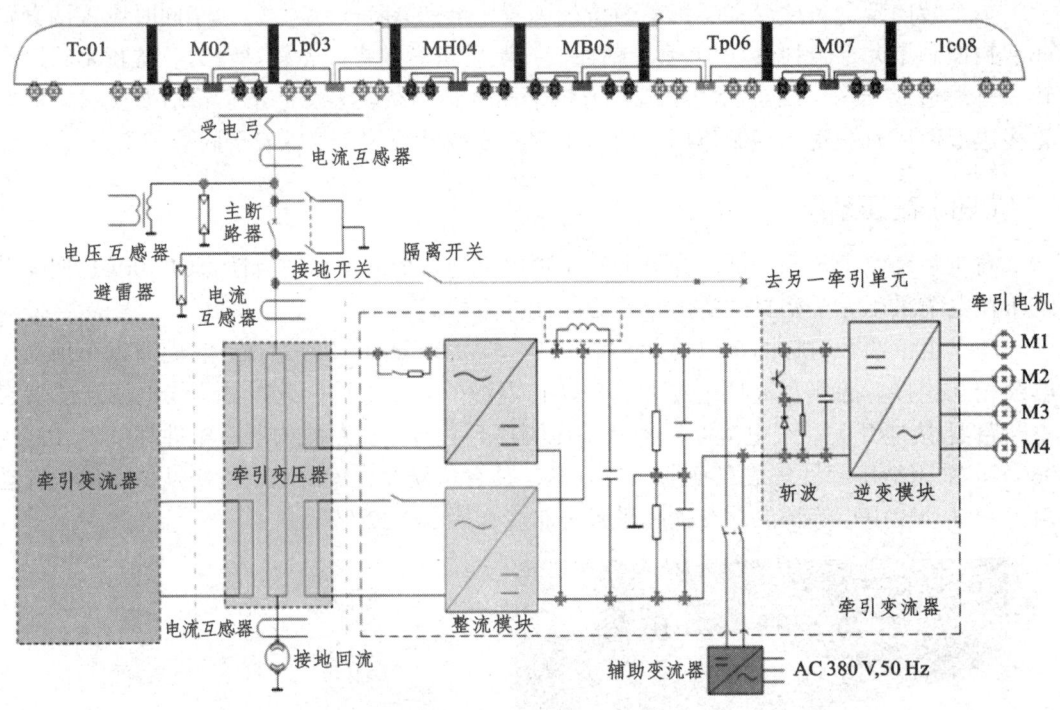

图 4-2-13　动车组牵引系统设备布置

(六)辅助供电系统

动车组辅助供电系统是除牵引电气系统以外的所有电气系统,是动车组配套系统之一。辅助供电系统由辅助变流器、充电机和蓄电池、应急逆变器等组成。动车组具有耗电量统计功能,分别统计动车组总耗电量及再生制动电量,每列车 2 套,设置于受电弓车。在每个转向架上方设置车体平稳性检测加速度传感器,全列共计 16 个,每台车内设置一台平稳性检测主机,用于检测车体平稳性。

辅助供电系统采用母线并联供电方式,辅助变流器将由牵引变流器中间直流环节提供的中间直流电转换成三相交流电，为辅助系统供电。

辅助供电低压系统电源由三相 AC 380 V 50 Hz 供电母线提供，通过充电机将三相交流电转换为 DC 110 V 电，实现母线并网供电，为蓄电池组充电，同时也为低压设备提供电源。

（七）网络控制系统

列车网络控制系统主要实现对信息的分散采集、网络传播、集中处理并对各类信息进行实时汇总分析。有效实现对列车的控制，加强对设备状态的监控。网络及辅助监控系统主要由列车网络控制系统、数据记录及无线传输装置、电子标签设备、烟火报警系统以及安全视频监控设备组成。

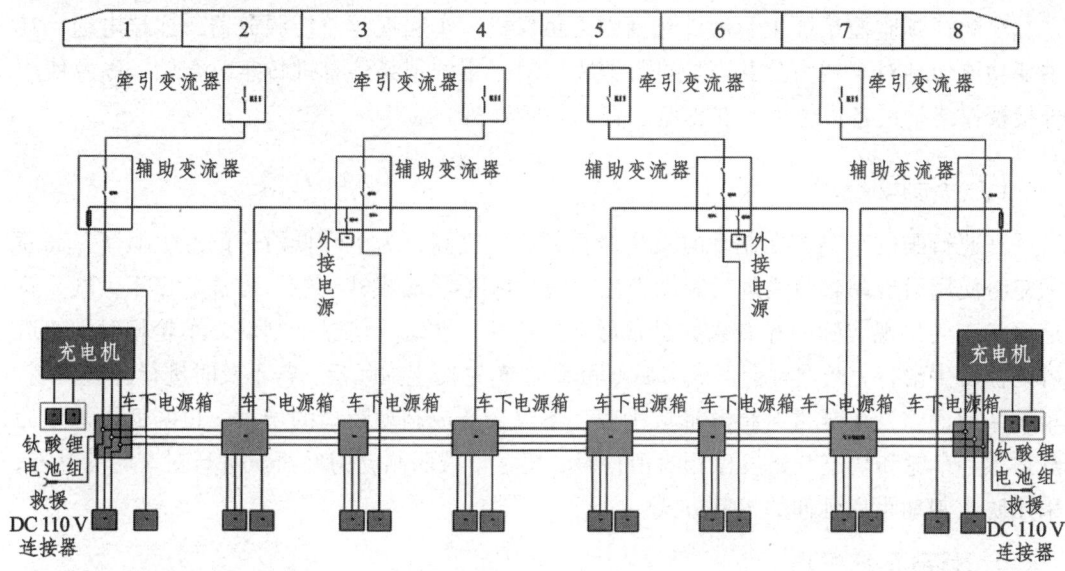

图 4-2-14 动车组辅助供电系统

1. 列车网络控制系统

列车网络控制系统由中央控制单元、网关、司机室输入输出模块、客室输入输出模块、高压控制单元、显示器、以太网交换机/网关等构成。列车通信和控制的特点是使用了基于 TCN 模块的清晰结构。TCN 是一个分为两级的通信网络，由列车总线 WTB（列车总线）和车辆总线 MVB（多功能车辆总线）组成。动车组由两个牵引单元组成，在每个牵引单元内由 MVB 总线通信，牵引单元间通信由网关通过 WTB 总线通信。

2. 数据记录及无线传输装置

数据记录及无线传输装置由主机、合路器及车顶天线组成，与车辆信息控制系统中央装置通信，实时采集车辆 VCB 合/断、受电弓升/降、复位、开/关门、保护接地开关、关门安全、关门连锁等开关或按钮信息，通过以太网接口实现数据的快速下载和实时输出，通过 GPRS/WLAN 无线网络按照车地通信协议及时传输相应的数据。

3. 电子标签设备

电子标签设备主要包括安装在头车底部的电子标签和安装在车上配电柜内的车载信

息编程器，同时包括配套线缆，地面自动识别设备通过天线向电子标签发射连续的射频载波信号，标签内存储的数据按规定编码对射频载波信号进行反射调制，并反射回地面天线，由地面自动识别设备接收并解调、译码和进行数据处理。

4. 烟火报警系统

烟火报警系统由烟火主机及烟火探头等组成，烟火报警主机和中央控制单元之间通过 MVB 总线进行通信，客室、司机室、电气柜、厨房、卫生间及其他重点防火区域设置火灾探测器，各火灾探测器与本车厢烟火报警主机通过 CAN 总线进行通信。

5. 车厢视频监控系统

车厢视频监控系统主要硬件包括网络摄像机、车厢视频监控服务器、连接电缆。其主要功能包括对车厢内公共区域进行监视，对采集的视频信息进行实时存储，以及使用外接授权终端设备进行单车厢预览、查询、回放及下载等。

（八）制动系统

高速行驶的车辆，在制动时发生滑行的概率很高，为了降低滑行的发生概率，高速动车组使用沿着黏着曲线进行制动力控制的"速度-黏着模式控制"方法。由于天气、轨道面状态会出现实际的黏着系数异常低下的情况，在这种情况下制动，车轮相对于轨道可能会发生滑行，严重时会形成卡紧（固着）。车轮发生抱死后，若不及时进行防滑控制，车轮摩擦面将发生异常磨损并形成平面，不仅会造成制动距离的增大，也降低了乘坐的舒适感。车轮和轨道开始发生相对滑行时，要尽早减弱制动力并再次进行对车轮的黏着，采用防止制动距离延伸的控制方式。

1. 制动系统组成

制动系统主要由制动控制装置（核心为制动控制模块）、BP 救援转换装置、供风单元、辅助供风装置、撒砂装置、基础制动装置等组成，分布情况如图 4-2-15 所示。

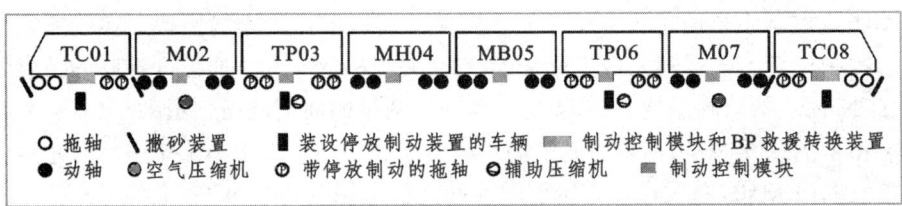

图 4-2-15 动车组制动系统组成

2. 制动系统工作原理

（1）制动系统采用直通电空制动、电制动和弹簧储能式停放制动三种制动模式。

（2）常用制动和紧急制动 EB 采用微机控制的直通式电空复合制动系统+救援转换装置；采用主从控制、列车级制动管理方式，电制动优先；紧急制动 UB 由紧急制动电磁阀失电控制。

（3）电制动由牵引系统提供，各车制动控制单元通过网络和硬线冗余接受制动指令。

（4）弹簧储能式停放制动由硬线控制。

（5）头车设置 BP 救援转换装置和列车管，用于回送和救援。

（6）具有常用制动、紧急制动 EB/UB、坡起制动、停放制动、救援回送和故障诊断记录等功能。

（7）转向架基础制动装置采用盘形制动，动车每轴两套轮盘，拖车每轴三套轴盘（见图 4-2-16）。

图 4-2-16　基础制动装置

3. 司机室中的制动设备

（1）常用制动。

实施常用制动时，应结合列车速度、路线情况、目标速度、目标距离等条件，准确掌握制动时机和级位，先在列车产生初步制动力，再逐步增大制动力，避免频繁操作制动手柄，保持列车均匀减速。

（2）紧急制动。

实施紧急制动时，通过操作司控器手柄置 EB 位，施加紧急制动 EB。按下司机室操作台紧急制动蘑菇头，施加紧急制动 UB。旋出紧急制动蘑菇头，将司控器手柄置制动位，施加停放制动，按压【紧急复位】按钮，紧急制动 UB 缓解。

（3）清洁制动。

实施清洁制动时，为改善冰雪潮湿天气下制动盘和闸片的摩擦系数，可按下司机室操作台【清洁制动】按钮，施加清洁制动。

司机室中的制动设备如图 4-2-17 所示。

4. 客室中的制动设备

在 TC01 和 TC08 车的观光区设置乘客紧急制动拉手，在所有车客室两端设置乘客紧急制动拉手。在 MB05 车机械师室和乘务员室设置乘客紧急制动拉手，各车 BCU 均与该车客室电气柜中的车辆控制面板相连，BCU 服务接口位于车辆控制面板上，开展维护工作时将使用该接口。单车空气制动隔离开关和单针压力表均位于车辆控制面板上。乘客紧急制动拉手如图 4-2-18 所示。

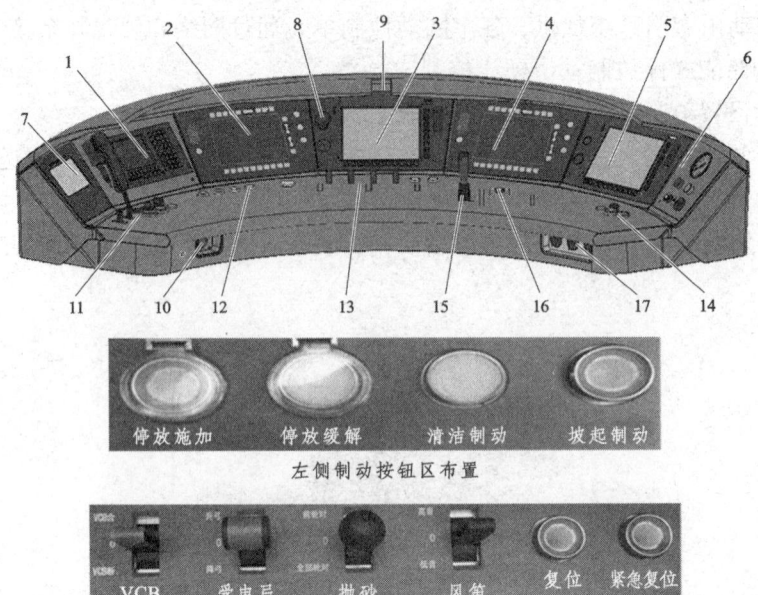

1—CIR 显示器及话筒；2—TCMs 显示器；3—ATP 显示器 1；4—TCMs 显示器；5—ATP 显示器 2；6—仪表区；
7—预留显示屏空间；8—紧急制动按钮；9—阅读灯（3 处）；11—左操作区；12—左侧制动按钮区；
13—中央操作区；14—右操作区；15—司控器主控手柄；16—操纵模式选择开关；17—空调开关区。

图 4-2-17 司机室中的制动设备

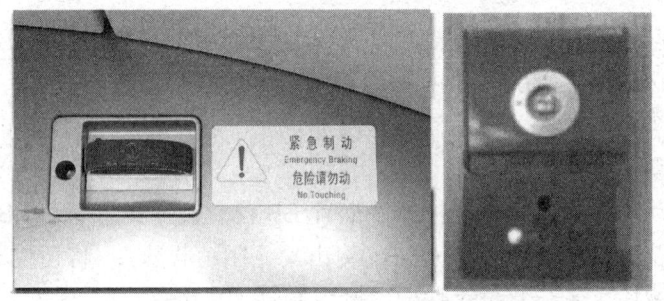

图 4-2-18 乘客紧急制动拉手

（九）给水卫生系统

给水卫生系统为旅客和乘务人员提供饮水、洗漱、卫生等服务功能，是动车组不可或缺的重要组成部分。

给水卫生系统主要包括净水箱、净水管路、卫生间模块、洗面间模块、集便系统、排污管路、污物箱、电开水炉、排水管路等。

全列设置 6 个容量为 400 L 的净水箱、2 个容量为 300 L 的净水箱；设置 5 个蹲式卫生间模块、7 个座式卫生间模块、7 个洗面间模块、1 个拖布池、5 个容量为 600 L 的污物箱、3 个容量为 400 L 的污物箱；采用真空集便系统；排污管路缠伴热线并包裹防寒材；全列设置了 7 个电开水炉。动车组给水卫生系统如图 4-2-19 所示。

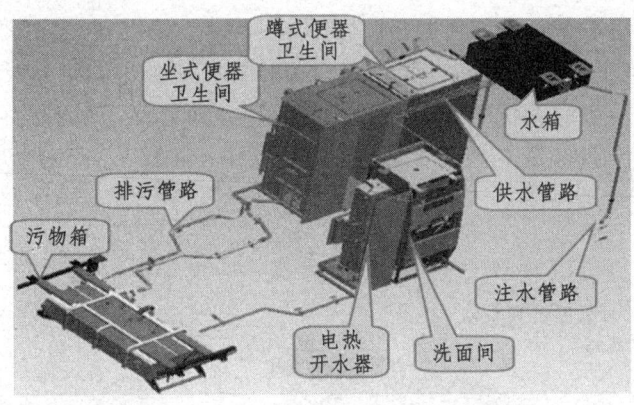

图 4-2-19　动车组给水卫生系统

（十）空调系统

空调系统主要由装在车顶的单元式空调机组、贯穿整车的供风道、软风道，空调机组两侧的新、回风混合箱和新风格栅，安装在车下的废排单元，布置在车内的废排风道，控制系统和布置在通过台风扇加热器等组成。

空调系统组成如图 4-2-20 所示。

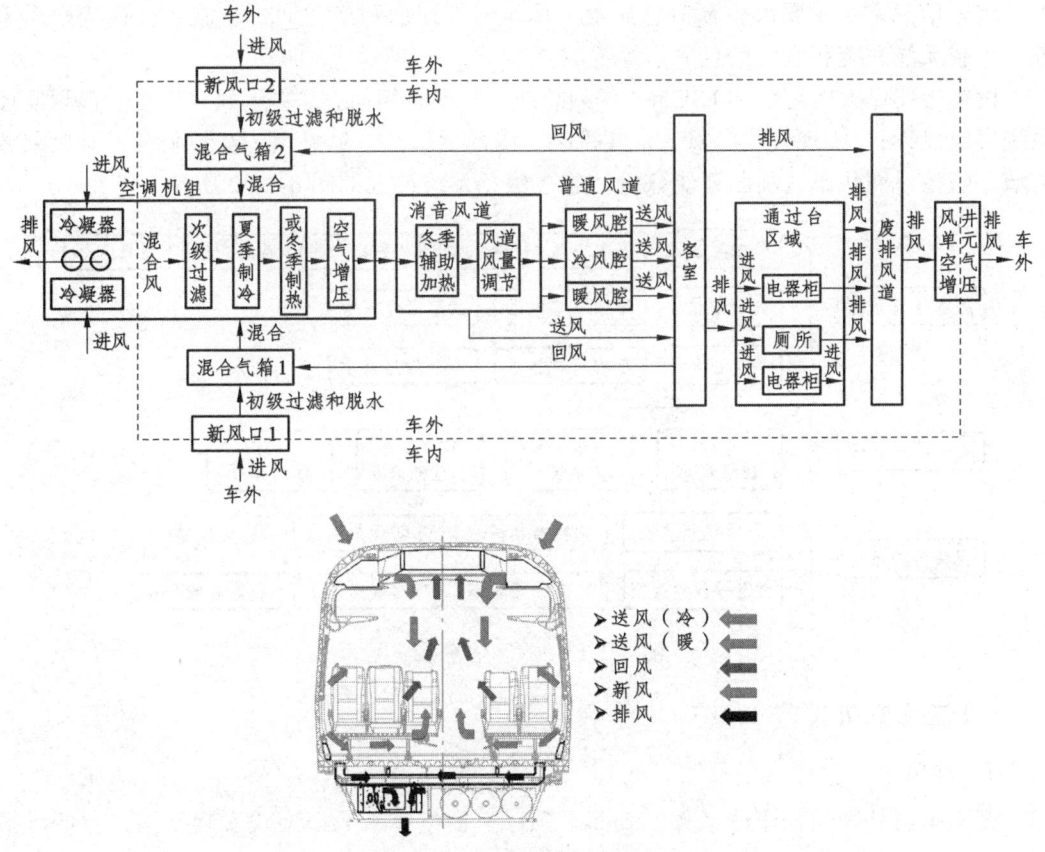

图 4-2-20　空调系统组成

客室空调机组位于车顶端部（TC01、MH04、MB05、TC08 位于二位端，中间车位于一位端），空调机组两侧分设新、回风混合箱和新风格栅（带压力保护功能），废排单元安装在车下，司机室空调机组安装在司机室通过台顶部。每车还设有空调控制柜、通过台加热器和温度传感器等。空调系统设备布置如图4-2-21所示（以头车为例）。

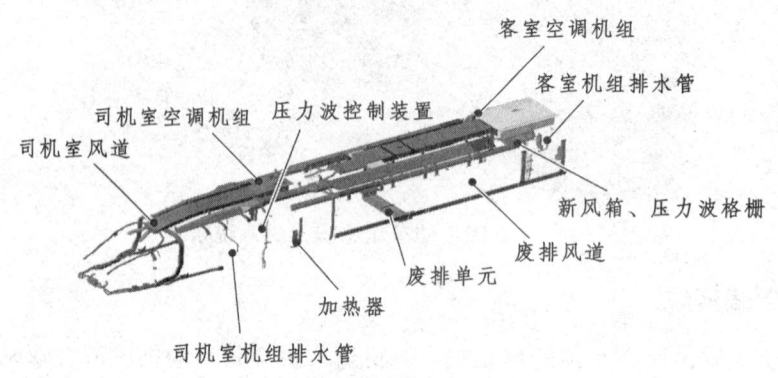

图 4-2-21　客室空调系统设备布置

（十一）旅客信息系统

旅客信息系统主要由旅客信息显示、列车内部通信和广播通告、旅客音视频娱乐系统、车载无线系统和座位信息显示等组成。

设置千兆以太网总线和 UIC568 音频总线；实现旅客信息系统、娱乐系统、视频监控系统集成设计；实现公共广播、公共视频、内部通信、信息显示、音频服务、监控乘客区域、监控弓网状态、画面智能分析。旅客信息系统组成如图 4-2-22 所示。

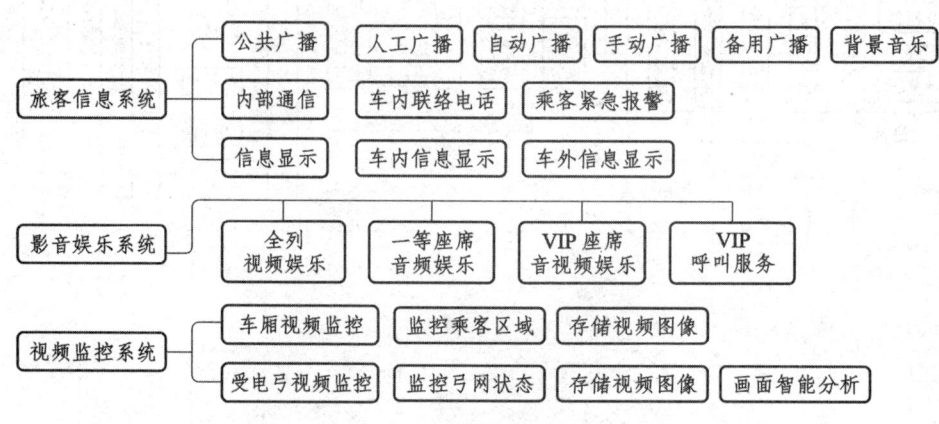

图 4-2-22　旅客信息系统

（十二）车外设备

1. 车窗

客室车窗外表面与车体平齐，表面平顺；车窗整体采取框架式安装结构，方便维护更换。

2. 塞拉门

锁闭装置采用多点压紧、锁闭，安全可靠；优化门锁材料、结构，采用铸铝替代铸钢件，轻量化设计。

3. 风挡

外风挡表面平顺度好；内风挡可两侧快速解编，方便检修车端部件（见图4-2-23）。

图 4-2-23　风挡

任务实施

根据以上相关知识，由老师组织学生分组讨论高速动车组基本构成，各小组派代表进行总结汇报，小组互评，教师点评。提高学生运用理论知识解决实际问题的能力。

//// 任务三　高速车组运用与检修 ////

能力目标

能准确划分动车组列车的检修级别、正确使用检修设备。

知识目标

掌握动车组的检修制度；掌握检修设备配置方法。

相关知识

动车组运用维修工作是铁路运输的重要组成部分。坚持质量第一和为运输服务的原则，贯彻修、养并重，预防为主的方针，不断加强基础工作，完善运用维修管理制度，提供质量良好的动车组，是动车组运用维修工作的基本任务。

一、动车组修程修制

热备动车组数量及地点应相对固定，依据动车组运行图，动车组检修、存放、整备能力，检修标准等，科学编制动车组运用计划，提高运用率，合理使用动车组；科学编排动车组随车机械师乘务计划，合理安排值乘交路。

动车组实行计划性预防修的检修体制，分为五级修程。一、二级检修为运用检修，三、四、五级检修为定期检修。

二、动车组检修

为了适应运输需要，必须保证动车组良好的技术状态，需要维修机构按时对动车组进行定期检修、技术改造、日常维修及整备作业。

（一）检修内容

1. 一级检修

一级检修是对运用动车组的车顶、车下、车体两侧、车内和司机室等部位实施快速例行检查、试验和故障处理的检修作业。完成动车组易损易耗部件的更换、调整和补充，通过人工目视和车载故障诊断系统对动车组主要技术状态和部分技能性能进行检查检测，处理临时发生的故障。

2. 二级检修

二级检修是对动车组各系统、零部件实施的周期性维护保养、检测、试验，不得漏项、超期。在一级检修的基础上，增加检修项目，提高检修程度，并通过车载故障诊断系统对车上所有设备进行检测和性能试验；按相应检修周期，进行车轴超声波探伤、踏面修形、电气回路绝缘检测、牵引电气绝缘检测和车下电气过滤类部件清扫除尘等专项检修。

3. 三级检修

在完成二级检修项目的基础上，更换转向架，并对更换下来的转向架及其主要零部件进行分解检修。

4. 四级检修

对动车组各主系统进行分解检修、特性试验，必要时进行车体涂漆。

5. 五级检修

在完成四级检修项目的基础上，对动车组全车进行分解检修，较大范围地更新零部件，并进行车体涂漆。

（二）一、二级检修设施设备

一、二级检修应设置存车线、检查库、轨道桥、立体作业平台、临修库、洗车线、备件存放库、轮对故障动态检测棚、空压机室等设施，配备对转向架、车下设备、车上以及车顶设备进行检查、维护、更换、检修和清洗等作业的相应设备。

1. 存车线

存车线是存放动车组的线路，包括待入库检修动车组的存放、修竣出所前动车组的存放、夜间停留动车组的存放、备用动车组的存放等，存车线是辅助线的一种。

2. 检查库

检查库是动车组一二级检修作业场所，库内配备立体作业平台、轨道桥、快速上水设施、真空卸污系统、地面电源、安全监控系统、信息化系统及各种检测设备。

3. 轨道桥

轨道桥是在一定间隔的支柱上安装钢轨，中间设地沟，一定距离内设下穿通道，用于动车组一、二级检修的关键设施。

4. 立体作业平台

立体作业平台设在轨道桥两侧，是用于完成动车组的检修、整备工作的关键设施，可在相同的时间段内全方位开展动车组检修作业。地面（默认第一层）以上分两层，第二层与车门底部平齐，人员既可通过平台进入车厢，也可检修车窗玻璃等；第三层平台与车顶平齐，人员必须通过门禁进入，可进行车顶检修作业。

5. 临修库

临修库用于对动车组临时性、突发性故障的修理，如动车组转向架、受电弓、空调、制动等大部件的检修或更换，以及车内设备检修、车外其他机械或电气部分的故障修理或更换。

6. 洗车线

洗车线是进行动车组外皮清洗的场所，可实现动车组车体表面的自动清洗和干燥。

7. 备件存放库

备件存放库用于存放动车组检修材料、备件，通常位于检查库边跨。

8. 轮对故障动态检测棚

轮对故障动态检测棚内设有轮对故障检测系统 LY 及受电弓检测装置 SJ，可在动车组低速通过时，进行轮对状态检测。具有轮对外形尺寸自动检测、踏面缺陷自动探伤、车轮不圆度（擦伤）自动检测、车号及端位自动识别等功能。

9. 空压机室

空压机室是为检修作业提供压缩空气的风源装置处所。一、二级检修设施设备如图 4-3-1 所示。

图 4-3-1　一、二级检修设施设备

(三)定期检修作业设施设备

定期检修作业可根据需要设置检修库线、材料运输线、试验线、牵出线、解编线等线路,以及整车检修库、转向架检修库、车体检修库、油漆库、调试整备库、电机电气间、制动空压机间、空调检修间、备件立体存储库等设施,并应配备整列架车机、移动式接触网、大部件起重运输设备、电务车载设备以及各类部件解体、清洁、测试、检修、组装、调试等设备,以满足动车组相应级别的检修需求。

1. 检修库线

检修库线是检修库内用于动车组高级检修作业的轨道线路。

2. 材料运输线

材料运输线是材料供应中心与检修库之间,用于运输动车组检修所需材料的特定轨道线路。

3. 试验线

试验线是用于动车组静态调试完成后、正式上线前进行动态调试的线路。

4. 牵出线

牵出线是用于动车组牵引出库的线路。

5. 解编线

解编线是用于高级修动车组解编的线路。

6. 整列架车机

整列架车机是用于整列动车组架升的设备。

7. 移动式接触网

移动式接触网是一种带有平行移动结构,可用于起重机械作业及车顶设备检修作业的刚性接触网,一般动车组行驶入库时展开,停放到位后上车顶检修或需用双梁桥式起重机时断电收拢,通常设置在高级修调试库和临修库内。

8. 三级检修库

承担动车组三级检修作业的检修库内设同步架车机、转向架转盘、起重设备,根据检修需要设置作业平台及地面试验电源,库内设置活动式刚性接触网侧移设备及安全监控系统,库内或库外设通过式轮重检测设备。

9. 四、五级检修库

承担动车组四、五级检修作业的检修库内一般设置车体分解、组装台位,并配套检查作业平台或地沟,库内设车体移动设备、转向架及大部件的拆装设备、起重设备、车体气密性试验设备,库内宜设静态轮重检测设备。

10. 转向架检修库

转向架检修库内设有转向架分解、组装、试验设备,并配备轮对、轮轴、轴箱、构架等零部件，轮对、轮轴等宜采用立体存储方式进行存储。

11. 车体检修库

车体检修库内应配备符合车体部件的分解、检修、组装、试验作业需要的设备，包括车体及部件运输设备。

12. 车体油漆库

车体油漆库应采用有利于降低污染的先进喷漆工艺，油漆库规模应根据车体检修作业量的大小确定，作业量大时宜采用流水作业方式。库内设备应按防爆要求进行配置。

13. 调试库

调试库内应配备轨道桥、作业平台、地面调试电源、安全监控系统、动车组功能试验设备，调试线上宜配备轮重检测设备。

"复兴号"动车组三级检修如图4-3-2所示。

图 4-3-2 "复兴号"动车组三级检修

动车组管理信息系统由系统软件平台、系统硬件平台及系统网络通信平台构成，可实现动车组履历管理、调度管理、安全质量管理、作业过程管理、技术支持、配件管理和配送支持、设备管理等相关功能。

三、动车组出库质量标准

（一）车体及车端连接

1. 车体结构

（1）车顶、侧墙、端墙、底架、司机室结构无变形、无破损。

（2）车体倾斜不超限。

2. 侧门

（1）侧门门页外观良好，玻璃无裂损，滑道无杂物、排水畅通；密封胶条、防挤压胶条无破损、脱出，功能正常。

（2）指示灯，开关门按钮，防护罩，各锁、阀、门把手等配件齐全、安装牢固、外观良好。

(3)集控、本地、紧急开关门功能良好、无异音;供风管路无漏泄。

(4)脚踏、站台补偿器、翻板配件齐全、作用良好。

3. 车窗

(1)车窗玻璃无裂损,密封良好;窗框安装牢固、胶条无脱落。

(2)司机室前窗挡风玻璃完整、无裂损,密封良好、加热系统工作良好。

(3)司机室侧窗玻璃无裂损、胶条完整、无脱落;固定框架单元无变形;支撑杆、接地线安装牢固、作用良好;活动把手安装牢固、作用良好;逃生拉手完整。

4. 车钩缓冲装置

(1)前端车钩配件齐全、安装牢固,作用良好;各传感器安装牢固、无破损;各空气管路无漏泄,塞门把手位置正确;车钩高度符合限度要求;橡胶缓冲器无开裂。

(2)中间车钩配件齐全、安装牢固,连接状态良好;压溃管外观无变形、无裂纹,连接卡箍状态良好,连接螺栓紧固;安全钢丝绳无丢失。

(3)车钩横向油压减振器、车端减振器状态良好,安装无松动、无漏油。

(4)车钩连接风管连接状态良好,无漏泄;安装座、缓冲器及后座橡胶固定螺母安装紧固。

密接式车钩缓冲装置如图4-3-3所示,由车钩、橡胶缓冲器、风管连接器、电气连接器等几部分组成。

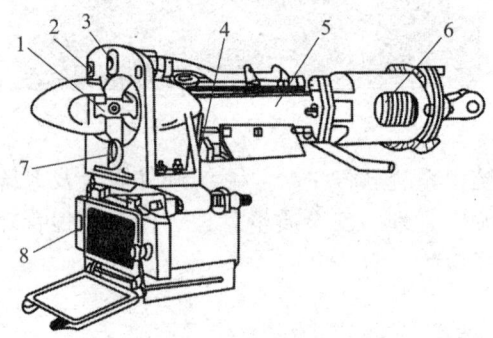

1—钩舌;2—解钩风管连接器;3—总风管连接器;4—截断塞门;5—钩身;6—缓冲器;
7—制动风管连接器;8—电气连接器。

图4-3-3 密接式车钩缓冲装置

5. 头罩装置

(1)头罩完整无变形、无破损,紧固件无松动。

(2)开闭机构完整无变形、作用良好;锁紧装置作用良好;各气缸安装牢固,功能良好。

(3)前部盖板四角锁作用良好,锁闭到位,各部件无脱漆;外部电源连接器盖板锁闭到位,无缺损。

(4)蜂鸣器状态良好。

6. 风挡

（1）内、外风挡，车顶风挡及防雪风挡安装牢固、无破损。

（2）渡板无破损，翻转自如；锁紧装置作用良好。

7. 车体附件

（1）主、辅助排障器安装螺栓紧固、无丢失，安装高度符合限度要求。

（2）导流罩、玻璃钢裙板、设备舱、万向轴防护架、端墙盖板整体完整，无脱漆、无变形、无破损，安装牢固。

（3）裙板外观良好，无变形、无破损，各部安装螺栓紧固无松动；各附属配件齐全、安装牢固、作用良好；格栅、滤网无变形、破损。

（4）各类盖板齐全、状态良好，外观完整无破损、无变形，防护玻璃无雾化，显示灯作用良好。

（5）牵引电机冷却风机进风口盖板锁闭良好。

（6）各部支架、骨架无裂纹，安装牢固。

8. 车体外观

（1）车体油漆良好。

（2）标记完整清晰。

（二）转向架

1. 构架组成

（1）构架、联系枕梁、天线梁、制动梁及电机吊架外观良好，无变形、裂纹及腐蚀。

（2）制动梁弹性橡胶节点无老化、龟裂，球形节点及心轴状态良好、无腐蚀。

（3）横向橡胶止挡和挡板无缺失、松动和破损。

2. 轮对轴箱组成

（1）轮对及制动盘各部配件齐全、紧固件无松动；各部限度符合规定；制动盘内无杂物；轴身防腐涂层无损伤、剥落。

（2）轴箱及定位装置各部配件齐全，无松动、裂损；橡胶节点无老化、龟裂；前后盖安装螺栓紧固，无松动、甩油。

3. 一系悬挂

（1）轴箱弹簧无断裂，橡胶护套无破损。

（2）垂向减振器状态良好，安装无松动、无漏油。

（3）垂向止挡、轴箱拉杆状态良好。

（4）防振橡胶无老化、龟裂。

4. 二系悬挂

（1）牵引拉杆、中心销外观及安装状态良好；牵引座无裂纹；橡胶节点无老化、龟裂。

（2）抗侧滚扭杆及扭杆、吊杆装置安装牢固，安全吊绳安装牢固。

（3）减振器状态良好，安装无松动、无漏油；减振器座无裂纹，各橡胶节点无老化、龟裂。

（4）高度调整阀及托架安装牢固；定位螺栓无松动；各阀及连接管路无漏泄；高度调整杆无弯曲变形，连接可靠。

（5）空气弹簧气囊无严重龟裂、划伤，无漏泄；附属配件齐全、安装牢固、作用良好，连接空气管系无腐蚀、裂损、漏泄。

5. 驱动装置

（1）齿轮箱整体密封良好，安装螺栓紧固，无漏油现象；油位及油色正常；附属配件齐全，安装牢固；挡水密封圈状态良好。

（2）万向轴安装螺栓齐全、紧固，无裂纹；轴承套管无变色或过热痕迹；弹性挡圈无错位；注油嘴、防尘帽无缺失；十字接头无损伤。

（3）联轴器外观及安装状态良好；各连接螺栓安装紧固，无漏油。

6. 转向架附件

（1）各传感器、管件、管卡、接地线及线盒等配件齐全，无破损、无松动。

（2）半主动控制装置、轮缘润滑装置、撒砂装置、失稳检测装置安装牢固，作用良好。

（3）辅助排障器安装牢固；挡块及胶皮无丢失和弯曲变形、不超限。

（三）高压牵引系统

1. 高压电器

（1）受电弓各部件安装牢固，无丢失、变形、松动，气路无漏泄；各关节转动灵活；弓头弹簧无裂损；弓角、碳滑板符合限度规定；软编线完好；气囊无裂损；升弓控制盒锁闭良好。

（2）真空断路器、高压隔离开关各连接点接线牢固、无松动，表面清洁；接地开关动作灵活。

（3）各绝缘子安装牢固、清洁良好，无破损、老化、龟裂，防污闪喷涂到位。

（4）高压设备箱、高压控制箱清洁、密封良好，管路无漏泄，接线、部件牢固、无破损，联锁机构良好。

（5）高压电缆、高压连接器、接头，滤波单元，避雷器，高压互感器，网端检测装置，综合测量仪，谐波滤波电路电阻器箱，MUB，制动变阻器等接线牢固、无破损。

2. 牵引装置

（1）牵引变压器及冷却单元、牵引变流器及冷却单元、牵引辅助变流器、滤波器箱等清洁、接线牢固，功能良好；风扇转动无异音；液位正常，干燥剂不失效。

（2）限压电阻器、制动电阻器安装牢固、接线良好。

（3）牵引电机各螺栓无松动，电机安装座、吊杆、板簧无裂纹、无松动；电源线、接地线、传感器及配线无破损、状态良好；注油堵安装良好；冷却风道无破损，安装牢固；排风口良好。

（四）辅助电气系统

（1）各电源插座安装牢固、无裂损，插孔无烧损、导通良好。

（2）各配电盘、配电柜、配电箱、接线箱等门、柜体、箱体、保护盖安装牢固，无变形、无损坏，标识牌、线号齐全、清晰；柜内清洁，各电器元件齐全、安装牢固、作用良好、设定值符合规定；接线端子无锈蚀、无变色；电气配线外皮无老化、无破损，连接良好。

（3）中、低压电气连接电缆连接良好，电缆外皮、护套无老化、无烧损；线盒盖安装螺栓齐全、密封良好；线卡齐全、无松动；各接地线连接良好、无破损。

（4）蓄电池液位、电压符合要求，表面清洁；各接线端子紧固无腐蚀、无变色；蓄电池接触器、充电机功能良好，表面清洁，各接线端子紧固无变色；蓄电池箱滑道功能正常，箱体无变形、无腐蚀。

（5）辅助电源装置，辅助整流装置，单、双辅助变流器，单相逆变器，单相逆变电源等电源模块功能良好。

（五）供风及制动系统

1. 供风装置

（1）主空压机、辅助空压机运行状态良好，安装牢固，电气连接器连接牢固，油位、油色正常、无漏泄。

（2）各风缸、供风管路、各阀、滤尘器等安装牢固，无损伤、无漏泄；橡胶管路无老化、无鼓泡。

2. 制动控制装置

各部配件齐全、安装牢固、状态良好。

3. 基础制动装置

（1）制动夹钳装置配件齐全、安装牢固、无漏泄。

（2）踏面清扫装置、闸片无裂损、安装正确、限度符合规定。

（3）停放制动手缓装置安装牢固、作用良好。

（4）增压缸安装牢固、无变形，悬吊部件无裂纹，管路无漏泄，行程杆符合限度要求。

（5）防滑阀状态良好。

（六）网络控制系统

（1）自动过分相装置安装牢固、配件齐全、功能良好、限度符合要求。

（2）烟火报警器、主机安装牢固，接线无松动，人机界面显示正常，功能良好。

（3）各监视器、列车总线、车辆总线、各控制单元、各控制模块接线无松动、功能良好。

（七）旅客信息系统

（1）车内、外信息显示装置安装牢固，无变形、无破损，显示正常。

（2）影视系统配件齐全、安装牢固、功能良好。
（3）各主机及输入设备配件齐全、安装牢固、功能良好。
（4）广播联络装置配件齐全、安装牢固、功能良好。
（5）FM、GPS 天线齐全，安装座安装牢固、无变形、无裂纹。

（八）车内环境控制系统

1. 空调装置

（1）空调机组部件安装牢固、壳体无变形；冷凝风机扇叶无抗磨、防护网完整，工作无异音；制冷、加热、通风系统工作正常；换热器翅片无倒伏，排水畅通；各传感器安装牢固，各风口格栅无变形、无堵塞。

（2）室内采暖装置各电加热器安装牢固、内部清洁、功能良好，各接线端子紧固无变色。

（3）逆变器箱、应急逆变电源、司机室空调电源箱、司机室空调变压器功能良好，表面清洁，各接线端子紧固无变色。

（4）换气装置、压力波装置等安装牢固、功能良好，表面清洁；风道无破损、无脏堵；空气过滤器清洁无杂物。

2. 照明装置

灯具及配件齐全、安装牢固、灯色一致、作用良好，灯罩清洁、无裂损。

（九）给排水及卫生系统

1. 供排水装置

管系、净水箱无漏泄，注水装置功能良好，防寒层无破损。

2. 饮水设施

（1）电开水炉、饮水机各部配件、标识齐全、作用良好；管系无漏泄，炉体无锈蚀；积水托盘、滤网无堵塞。

（2）电气控制柜柜门无变形，锁闭状态良好，柜内接线无松动、锈蚀；各指示灯显示正常。

3. 盥洗设施

温水器、洗面台、皂液器、衣帽钩、水龙头、纸盒、干手器、垃圾箱、门帘、照面镜等安装牢固、无裂损、配件齐全、作用良好。

4. 厕所

（1）厕所配件齐全、安装牢固、无裂损、作用良好。
（2）照面镜无裂损；便器、洗手盆工作良好，无堵塞，滤网无缺失；皂液器功能良好；垃圾箱锁闭良好，活页门状态良好。
（3）紧急呼叫装置性能良好，婴儿护理桌及扶手状态良好。
（4）各电气装置接线良好、无锈蚀；控制柜内各气路、水路管系紧固无漏泄。

5. 集便装置

污物箱、管系无漏泄；排污阀、冲洗口作用良好，无漏泄；防寒层无破损。

6. 伴热装置

净水箱、污物箱、管系伴热装置功能正常。

（十）车内设施

1. 内装

（1）墙板、顶板、地板无松动、无磨损、无变形；顶板不渗水，地板不积水。

（2）窗帘清洁、无破损、伸缩正常，卡扣齐全，功能良好。

2. 内部门

（1）内、外端门安装牢固，玻璃完整、无裂损；门板无变形，功能良好；胶条无脱落、破损；门锁作用良好、状态指示清晰；自动开关门功能正常。

（2）卫生间门安装牢固，门板无裂损、无变形，功能良好；胶条无脱落、破损；门锁作用良好、状态指示清晰；残疾人厕所门自动开关门功能正常。

（3）司机室、监控室、乘务员室、多功能室等门安装牢固，门扇无裂损、无变形；玻璃完整、无裂损；胶条无脱落、破损；门锁作用良好，开关门功能正常。

3. 客室设施

（1）座椅配件齐全，固定螺栓无松动；标识齐全、调整功能良好；外壳无变形、裂损；扶手转动良好，无磨损；网兜、坐垫无破损、脏污；脚蹬作用良好、无裂损；活动茶几板、茶几扣、衣帽钩安装状态良好；旋转座椅旋转功能良好。

（2）司机座椅各部配件齐全、安装牢固；头枕、扶手无破损、翻转灵活；各项调节功能良好。

（3）行李架无变形、无破损，安装状态良好；大件行李架配件安装牢固。

（4）茶桌、衣帽钩安装牢固、配件齐全、作用良好。

（5）餐车、禁烟、儿童购票线等各种标识齐全，安装牢固、清晰。

（6）备品柜、储物柜、垃圾箱外观状态良好，锁闭功能正常，活页门作用良好。

（7）监控室、乘务员室、多功能室内部配件齐全、安装牢固；工作台面、座椅无破损、状态良好；各显示屏状态良好，各储物柜状态良好，锁闭到位。

4. 厨房设施

（1）制冷、加热等餐饮电器设备齐全、外观良好、功能正常。

（2）吧台、酒吧桌、餐桌、座椅、百叶窗、展示柜、清洗池、储物柜等设备安装牢固、无破损、状态良好。

5. 应急备品

（1）应急备品配置齐全。

（2）安全锤、灭火器安装牢固、状态良好，铅封未破封。

(十一)驾驶设施

(1)操纵台面板安装牢固、外观良好;各手柄、按钮、指示灯等设备安装牢固、作用良好;仪表检定不过期。

(2)各显示器显示清晰,各系统当前无故障;后视摄像机安装牢固、外体无变形、破损,镜头清洁。

(3)雨刷器部件齐全、安装牢固、作用良好;前照灯、标志灯外观良好、清洁无裂损、功能正常。

(4)前舱设备齐全、安装牢固、无漏泄,各阀位置正确。

(5)升换弓操作、牵引试验、制动试验、手柄试验、灯试验、集控开关门试验、风笛试验、司机安全警惕装置试验良好。

任务实施

根据以上相关知识,由老师组织学生分组讨论高速动车组运用与检修相关规定,各小组派代表进行总结汇报,小组互评,教师点评。提高学生运用理论知识解决实际问题的能力。

复习思考题

1. "和谐号"CRH 系列动车组有哪些车型?
2. 中国标准动车组有哪些技术特点?
3. "复兴号"CR 系列动车组有哪些车型?
4. 动车组的编号构成包括哪些内容?
5. 简述一、二级检修的作用及设施与设备。
6. 简述定期检修的作用及设施与设备。
7. 简述动车组出库质量标准。

项目五

高速铁路列车运行控制与通信系统

// 项目描述//

高速铁路的列车运行采用列车运行控制系统，实现对列车运行速度、运行间隔的实时监控和超速防护。通信技术是高速铁路发展的关键技术因素之一，不但为调度中心、调度所、车站、列车之间建立连接以保证列车正常、安全运行，还可为旅客提供通信服务。本项目主要介绍高速列车运行控制系统和高速铁路通信系统。

通过本项目的学习，培养学生认真、执着的工匠精神，使其具备勇于承担，善于奉献的团队合作精神。

//// 任务一　高速铁路列车运行控制系统 ////

能力目标

能识别高速铁路列车运行控制系统的各组成部分。

知识目标

掌握高速铁路列车运行控制系统的组成；掌握高速铁路列车运行控制系统的等级划分。

相关知识

中国列车运行控制系统 CTCS（Chinese Train Control System）根据功能要求和配置划分为 0~4 级，列车运行控制是列车通过获取地面信息和命令，控制列车运行速度，并调整与前行列车之间的距离。

CTCS 系统的应用等级动画扫码观看

一、高速列车运行控制系统的特点

高速铁路列车运行控制系统采用集中管理、分散控制为主的集散式控制方式，分为行车指挥自动化与列车运行自动化两部分，能及时、准确地完成指挥列车运行的各种信息的传输，为设备维修及运营管理提供通信条件，满足维修人员沿线作业的需求。

（1）列车运行控制系统是将先进的控制技术、通信技术、计算机技术与铁路信号技术融为一体的行车指挥、安全控制机电一体化的自动化系统。

（2）车载信号属于主体信号，直接给司机指示列车应遵循的安全速度。

（3）自动监控列车运行速度，防止超速运行、列车颠覆、冒进信号或列车追尾等事故，是一种行车安全控制设备。

二、CTCS 系统构成

CTCS 体系的构建原则是以地面设备为基础，车载与地面设备统一设计。

地面子系统由应答器、轨道电路、无线通信网络（GSM-R）、列车控制中心（TCC）/无线闭塞中心（RBC）等设备组成。CTCS 系统结构如图 5-1-1 所示。

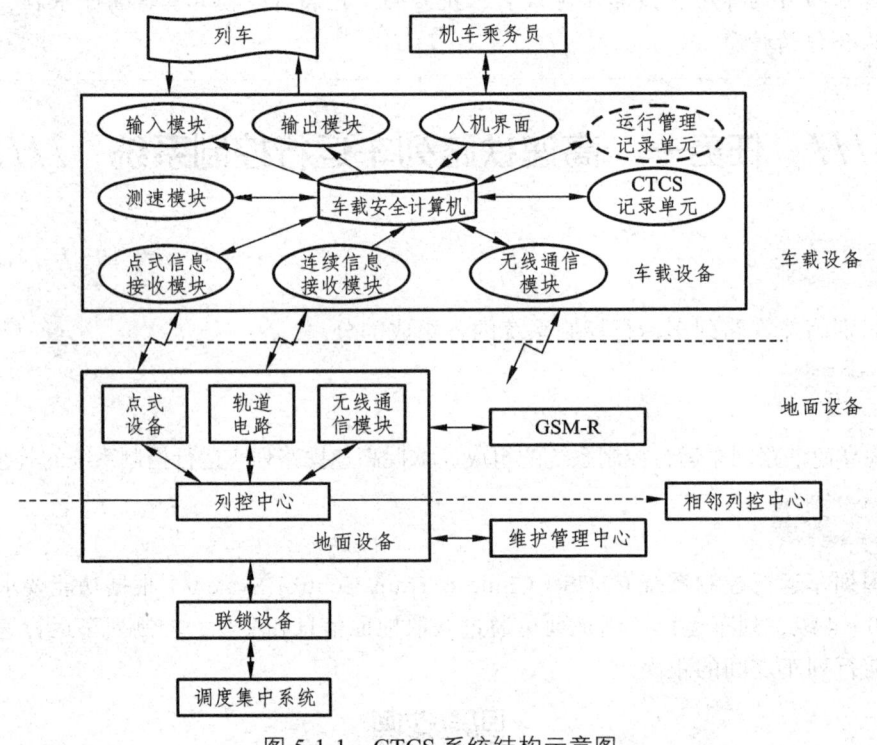

图 5-1-1　CTCS 系统结构示意图

（一）应答器

应答器是列车运行控制系统中实现机车与地面间信息传输的主要设备之一，安装在轨道中间，如图 5-1-2 所示。

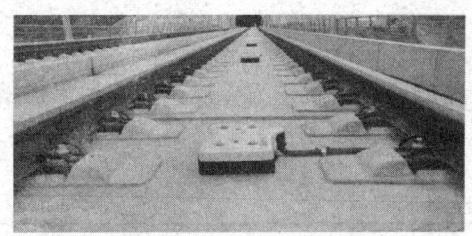

图 5-1-2　应答器

应答器分为无源（固定）应答器和有源（可变）应答器。

1. 无源应答器

无源应答器提供线路数据、固定限速、过分相、定位、级间转换、车站进路、公里标、无线闭塞中心切换等固定信息，设于闭塞分区入口和车站进、出口处。

2. 有源应答器

有源应答器设置于车站进、出口处，通过电缆与地面电子单元连接，根据地面电子单元传送的数据报文变化向列车传送应答器报文信息，主要包括进路信息和临时限速信息。当地面电子单元通信故障时，有源应答器发送自身默认信息。

地面电子单元如图 5-1-3 所示。

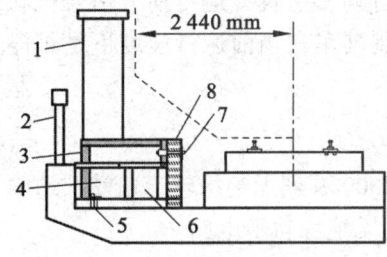

1—室外电子单元设备箱；
2—防护栏栅；
3—基础支架；
4—电力电缆槽；
5—化学钳栓；
6—通信信号电缆槽；
7—通透螺栓；
8—防护墙

图 5-1-3　地面电子单元

3. 应答器安装

以应答器参考点为基准，平行于长边（X 轴方向）的中心线两侧无金属距离不应小于 315 mm；平行于短边（Y 轴方向）中心线两侧无金属距离不应小于 410 mm；基准标记点（Z 轴方向）和下部无金属距离正常情况下不应小于 210 mm。应答器安装尺寸如图 5-1-4 所示。

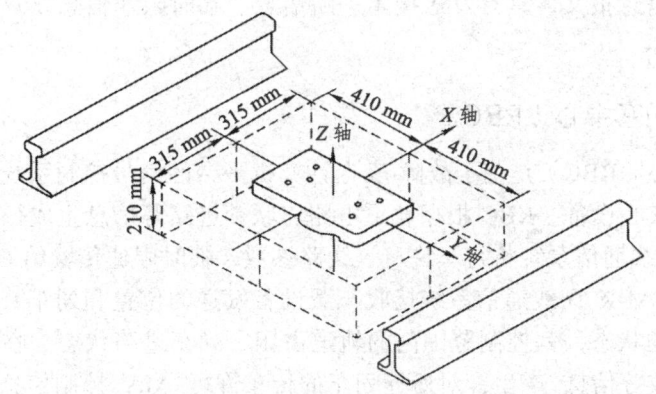

图 5-1-4　应答器安装尺寸示意图

（二）轨道电路

轨道电路是以铁路线路的两根钢轨作为导体，两端加以机械绝缘（或电气绝缘），连接送电和受电设备后构成的电路，如图 5-1-5 所示。

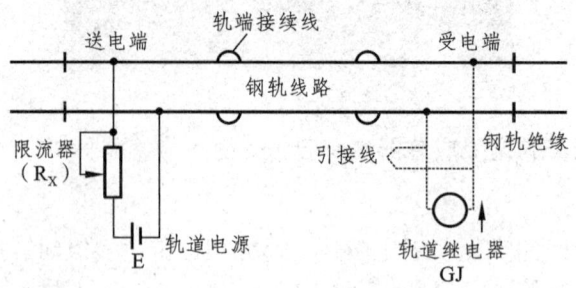

图 5-1-5　轨道电路

1. 轨道电路的作用

（1）监督列车的占用。

轨道电路反映该段线路是否空闲，为开放信号、建立进路或构成闭塞提供依据。

（2）传递行车信息。

为列车运行控制系统提供控制列车运行所需要的前行列车位置、运行前方信号机状态和车站等有关信息，以决定列车运行的目标速度，控制列车在当前运行速度下是否停车或减速。

2. 轨道电路的常用制式

轨道电路的主要制式为 25 Hz 相敏轨道电路、ZPW-2000 系列无绝缘轨道电路。站内主要采用 25 Hz 相敏轨道电路，区间采用 ZPW-2000 系列无绝缘轨道电路。

（三）列车控制中心（TCC）

列车控制中心是 CTCS-2 级列控系统地面子系统的核心部分。设于各个车站，与车站联锁、CTC 设备接口，根据调度命令、进路状态、线路参数等产生进路及临时限速等相关控车信息，根据列车占用情况及进路状态，通过设置在车站进、出口处的有源应答器向列车发送可变信息报文，具有发送接车进路信息、临时限速信息以及进站信号机降级显示等主要功能。

（四）无线闭塞中心（RBC）

无线闭塞中心（RBC）是基于故障-安全计算机平台的信号控制系统，是 CTCS-3 级列控系统的地面核心设备。RBC 根据轨道电路、联锁进路等信息生成行车许可（MA），并通过 GSM-R 无线通信系统将行车许可、线路参数、临时限速传输给 CTCS-3 级车载设备；同时通过 GSM-R 无线通信系统接收车载设备发送的位置和列车数据等信息。RBC 根据所控制列车的状态，其控制范围内的轨道占用、列车进路状态、临时限速命令、灾害防护和线路参数等信息，产生针对所控列车的行车许可（MA）控制信息，并通过 GSM-R

无线通信系统传输给车载子系统，保证其管辖范围内列车的运行安全。

三、列车运行控制系统应用等级

列车运行控制系统 CTCS 的主要功能是有效地保证列车安全运行，并以分级形式满足不同线路、不同列车的运营需求。其基本功能是防止列车无行车许可运行以及防止列车超速运行。根据不同的线路条件和功能、不同的信息传输方式和闭塞技术，将 CTCS 系统划分为 5 个等级，依次为 CTCS 0 ~ CTCS 4 级，以满足不同等级的线路安全运营需求。

1. CTCS-2 级列控系统

CTCS-2 级列控系统为一体化的列车运行控制系统，主要面向提速干线和高速线路，系统采用模块化、标准化、数字化、车地一体化的设计原则，是基于轨道电路和点式信息设备传输信息的列车运行控制系统，适用于各种限速区段，机车乘务员完全以车载信号为行车凭证，原则上可以不设地面通过信号机。目前我国大部分时速 250 km 以下的客运专线均采用此等级列控系统。

CTCS-2 系统结构、列车追踪运行示意如图 5-1-6、5-1-7 所示。

2. CTCS-3 级列控系统

CTCS-3 级列控系统的地面核心控车设备为无线闭塞中心 RBC，通过 GSM-R 无线通信平台实现车-地信息的双向、大容量、实时传输，涉及的信息主要包括：

（1）利用轨道电路检查列车的占用/出清。

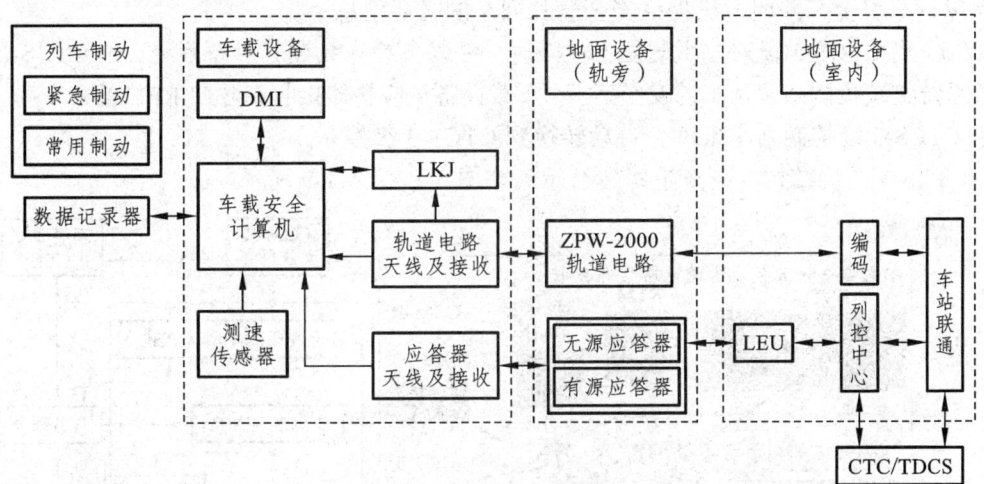

图 5-1-6 CTCS-2 系统基本结构

CTCS-2 级列控系统结构扫码观看

113

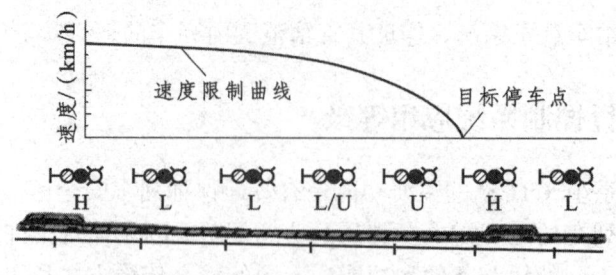

图 5-1-7 CTCS-2 系统列车追踪运行示意图

CTCS-3 级列控系统信息传递动画扫码观看

（2）应答器修正列车位置。

（3）轨道电路和应答器向列车传送行车许可和线路数据以满足后备系统的需求。

（4）当 RBC 收到来自列车的行车许可请求消息和位置报告时，根据计算机联锁提供的可用列车进路或闭塞分区，生成移动授权 MA，将线路数据、信号点轨道区段数据、进路数据、临时限速、自动过分相等信息通过 GSM-R 无线通信平台发送给车载设备。

（5）车载设备根据接收到的地面列控数据，结合制动性能等列车数据，计算生成目标距离速度控制模式曲线，并实时与列车运行速度进行比较，超速后及时实施制动控制以保障行车安全，并向司机提供安全驾驶列车的必要信息。

（6）当 CTCS-3 级列控系统发生故障时，可以自动降级至其后备系统，由 CTCS-2 级列控系统继续控制高速列车的安全运行。车载设备从应答器接收到呼叫 RBC 的命令后，若具备 CTCS-3 级控制列车条件，自动转换到 CTCS-3 级控车。

CTCS-3 系统结构、列车追踪运行示意如图 5-1-8、5-1-9 所示。

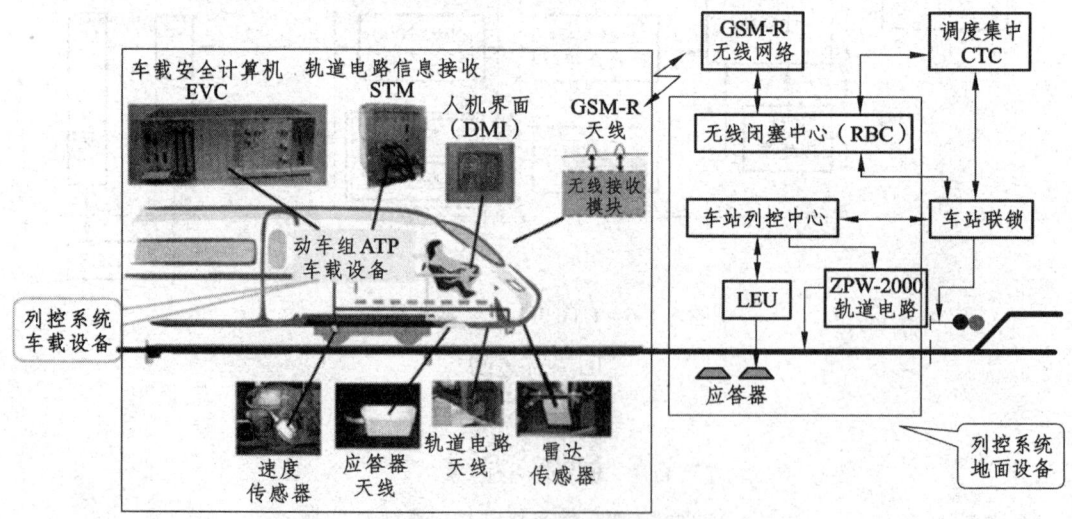

图 5-1-8 CTCS-3 系统基本结构

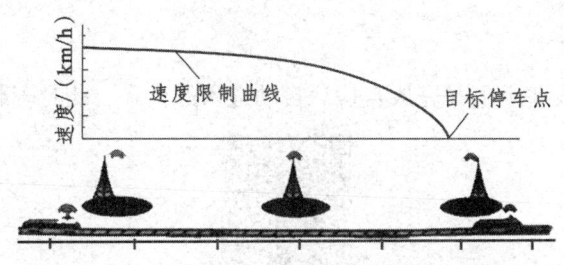

图 5-1-9　CTCS-3 系统列车追踪运行示意图

3. CTCS-4 级

CTCS-4 级是基于 GSM-R 无线通信平台传输列控信息，地面不设信号机和轨道电路，采用目标距离速度控制模式，由 RBC 和车载验证系统共同完成列车定位和列车完整性检查，实现虚拟或移动闭塞，是我国高速铁路列控系统的发展方向。

四、CTCS 工作模式

1. 完全监控模式

完全监控模式是列车的正常运行模式。列控车载设备根据控车数据自动生成目标距离模式曲线，司机依据人机界面显示的列车运行速度、允许速度、目标速度和目标距离等信息控制列车运行。

完全监控模式动画扫码观看

2. 调车模式

调车模式是动车组进行调车作业的固定限速模式，限速值为 40 km/h。司机按压专用按钮使列控车载设备转入调车模式。只有在列车停车时，司机才可以选择进入或退出调车模式。CTCS-3 级控车时，只能在车站内转入调车模式。

调车模式动画扫码观看

3. 休眠模式

休眠模式是非本务端车载设备不监控列车运行，但仍执行列车定位、记录等级转换等功能的模式。

休眠模式动画扫码观看

4. 待机模式

待机模式是车载设备上电并完成自检后自动进入的模式。此时车载设备禁止列车移动。

待机模式动画扫码观看

5. 隔离模式

隔离模式为当列控车载设备停用时，司机停车并操作隔离开关隔离车载设备。在该模式下，车载设备不具备安全监控功能。

隔离模式动画扫码观看

6. 部分监控模式（PS）

部分监控模式仅用于 CTCS-2 级列车运行控制系统。在 CTCS-2 级中，当车载设备接收到轨道电路允许行车的信息而缺少应答器提供的线路数据时，列控车载设备会产生一定范围内的固定限制速度，监控列车运行。

部分监控模式动画扫码观看

五、计算机联锁系统

联锁系统层次结构扫码观看

计算机联锁系统是以计算机技术、控制技术和通信技术为基础，对车站信号设备进行控制的系统。计算机联锁系统与列车运行控制系统、综合信息化系统融合在一起，共同完成列车运行安全保障和指挥行车的任务。计算机联锁系统具有以下功能。

1. 联锁控制功能

计算机联锁可以进行进路控制，信号开放和关闭，道岔单独操作、锁闭、解锁等。

2. 显示功能

计算机联锁可以进行站场基本图形显示，现场信号设备状态显示，值班员按压按钮动作的确认显示，计算机联锁系统工作状态、故障报警显示，时钟显示等。

目视行车模式动画扫码观看

引导模式动画扫码观看

机车信号模式扫码观看

3. 记录存储功能

系统可按时间顺序自动记录和存储值班员按钮操作情况、现场设备动作情况和行车作业情况，提供图像再现功能，实现进路存储和自动办理等。

4. 故障检测与诊断功能

通过计算机联锁系统，可以实现对信号相关设备的检测、诊断以及报警。

5. 数据交换功能

利用标准化通信接口板、网络接口板，可以直接与现代化信息处理系统进行数据交换。

六、调度集中系统

调度集中系统（Centralized Traffic Control，CTC）是将信号与监控列车运行结合起来，在控制中心指挥列车运行的设备。我国铁路中应用最为广泛的调度集中系统是分散自律调度集中系统（FZk-CTC系统）。

（一）调度集中系统的功能

CTC调度集中系统能实时自动采集列车运行及现场信号设备状态信息，并传送到国铁集团调度指挥中心和铁路局集团公司调度所，完成列车运行实时追踪、无线车次号校核、自动报点、正晚点统计分析、交接车自动统计、列车实际运行图自动绘制、阶段计划人工和自动调整、调度命令及列车计划下达、行车日志自动生成等功能。实现列车编组信息管理、调车作业管理、综合维修管理、列车/调车进路人工和计划自动选排、分散自律控制和临时限速设置等功能。

1. 列车进路自动控制

调度集中系统根据基本图、日班计划编制列车运行阶段计划，按照阶段计划生成列车进路控制指令，在规定的时机发送至联锁系统执行。通过实时信息采集，跟踪、监视列车实际运行情况，自动记录列车实绩运行图，自动调整后续阶段计划。当列车进路排列成功后，调度集中系统通过GSM-R无线通信系统向列车自动发送进路预告信息，并接收司机的回执。

2. 临时限速

在需要临时限速的情况下，由调度集中系统拟定临时限速调度命令，下达至临时限速服务器，并由临时限速服务器发送至无线闭塞中心/车站列控中心执行。调度集中系统接收临时限速服务器的反馈信息，实时监督检查临时限速的执行情况。

3. 传送调度命令

为了确保安全，调度集中系统通过 GSM-R 无线通信系统向司机发送临时限速调度命令文本，司机可据此核对列控车载设备接收到的临时限速报文。

（二）调度集中系统的控制模式

分散自律调度集中系统包括分散自律控制和非常站控两种控制模式。

1. 分散自律控制模式

"分散"是相对于集中控制而言的，由调度所集中控制所有车站的列车作业的方式改为由各个车站设备独立地控制各自的列车和调车作业，并在不影响列车运行的原则下，允许调度所和车站通过调度集中自主进行调车。"自律"指的是依据各站的特点，可对调度所的控制指令和车站输入的控制指令进行自动排序，自动协调列车作业和调车作业，自动控制列车进路和调车进路。

2. 非常站控模式

非常站控，是在非正常情况发生时（发生某种故障如自律机失效、出现危险情况或在维修施工条件下），将分散自律调度集中系统的控制转为在车站联锁控制台上通过操作按钮办理进路的控制方式。利用设置在联锁控制台上的"非常站控"按钮，可将 CTC 无条件地从分散自律控制模式转为非常站控模式。此时车站联锁系统不接收分散自律调度集中输入的命令。

FZk-CTC 系统车务终端的主窗口如图 5-1-10 所示，主要由标题栏、菜单、工具栏、站场显示控制视图、调车作业单管理视图、进路表视图和行车日志视图等几部分组成。

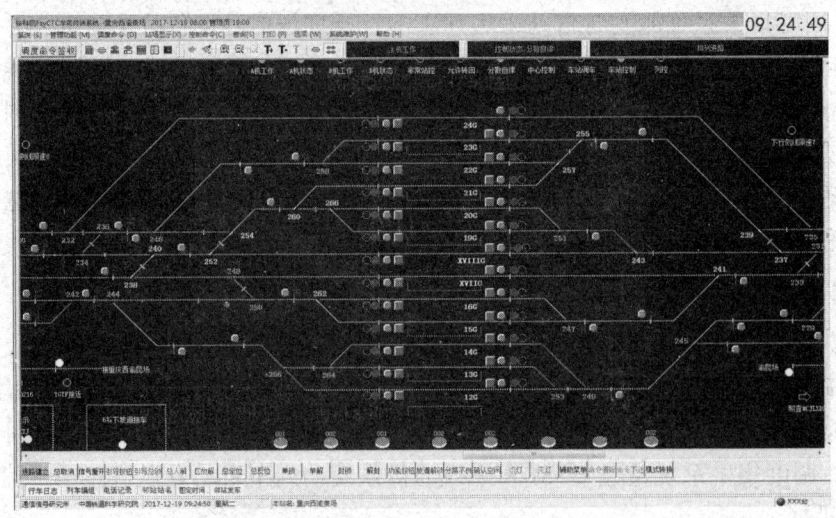

图 5-1-10　FZy-CTC 车务终端主窗口

> 任务实施

根据以上相关知识,由老师组织学生分组讨论高速列车运行控制系统组成及作用,各小组派代表进行总结汇报,小组互评,教师点评。提高学生运用理论知识解决实际问题的能力。

任务二 高速铁路通信系统

> 能力目标

能正确使用高速铁路通信设备。

> 知识目标

了解高速铁路通信网的组成;掌握高速铁路主要通信业务。

> 相关知识

铁路通信系统是铁路运输的重要基础设施,对铁路运输和安全生产起着重要作用。

一、铁路通信网

铁路通信网是覆盖铁路的统一、完整的专用通信网,为运输生产和经营管理提供话音、数据和图像及其他通信业务。

(一)铁路通信网分类

铁路通信网分为承载网、业务网和支撑网。

1. 承载网

承载网是通信网的基础网络,为各专业提供承载通道和网络接入。承载网又分为传输网和数据通信网。传输网覆盖国铁集团机关、铁路局集团公司机关、站段机关以及铁路枢纽、沿线车站和区间等业务节点,承载数据通信网、各业务网、独立组网的信息系统,提供多种速率、类型的传输通道。数据通信网为全国铁路运输组织、客货营销、经营管理等信息系统以及综合视频监控、会议电视、应急通信等通信业务系统提供承载网络。

2. 业务网

业务网主要包括调度通信、电话交换、电报传真、会议电话和会议电视、综合视频监控、应急通信等,是铁路运输生产和经营管理的通信工具。

随着技术进步和高速铁路的建设,综合视频监控系统得到了广泛的应用。调度通信是铁路运输生产调度指挥的基本通信装备,高速铁路装备了铁路数字移动通信系统(GSM-R),将有线、无线调度通信结合,除支持语音通信(普通语音、调度电话)外,还提供列车控制数据传输、调度命令和车次号校核信息传送等服务。

3. 支撑网

支撑网是铁路通信网运行的支撑网络，用以保障承载网和业务网的正常运行，监控网络和业务质量。铁路通信网支撑网包括时钟（频率）同步网、时间同步网、信令网以及为通信网运营维护服务的各类监测、监控管理系统等。

（二）高速铁路主要通信业务

高速铁路应根据通信业务配置相应的通信设备。铁路通信业务是指铁路运输组织、客货营销、经营管理等活动中所使用的通信业务，主要包括话音通信业务、数据通信业务、图像通信业务和其他业务。

1. 话音通信业务

话音通信业务可分为普通电话业务和专用电话业务。话音通信业务内容如图 5-2-1 所示。

（1）普通电话业务。

普通电话业务可分成固定电话业务和移动电话业务。固定电话业务又可分成本地电话业务和长途电话业务。移动电话业务是指为铁路运输生产人员或管理人员提供的普通移动电话业务。包括铁路数字移动通信网（GSM-R）提供的移动电话业务和利用公众移动通信网提供的移动电话业务。

（2）专用电话业务。

专用电话业务是专门用于铁路运输生产、指挥的电话业务。专用电话系统具有相对独立性，包括固定用户和移动用户。

专用电话业务主要包括调度电话业务、车站（场）电话业务、站间行车电话和其他专用电话业务。

① 调度电话业务。

调度电话业务为国铁集团调度指挥中心、铁路局集团公司调度所调度员与其管辖区内有关运输生产作业人员之间业务联系使用的专用电话业务。

按照业务不同，调度通信分为列车调度、客运调度、货运调度、牵引供电调度、机车调度以及其他调度电话业务。

列车调度电话准许列车调度员、动车调度员、牵引供电调度员、车站值班员、助理值班员、动车组司机、动车段（所）值班员加入通话，根据需要允许动车组随车机械师（简称随车机械师）、客运调度员、列车长、牵引配电所值班员、客运值班员、救援列车主任和施工负责人及巡守人员加入通话。

② 车站（场）电话业务。

车站（场）电话业务是铁路车站（场）内进行作业指挥和业务联系的专用电话业务，包括固定电话和移动电话。主要有车站值班员电话、站场调度电话、扳道（清扫）电话、调车电话、列检电话、车号电话等。

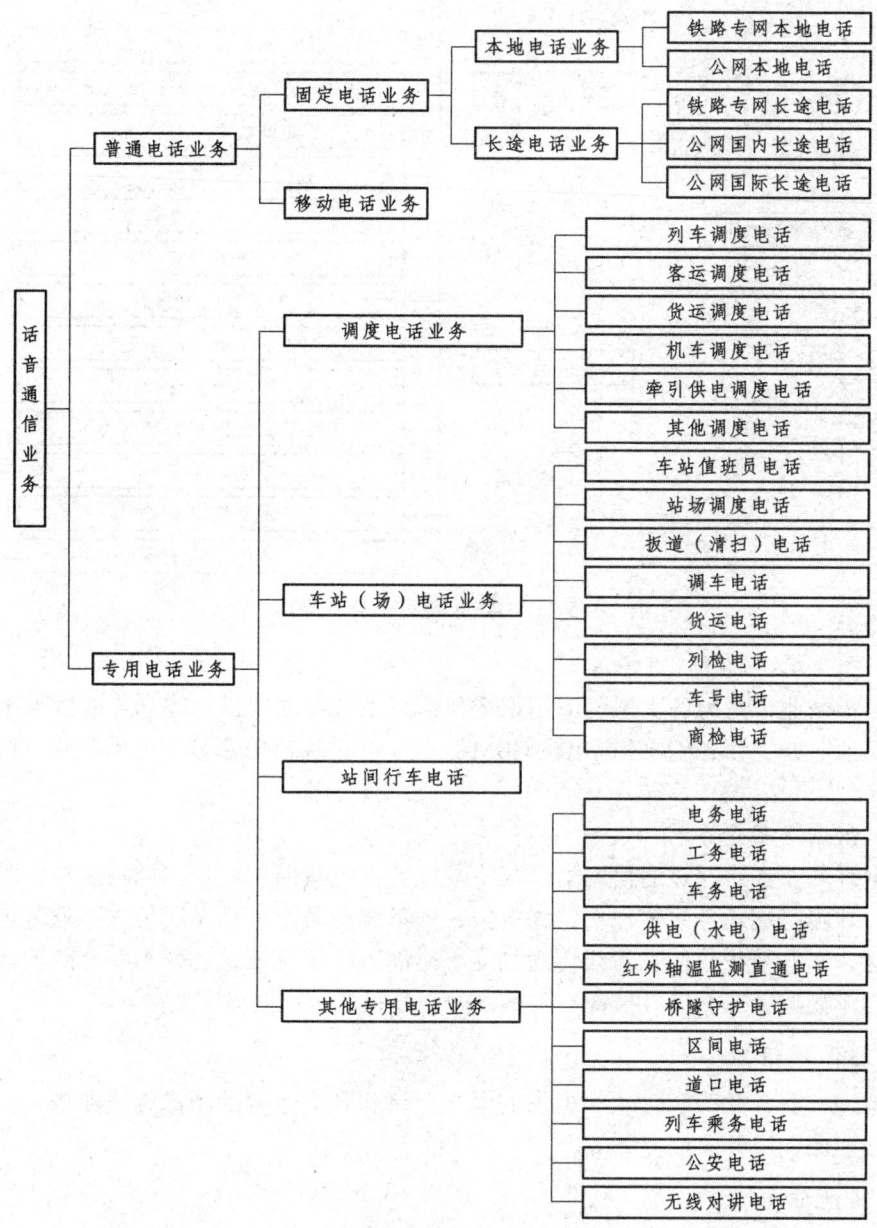

图 5-2-1 话音通信业务示意图

③ 站间行车电话。

站间行车电话是为相邻车站（场）值班员之间办理行车事宜而设置的专用直通电话。

④ 其他专用电话业务。

主要包括电务电话、工务电话、车务电话、供电（水电）电话、红外轴温监测直通电话、桥隧守护电话、区间电话、道口电话、列车乘务电话、公安电话、无线对讲电话等。

2. 数据通信业务

数据通信业务可分为数据承载业务和数据终端业务。数据通信业务内容如图 5-2-2 所示。

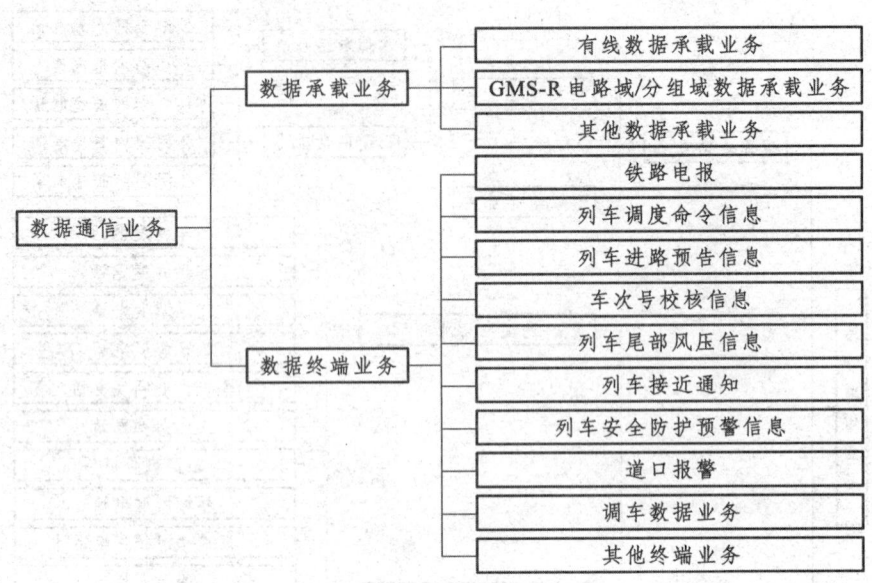

图 5-2-2　数据通信业务示意图

（1）数据承载业务。

数据承载业务是为各类通信应用系统及信息系统组网提供有线和无线数据承载通道的数据通信业务。无线数据承载包括 GSM-R 数字移动通信电路域数据承载和分组域数据承载等。

（2）数据终端业务。

数据终端业务是通过通信网络及其终端设备，直接向用户提供应用层功能的数据通信业务。数据终端业务主要包括铁路电报、列车调度命令信息无线传送、列车进路预告信息传送、车次号校核信息无线传送、列车尾部风压信息传送、列车安全防护预警信息传送、列车接近通知、道口报警、调车数据业务和其他数据终端业务。

3. 图像通信业务

图像通信业务是为运输生产提供的电视会议和各类监视的图像传送业务。主要包括会议电视业务、视频监控业务等。

4. 其他业务

其他业务包括应急通信以及时钟、时间同步业务等。

（1）应急通信业务。

应急通信业务是在发生行车事件及自然灾害等紧急情况下，为确保实时救援指挥，在事件现场与救援中心之间、各相关救援中心之间以及现场内部进行的语音通信、图像和数据传输业务。

（2）时钟、时间同步业务。

为保证全路数字通信等系统的时钟（频率）同步准确，铁路通信网为全路提供时钟同步基准信号，为保证全路时间同步通信设备和时间同步显示设备的授时准确，铁路通信网为全路提供时间同步基准信号。

铁路通信应根据主要通信业务，配置相应通信设备，以满足铁路运输和信息化的需要。

（三）高速铁路调度通信系统

为满足铁路运输组织和生产指挥的需要，应设置调度通信系统，提供调度电话、车站（场）电话、站间行车电话等专用电话业务。

高速铁路调度通信系统，通过数字调度通信系统的调度交换机与 GSM-R 系统互联，形成有线、无线一体化的调度通信系统，提供调度员、值班员等固定用户与司机等移动用户之间的点对点、点对多点的话音业务。

根据铁路运输指挥需要，对呼叫范围加以限制以避免其他干扰，调度通信网络保持相对独立和专用，限制其与公众电信网或铁路自动电话网的互通。

二、铁路数字移动通信系统（GSM-R）

铁路数字移动通信系统（GSM-R）包括移动交换子系统（SSS）、移动智能网子系统（IN）、通用分组无线业务子系统（GPRS）、无线子系统（BSS）、运营与支撑子系统（OSS）和终端设备等六个部分。

GSM-R 系统电路域设备提供调度通信，铁路紧急呼叫、组呼、点对点普通呼叫等语音通信业务以及列车控制等数据传输业务。GSM-R 系统分组域提供调度命令、进路预告信息传输和无线车次号校核信息传输等数据通信业务。

（一）铁路综合数字移动通信系统（GSM-R）组成

铁路综合数字移动通信系统（GSM-R）是在数字蜂窝移动通信系统（GSM）上增加了调度通信功能和适合高速环境下使用的要素。

1. GSM-R 的组成

GSM-R 由 GSM-R 陆地移动网络、FAS 固定网络、移动终端和固定终端三大部分组成。如图 5-2-3 所示，其中 FAS 固定网络是一个以专用交换机及 PBX 为平台的有线调度通信网络。

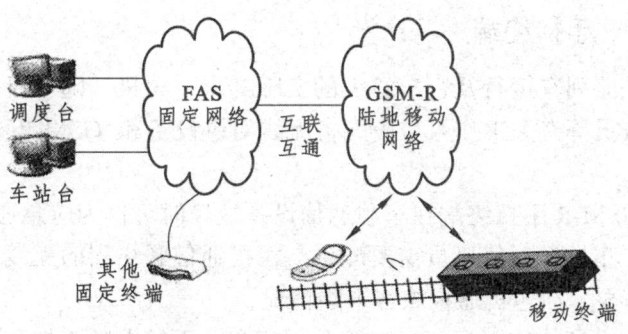

图 5-2-3 GSM-R 组成示意图

2. GSM-R 网络

GSM-R 网络作为一种信息传输媒介，在 CTCS-3 级列控系统中，主要作用是实现车载设备与地面设备的双向通信。

GSM-R 核心网包括移动交换子系统、GPRS 子系统、智能网接口等，采用冗余交叉覆盖的方式进行布置，沿铁路线路每隔 2～3 km 设置一个 GSM-R 无线通信基站，只要不是相邻的基站同时发生故障，就不会影响 GSM-R 网络场强覆盖，提高了车地通信的可靠性。GSM-R 交织冗余覆盖如图 5-2-4 所示。

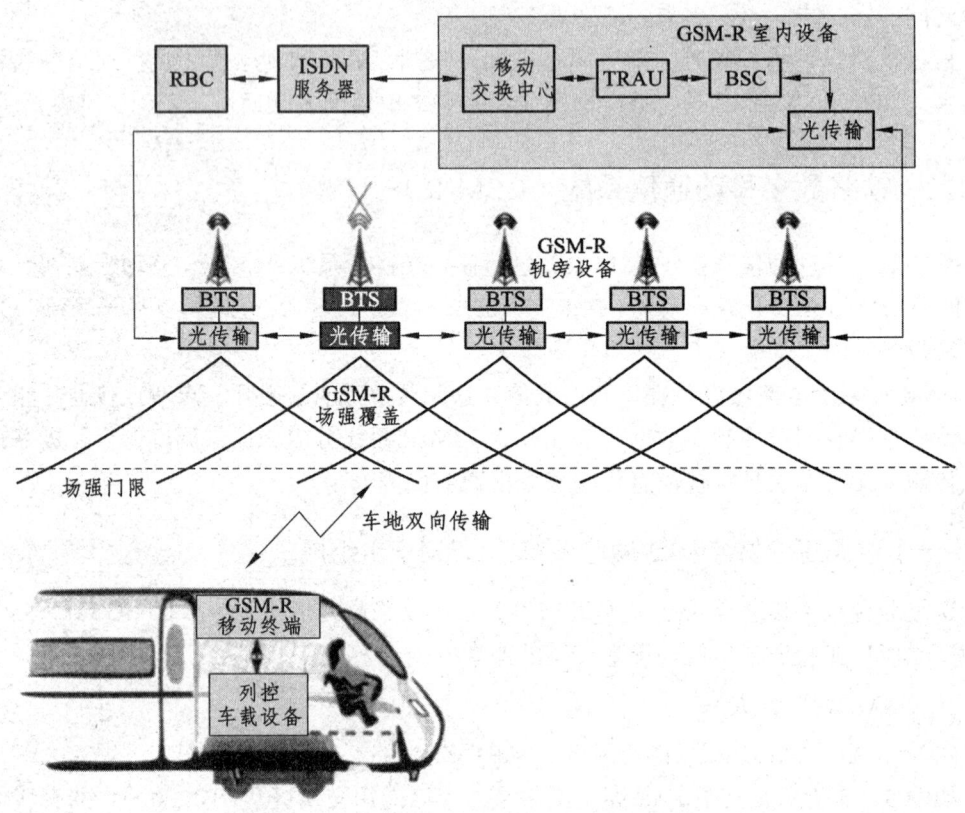

图 5-2-4　GSM-R 交织冗余覆盖示意图

（二）GSM-R 手持终端

为满足高速铁路列车运行及行车组织的实际需求，司机、随车机械师、列车长、乘警、车站客运值班员等有关工作人员应配备无线对讲设备和 GSM-R 手持终端进行通信联络。

司机配备的 GSM-R 手持终端在车载通信设备故障时可作为应急通信的手段。在办理客运业务的车站，车站客运值班员需要配备与司机通信联络用的无线对讲设备，以满足处置突发事件的需要，向司机通报旅客乘降情况。

无线对讲通信设备的使用频率，应符合国家有关无线电频率划分的规定，由国铁集团统一规划。GSM-R 手持终端如图 5-2-5 所示。

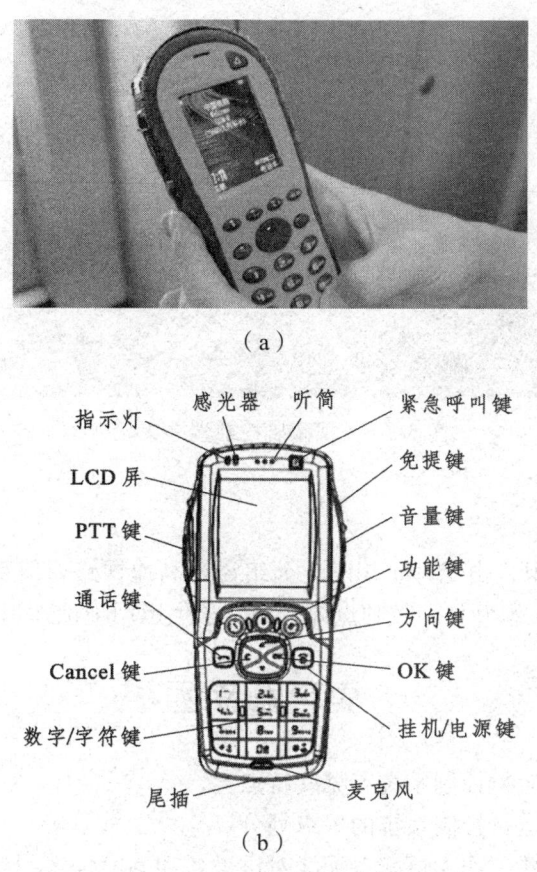

图 5-2-5 GSM-R 手持终端

三、铁路应急通信

应急通信是指在突发事件时，为进行救援指挥和做出正确决策而在事件现场与铁路局集团公司应急救援指挥中心、国铁集团应急救援指挥中心之间的话音、数据和图像通信。

应急通信系统由应急中心通信设备、应急通信现场设备及承载网络组成。应急通信现场设备通过铁路通信网、公众移动通信网和卫星通信接入铁路局集团公司应急中心通信设备，铁路局集团公司应急中心通信设备通过铁路通信网与国铁集团应急中心通信设备互联。

四、视频监控采集设备

视频点采集设备即前端采集设备，包括摄像机、镜头、视频光端机及与之配套的云台、防护罩、室外设备箱、视频杆塔等附属设备。按照防护罩不同，视频监控摄像机分为球型机和枪型机；按照是否配置云台分类，视频监控摄像机分为定焦摄像机和变焦摄像机，如图 5-2-6 所示。

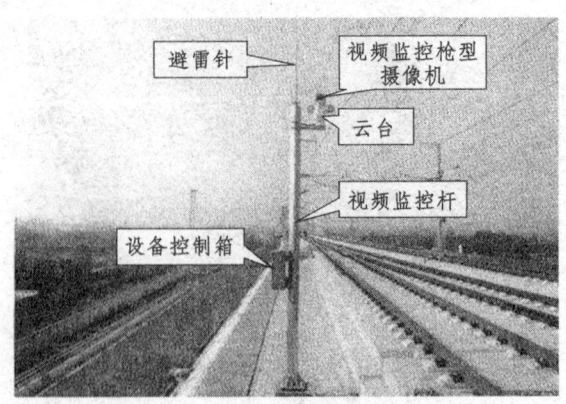

图 5-2-6 视频监控前端采集设备

任务实施

根据以上相关知识,由老师组织学生分组讨论高速铁路通信系统的组成,各小组派代表进行总结汇报,小组互评,教师点评。提高学生运用理论知识解决实际问题的能力。

复习思考题

1. 我国高速列车运行控制系统有哪些特点?
2. 简述高速列车运行控制系统的等级划分。
3. 高速铁路有哪些工作人员配备无线对讲设备和 GSM-R 手持终端?
4. 简述高速铁路主要通信业务。
5. 铁路综合数字移动通信系统(GSM-R)的组成及作用是什么?

项目六

高速铁路运营组织与管理

// 项目描述//

高速铁路运营组织与管理以旅客为中心,把握需求,优化系统资源要素,构建了高度集成、信息流畅、指挥有力、应对有序、面向市场的运营组织系统,为全面提升高速铁路运营管理水平提供基础保障。本项目主要介绍高速铁路旅客列车开行方案、高速铁路行车组织和高速铁路客运服务。

通过本项目的学习,培养学生使其具备良好的服务意识和高度的工作责任心和具备良好的沟通能力和表达能力。

//// 任务一 高速铁路旅客列车开行方案 ////

能力目标

能做好高速铁路客流需求调查工作;正确认知列车运行图、动车组运用计划;能编制简单的高速铁路旅客列车开行方案。

知识目标

了解高速铁路客流需求调查的意义和作用;掌握高速铁路旅客列车开行方案的主要内容;掌握高速铁路列车运行图组成;掌握高速铁路动车组运用计划。

相关知识

列车开行方案是铁路旅客运输组织的核心,能较好地反映旅客运输的经营策略和服务质量。高速铁路旅客列车开行方案是连接客流和列车运行的中间桥梁,直接关系到铁路运输能否满足旅客运输需求,编制旅客列车开行方案则是高速铁路运营组织的关键步骤。

一、高速铁路客流与客流预测

（一）高速铁路客流

1. 客流的概念

旅客根据出行需要，按照自己的支付能力，选择一定的运输方式，在一定时间和空间范围内作有目的的移动，从而形成了客流。

2. 客流要素

客流由流量、流向、流距、流时四个要素组成，分别表示客流的数量、方向、行程和客流产生的时间。

（二）客流调查

客流调查是客流分析和预测的基础。高速铁路客运市场调查是指运用科学的方法，系统地收集、记录、整理有关客运市场营销方面的各种信息（包括市场的外部环境、旅客需求、运力资源及营销手段等），分析研究客流需求的变化规律，了解、掌握、分析市场的现状和发展趋势的活动过程，为制订旅客运输计划、做出经营决策提供重要依据。

高速铁路客流调查方法动画扫码观看

客流调查针对高速铁路的客流吸引范围进行，按时间一般分为日常调查、节假日调查和年度调查（综合调查）三种形式，以日常调查为主。

1. 高速铁路客运市场调查的主要内容

高速铁路客运市场调查的主要内容为市场环境调查（包括市场需求调查、客流量调查、旅客旅行行为调查等）、市场资源调查（包括铁路设备能力和其他运输方式调查）、市场营销组合调查（如产品价格调查、销售渠道、促销方式）等。

2. 客流调查方法

客流调查的基本方法包括样本连续调查法、询问法、观察法、问卷调查法、网络调查法等。

根据不同的调查内容和调查实施阶段，可以分为新线开通前调查和运营调查。新线开通前调查主要调查的是沿线的经济发展情况，客流的吸引范围，客流出行频率，票价接受情况与舒适度等方面的客流需求情况，以及其他方式分担情况等方面的内容。运营调查主要是指在线路开通运营后，对服务情况、营销情况、旅客满意度等情况进行考察，对线路的运营情况进行分析。

加强市场调查，按照不同群体、不同时段、不同距离、不同服务等细分客源结构，充分了解个性化差异化的运输需求对应价格的接受度，为客运产品定价提供支撑。推进客运价格信息系统建设,依托大数据系统,建立客运价格信息系统,建立市场价格信息库,提高市场调查效率,为实现弹性票价调整提供参考依据。

（三）客流预测

1. 客流预测内容

高速铁路客流预测是通过对预测区域内历史客运量数据的数学分析,找出其变化规律,结合区域内的经济、人口等影响因素,选择适当的模型,对区域内的客运量进行估计。预测内容包括将来一段时间内计划客运流量、流向、流时、流距和预测误差。客流分析与预测,是进行路网规划和制定列车运行组织方案的基础工作。

2. 客流预测作用

客流预测是高速铁路规划内容中的基础性工作,由于高速铁路服务的对象为旅客,因此客流预测结果对于高速铁路的线路经由、客运站站位选择、客运站运营能力、列车开行方向、线路运输能力的确定等都有主导作用。

二、高速铁路基本生产计划

在我国高速铁路的运输管理和生产过程中,基本生产计划是核心产品竞争力的体现,是确保高速铁路日常运输工作有序、高效的根本。高速铁路基本生产计划包括列车开行方案、列车运行图、动车组交路计划及乘务计划等,如图 6-1-1 所示。

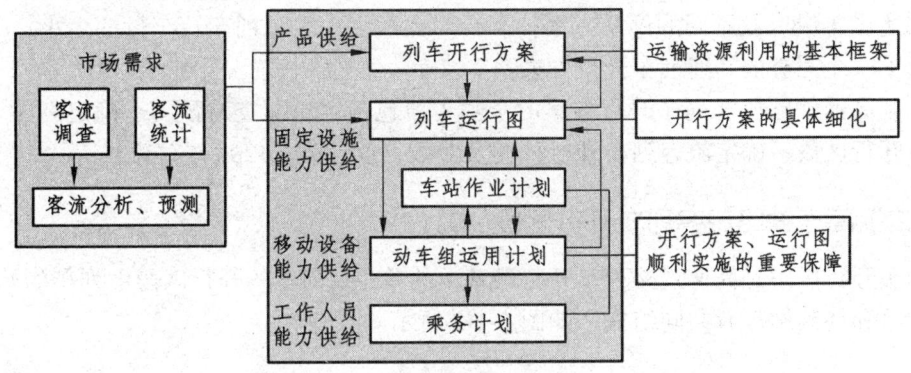

图 6-1-1 高速铁路基本生产计划

高速铁路旅客运输计划的种类动画扫码观看

1. 车站作业计划

车站作业计划是规定高速列车在车站到发线等设施的使用计划,具体包括到发作业、调车作业、出入段作业等作业方案，是列车运行图和动车组运用计划的基本保障，需要与列车运行图和动车组运用计划协同编制。

2. 票额分配计划

票额分配计划与列车开行方案相对应，为优化资源配置，分车次建立票额运用档案，分线别、方向、阶段、时段制订列车票额席位复用策略和票额以远站方案，实现一车一策略，是提升列车开行方案科学性的必要措施。

3. 给水、卸污作业计划

给水、卸污作业计划与列车开行方案相对应，为保证旅客旅行中的生活，制定了停站给水作业和卸污作业方案，这是列车开行方案的补充。

三、高速铁路旅客列车开行方案

列车开行方案是从客流到列车流的组织方案，是联系以运输需求为导向的"客运产品"与运输生产计划之间的桥梁。列车开行方案是客运产品的前身和初步设计，也是编制列车运行图的基础工作。

（一）旅客列车开行方案组成

旅客列车开行方案是指确定列车运行区段、列车种类及开行对数的计划。高速铁路旅客列车的始发站、终到站及经由线路，构成了列车的运行区段，列车种类区别出列车不同的速度等级以及不同的停站方案，开行对数的多少表示列车行车量的大小，三者共同组成了一个完整的高速列车开行方案。

编制高速铁路旅客列车开行方案的步骤主要包括客流调查与预测、确定高速铁路旅客列车开行区段、确定旅客列车开行种类及对数、设计列车停站方案等。

（二）高速铁路旅客列车开行区段

列车开行区段是高速铁路列车开行最基本的单位，列车的开行区段由列车的始发站、开行径路和终到站三者共同组成，如图 6-1-2 所示。

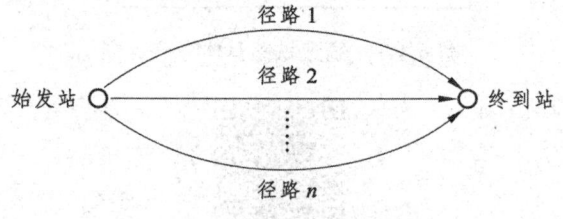

图 6-1-2　列车开行区段构成

1. 确定列车始发站与终到站

列车始发站和终到站的选择需要根据站间客流量来判断。始发、终到站之间应该有足够的客流量，尤其是开行一站直达列车和停站次数很少的列车。动车组列车起讫点应具备必要的检修条件，保证动车组的日常维修与养护检查，确保动车组运行安全，减少动车组进出检查基地的走行时间，提高动车组运用效率。

2. 选择最优路径

列车开行径路应选择输送能力大、运输距离或旅行时间短、中转换乘次数少，运输费用低的最优路径，方便旅客快捷出行。

（1）以客流的流量、流向、流程为指导，尽量使开行径路与主客流方向一致，减少旅客换乘，选择能够方便大多数旅客的径路。

（2）考虑通过某一径路里面所包含列车的等级组合，要能满足不同需求层次的客流。

（3）综合考虑每条径路的线路等级条件，优化列车开行费用消耗。

（4）合理考虑动车段（所）的布局情况，使开行径路内的列车数量不超出动车段（所）的检修能力范围。

（5）对于跨线列车，要合理地确定其跨线衔接点（站）。

（三）确定旅客列车开行种类及对数

1. 确定旅客列车开行种类

确定旅客列车开行种类主要是确定旅客列车的车辆选型和编组形式。

（1）车辆选型。

不同类型的动车组，其设计运行速度和起制动、加减速性能以及造价都有较大的差别。在车辆选型时要使车辆和线路的速度目标值尽量匹配以充分发挥固定设备和移动设备的能力。列车的停站次数越多、平均停站距离越短，对列车的起制动和加减速性能要求越高，可通过在牵引计算软件上试跑来选择合理的车型。列车开行区段的长度也要与动车组类型相匹配，开行区段越长，使用速度目标值高的列车便越能体现出其高速的优点，减少列车旅行时间。

（2）列车编组。

高速铁路旅客列车根据动车组牵引方式，一般都是 8 辆为一个基本单元，当两个基本单元重联为 16 辆编组时，站台长度要满足列车长度。根据客流全天的分布情况和波动的特点，考虑一定的服务频率和车底数量，结合线路通过能力合理确定列车编组方案。

2. 旅客列车开行的对数

旅客列车开行对数是在确定客流总量和列车起讫点以后，根据列车运行区段客流密度、列车定员、平均上座率和客流波动等因素，经过计算确定的。根据按流开车的原则，首先确定大流量客流需要开行的列车对数，然后将零星客流和剩余客流合并，再计算这部分客流需要开行的列车对数。

我国客流波动性在日常、周末和节假日表现得尤为明显，尤其是在春节期间各种客流严重叠加时。为了满足旅客出行要求，周末和节假日相比平日要多开列车。高速铁路旅客列车开行对数，一般按节假日高峰期最大客流量确定，并据以编制基本列车运行图，平常客流量较小时，采用抽减列车运行线的方式，从而减少列车开行对数。

（四）列车停站方案

列车停站方案是开行方案的重要组成部分。减少停站次数，能缩短旅行时间，加速动车组周转；增加停站次数，对满足中短途旅客出行需求，提高列车上座率有利，但会降低列车的旅行速度，延长长途客流的旅行时间和动车组周转时间。

四、列车运行图

高速铁路列车运行图是高速铁路行车组织工作的基础。所有与列车运行有关的铁路部门，都必须按照列车运行图的要求组织本部门的工作，以保证列车按列车运行图运行。

（一）列车运行图的概念

列车运行图利用坐标原理描述列车在轨道上运行的时空关系，直观显示列车在沿途各站到达、出发、停站或通过的时间，是各类列车在各区间运行状态的一种图解形式。我国列车运行图的纵轴为列车运行的距离，其被不同的站间距切分，横轴为一天 24 h 的时间轴，图上的斜线为列车运行线，向右上方运行的为上行列车运行线，向右下方运行的为下行列车运行线，斜率代表列车的运行速度，如图 6-1-3 所示。

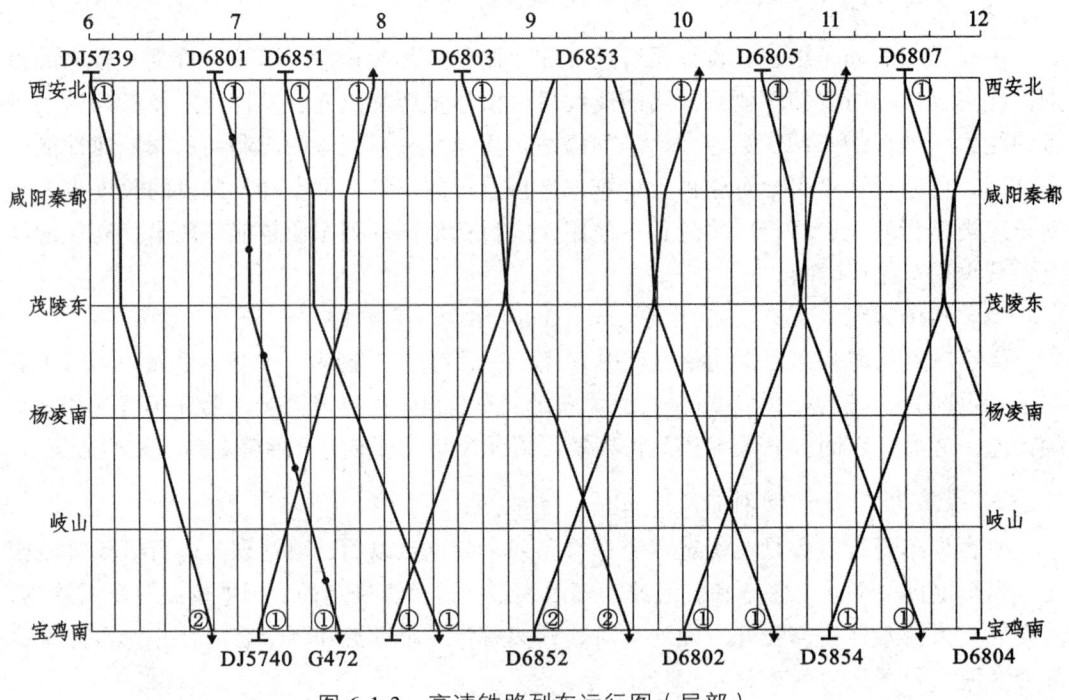

图 6-1-3　高速铁路列车运行图（局部）

（二）高速铁路列车运行图的特点

高速铁路列车运行图上铺画的都是旅客列车运行线，主要分布在符合人们出行习惯的 6:00～24:00 时段内，夜间主要是高速铁路综合维修的天窗时间。

列车运行图综合反映了铁路工作的各种质量指标和数量指标，编图时应尽可能方便旅客出行，尽量安排在合适的时间到发，充分兼顾沿途各站需要等。

1. 高速铁路运行图的稳定性

旅客运输的安全、快速、准确、便捷、舒适等特性，是高速铁路吸引客流的主要优势，要保证实现这些指标，除技术上需提供必要的保障外，列车运行图编制是否科学合理也极为重要。高速铁路列车速度高、密度大，列车之间联系紧密，一旦出现干扰，列车调整困难，特别是在高峰时段列车开行密度大。因此，在编制高速铁路列车运行图时，要在保证运输能力的基础上，合理安排各列车的到发时间，并在适当的时间与空间加入缓冲时间，使列车运行图具有较好的抗干扰性与自我恢复能力。

2. 不同列车运行线的协调优化

我国高速铁路目前大都采用多种速度列车共线运行的方式，有最高速度在300~350 km/h的G字头列车，有平均速度在200~250 km/h的D字头列车，这些列车虽停站数量不等、旅行速度也不相同，但都具有列车折返时间短、接续时间紧的特点。

我国铁路客流具有平均运距长、跨线客流比重大等特点，除了协调不同速度高速列车以减小列车间速差的运行干扰外，还要兼顾本线与跨线列车的运行组织，合理铺画不同种类列车运行线，保证跨线列车的合理衔接，从而有效利用线路的通过能力，缩短旅行时间、提高服务质量。

3. 列车运行与综合维修的协调优化

为了保障高速铁路的行车安全，需要开设较长时间的综合维修天窗。我国高速铁路采用矩形综合维修天窗，安排在00:00~06:00时段内，天窗内禁止行车。天窗的开设缩短了列车运行图中可供列车运行的时间，将列车运行图分割为两部分，存在较大的非运营无效时间，对高速铁路通过能力造成了较大影响。高速列车运行线的铺画应与综合维修天窗的开设进行综合优化。

4. 列车运行与动车组运用的协调优化

列车运行图是列车运行的综合计划，规定了各次列车的始发终到的车站及时间，列车开行数量受动车组数量制约。列车运行线的分布决定了动车组需承担的运输任务，必须将动车组运用计划与列车运行线铺画进行综合优化，才能提高动车组的运用效率和列车运行计划的质量。

五、动车组运用计划

动车组运用计划是为铺好的列车运行图分配动车组、安排动车组定期检修的动车组工作计划，主要对动车组在何时、何站、担当哪次列车，在何时、何地进行哪种类型的检修做出具体安排，是实现动车组的合理周转，确保列车运行计划顺利实施的重要保证。当列车运行图调整时，动车组运用计划也将重新编制。

动车组运用计划包括动车组运用交路计划和动车组车底分配计划两部分。动车组交路计划与列车运行计划（列车运行图）同时编制，动车组车底分配计划与动车组一、二级检修计划同时编制。我国高速铁路采用计算机编制列车运行图和动车组运用计划，并以图表形式表示。例如，武汉至深圳北动车组运用交路图（摘录）如图 6-1-4 所示。

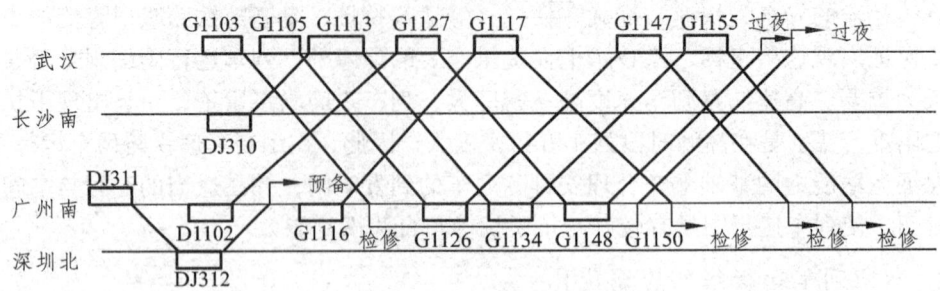

图 6-1-4　动车组运用计划

六、动车组乘务计划

动车组列车客运乘务计划是根据既定的动车组开行计划、动车组交路计划、乘务模式等条件，对乘务人员（组）在某一时期内的出乘时间、退乘时间、出乘地点、退乘地点以及担当车次的时间和地点、休息时间和地点等给出相应的具体安排，以确保列车运行计划及旅客运输服务任务的完成。编制客运乘务计划的影响因素主要有列车运行计划、动车组交路计划、动车段（所）布局、乘务制度、人员配置、工时要求、出退乘地点、交接作业流程等。

1. 乘务制度

我国高速铁路客运乘务组织模式基本有两种：以车底交路为基础的包乘制模式和以担当区段为基础的轮乘制模式。

2. 乘务工时

列车乘务员工时包括出勤时间、退勤时间、值乘时间、换乘时间和便乘时间。

▍任务实施

根据以上相关知识，由老师组织学生分组讨论高速铁路列车开行方案的相关内容，各小组派代表进行总结汇报，小组互评，教师点评。提高学生运用理论知识解决实际问题的能力。

//// 任务二　高速铁路行车组织 ////

▍能力目标

能对高速铁路行车组织工作内容有初步的认识。

知识目标

掌握高速铁路车站行车组织工作内容,了解高速铁路调度工作内容。

相关知识

高速铁路行车组织工作,必须贯彻安全生产的方针,坚持高度集中、统一领导的原则。运输、机务、车辆、工务、电务、供电、信息、房建等部门要发扬协作精神,主动配合,紧密联系,协同动作,不断提高效率,挖掘运输潜力,完成和超额完成运输任务。

一、车站股道道岔编号

为了便于车站生产指挥作业的联系和对设备的维修管理,站内的股道和道岔均应统一编号,且同一车站或同一车场内股道和道岔的编号不得重复。

1. 股道编号

通过式车站股道编号时,正线用罗马数字,站线用阿拉伯数字;双线区段内的车站,从正线起按列车运行方向分别向外顺序编号,上行编双数,下行编单数。

尽头式车站,站舍位于线路终点时,面向终点方向,由左侧开始顺序向右编号;站舍位于线路一侧时,从靠近站舍的线路开始,向远离站舍方向顺序编号。特大、大型客运车站,股道编号以主站房基本站台为基准,按顺序编号。划分多个车场时,各车场股道应按顺序连续编号,不按车场别单独编号。

2. 道岔编号

道岔编号时,按上、下行咽喉分别编号,从车站两端用阿拉伯数字由外向内,先编行车进路,后编调车进路;上行列车到达端编双数,下行列车到达端编单数;单开道岔应单独编号,渡线道岔及同一连接梯线上的道岔应连续编号。对应尽头式车站,应从列车到达方向起顺序编号,上行列车到达方向编双数,下行列车到达方向编单数。车站划分车场时,每个车场的道岔应单独编号。

车站股道道岔编号如图 6-2-1 所示。

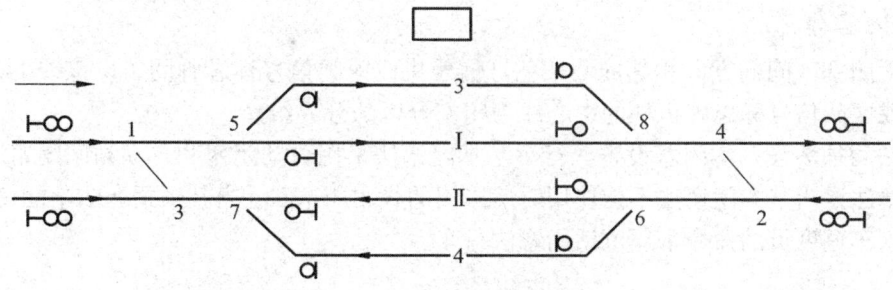

图 6-2-1　高速铁路车站股道道岔编号示意图

二、高速铁路车站技术作业

高速铁路车站的技术作业包括 CTC 条件下的接发列车、调车作业组织和动车组的相关技术作业等。

（一）行车闭塞

列车运行是以车站、线路所所划分的区间及自动闭塞区间的通过信号机或区间信号标志牌所划分的闭塞分区作间隔。

区间及闭塞分区的界限，按下列规定划分。

单线铁路站间区间动画扫码观看

双线铁路站间区间动画扫码观看

1. 站间区间

（1）在单线上，车站与车站间以进站信号机柱的中心线为车站与区间的分界线。

（2）在双线或多线上，车站与车站间分别以各该线的进站信号机柱或站界标的中心线为车站与区间的分界线。

2. 所间区间

两线路所间或线路所与车站间，以该线上的通过信号机柱的中心线为所间区间的分界线。设有进站信号机的线路所，所间区间的分界方法与站间区间相同。

双线铁路所间区间动画扫码观看

双线铁路自动闭塞分区动画扫码观看

信号机常态点灯的 CTCS-2 级自动站间闭塞区段特殊情况下办理发车的行车凭证

3. 闭塞分区

自动闭塞区间同方向相邻的两架色灯信号机或区间信号标志牌间，以该线上的通过信号机或区间信号标志牌机柱的中心线为闭塞分区的分界线。

车站均须装设基本闭塞设备。行车基本闭塞法采用自动闭塞和自动站间闭塞二种。电话闭塞法是当基本闭塞法不能使用时所采用的代用闭塞法。当基本闭塞法不能使用时，应根据列车调度员的命令采用电话闭塞法行车。

（二）车站技术作业

在车站进行技术作业的列车主要包括始发旅客列车、终到旅客列车、立即折返旅客列车和通过（停站、不停站）旅客列车。不同作业方式的列车技术作业流程不同，必须按照规定的流程办理。

1. 始发旅客列车技术作业

高速铁路车站的始发旅客列车从动车段（所）或停留线转入到发线，在进行了相应的技术检查并组织旅客乘车完毕后发车，具体技术作业流程见表6-2-1。

表6-2-1　始发旅客列车技术作业流程

作业顺序	作业名称	作业内容	占用设备
1	动车组出段作业	动车段（所）或停留线转入到发线	咽喉
2	出发技术作业	技术检查，组织旅客上车	到发线
3	发车作业	办理区间闭塞，准备发车进路，车站开放信号	咽喉

2. 终到旅客列车技术作业

终到旅客列车接入到发线，组织旅客上下车完毕后，动车组自行转入动车段（所），或到停留线停留等待下一次运输任务，具体技术作业流程见表6-2-2。

表6-2-2　终到旅客列车技术作业流程

作业顺序	作业名称	作业内容	占用设备
1	接车作业	办理区段闭塞，准备接车进路，车站开放信号	咽喉
2	到达技术作业	组织旅客下车	到发线
3	动车组入段作业	动车组转入动车段（所）或停留线	咽喉

3. 立即折返旅客列车技术作业

立即折返旅客列车是指终到旅客列车到达车站到发线，组织旅客下车完毕后，不转入动车段（所），直接在到发线上进行整备检修作业后，继续承担另一列旅客列车的运输任务。立即折返列车可以分为本线折返和转线折返两种方式。

本线折返列车的折返作业可以视为始发作业，技术作业流程见表6-2-3。

表6-2-3　本线折返旅客列车技术作业流程

作业顺序	作业名称	作业内容	占用设备
1	接车作业	办理区段闭塞，准备接车进路，车站开放信号	咽喉
2	到发线作业	客运作业（列车上水、组织旅客下车）	到发线
3	始发作业	旅客上车	到发线
4	发车作业	办理区间闭塞，准备发车进路，开放车站信号	咽喉

转线折返列车的折返作业可以视为终到作业、转线作业以及始发作业的一个连续过程，转线折返旅客列车技术作业流程见表6-2-4。

表 6-2-4 转线折返旅客列车技术作业流程

作业顺序	作业名称	作业内容	占用设备
1	接车作业	办理区段闭塞，准备接车进路，车站开放信号	咽喉
2	到发线作业	客运作业（列车上水、组织旅客下车）	到发线
3	转线作业	通过折返线折返时准备进路，开放信号； 通过正线折返时办理区间闭塞，准备进路，开放车站信号	咽喉 到发线
4	始发作业	旅客上车	到发线
5	发车作业	办理区间闭塞，准备发车进路，开放车站信号	咽喉

4. 通过旅客列车技术作业

通过旅客列车可以分为不停站通过旅客列车和停站通过旅客列车。不停站通过旅客列车一般在车站正线上直接通过，有固定的列车进路，无须进行特殊的进路排列，也较为简单，技术作业流程见表6-2-5。

表 6-2-5 不停站通过旅客列车技术作业流程

作业顺序	作业名称	作业内容	占用设备
1	接车作业	办理区段闭塞，准备接车进路，车站开放信号	咽喉
2	通过作业	通过车站正线	正线
3	发车作业	办理区间闭塞，准备发车进路，开放车站信号	咽喉

停站通过旅客列车在车站办理旅客乘降作业后按预定方向发出，技术作业流程见表6-2-6。

表 6-2-6 停站通过旅客列车技术作业流程

作业顺序	作业名称	作业内容	占用设备
1	接车作业	办理区段闭塞，准备接车进路，车站开放信号	咽喉
2	停车作业	停在到发线进行客运作业（列车上水、旅客上下车）	到发线
3	发车作业	办理区间闭塞，准备发车进路，开放车站信号	咽喉

三、高速铁路车站行车作业组织

高速铁路采用分散自律调度集中系统（CTC）作为行车指挥设备，正常情况下车站行车工作由列车调度员统一指挥，自动排列列车及调车作业进路。车站设应急值守人员，应急值守人员由车站值班员和电务信号人员担任。遇调度集中设备故障、行车设备施工、维修需要、发生危及行车安全需要时转为非常站控模式，由车站工作人员与调度共同完成相关的接发列车和调车作业。

安全距离动画扫码观看

（一）车站接发列车作业

接发列车作业是车站办理列车由区间接入、向区间发出和通过进行的作业，车站应不间断地接发列车，严格按列车运行图行车。列车调度员（车站控制时为车站值班员）应保证有不间断接车的空闲线路。

（1）CTCS-3 级列控车载设备按 CTCS-3 级控车时有完全监控、引导、目视行车、调车、休眠、隔离和待机等模式，完全监控模式是列车的正常运行模式。列控车载设备根据控车数据自动生成目标距离模式曲线，司机依据人机界面显示的列车运行速度、允许速度、目标速度和目标距离等信息控制列车运行。列控车载系统人机界面如图 6-2-2 所示。

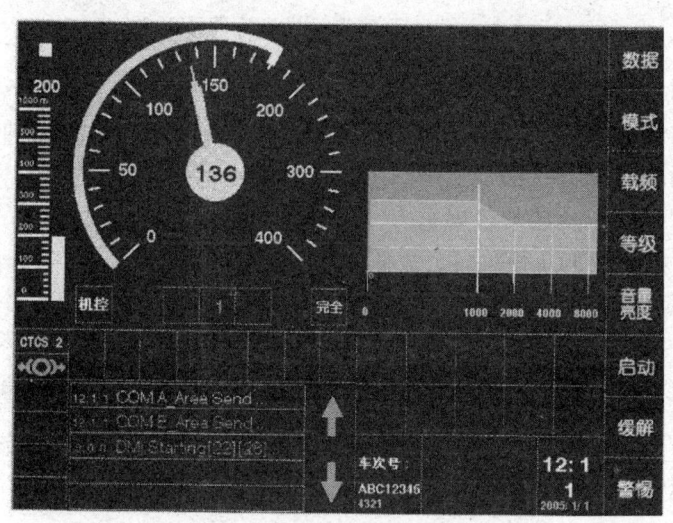

图 6-2-2 列控车载系统人机界面

（2）在 CTCS-3 区段，进站、出站、进路信号机常态灭灯。车站连锁设备设置"点灯"按钮和"灭灯"按钮，与对应的进站或出站信号机列车按钮进行操作，实现对进站或出站信号机的点灯和关灯控制。

CTCS-3 级接车进路如图 6-2-3 所示。

（3）动车组列车由列车长确认旅客上下完毕后，通知司机关闭车门。列车进站停车时，司机按动车组停车位置标停车，确认列车停稳、对准停车位置后开启车门。按钮不在司机操作台上的，由列车长通知随车机械师关闭车门；列车到站停稳后，由随车机械师开启车门。

（4）动车组列车在车站出发，动车组列车司机在确认了行车凭证和开车时间以及车门关闭后，即可起动列车。

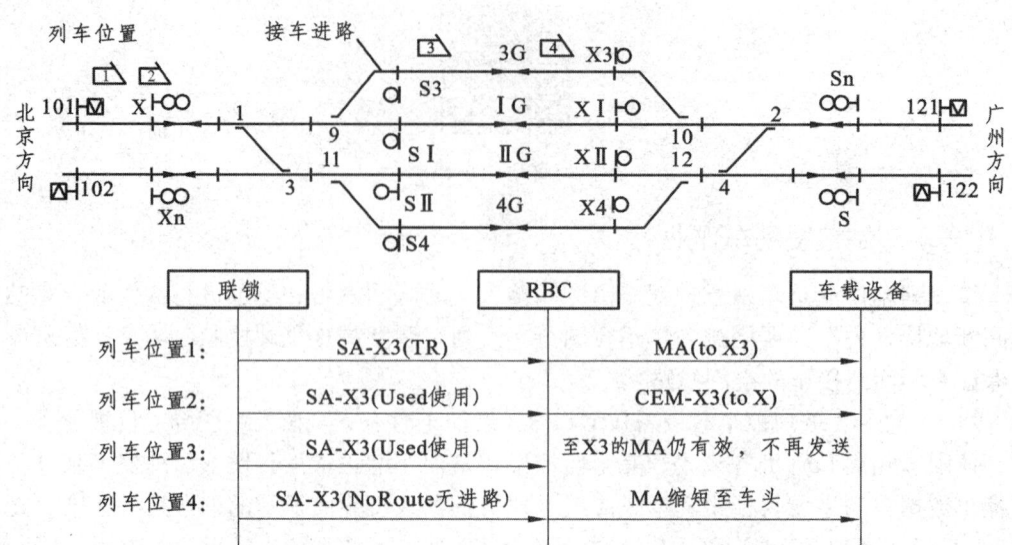

图 6-2-3　CTCS-3 级接车进路示意图

（5）接发列车应在正线或到发线上办理。动车组列车在车站办理客运业务时，须固定股道、固定站台、固定停车位置。动车组列车遇特殊情况需变更办理客运业务的固定股道时，须经调度所值班主任（值班副主任）准许。通过列车原则上应在正线办理。由正线变更为到发线接车及动车组列车遇特殊情况必须变更基本进路时，须经列车调度员准许，并预告司机；来不及预告时，应使列车在站外停车后，开放信号机，再接入站内。

（二）车站调车作业

车站调车包括动车组的出入段走行、动车组列车车底转线、列车重联与摘解以及特殊情况调车作业等。

1. CTCS-3 级列控车载设备调车模式

CTCS-3 级列控车载设备调车模式是动车组进行调车作业的固定限速模式，限速值为 40 km/h。司机按压专用按钮使列控车载设备转入调车模式。只有在列车停车时，司机才可以选择进入或退出调车模式。CTCS-3 级控车时，只能在车站内转入调车模式。

2. 调车作业领导及指挥

（1）车站调车作业由列车调度员（由车站负责办理调车进路时为车站值班员或车务应急值守人员）担当调车领导人。

（2）动车组自走行调车、转线等作业由司机负责，不另设调车指挥人。

（3）动车组需转线时，司机根据需要向列车调度员（车站值班员或车务应急值守人员）提出申请。列车调度员（车站值班员或车务应急值守人员）可不编制书面调车计划，但须将作业办法、内容和注意事项向司机传达、布置清楚并听取复诵无误，在准备好进路后，通知司机开始作业。

3. 动车组调车作业

（1）动车组进行调车作业时，采用自走行方式，凭地面信号机的显示运行。

（2）动车组禁止连挂其他机车车辆（救援机车、附挂回送过渡车以及动车组无动力调车时的调车机车、公铁两用牵引车除外）调车。

（3）动车组调车作业时，司机应在运行方向的前端操作，前方进路的确认由司机负责。在不得已情况下必须在后端操作时，应指派随车机械师或其他胜任人员站在动车组运行方向的前端指挥，发现危及行车或人身安全时，应立即使用紧急停车按钮（紧急制动装置）或通知司机停车。

四、高速铁路调度指挥

调度指挥系统是高速铁路运营管理和列车运行控制的中枢，是高速铁路运营管理现代化、自动化、安全高效的标志。

（一）高速铁路调度指挥系统功能

我国高速铁路调度指挥系统的构成如图6-2-4所示。

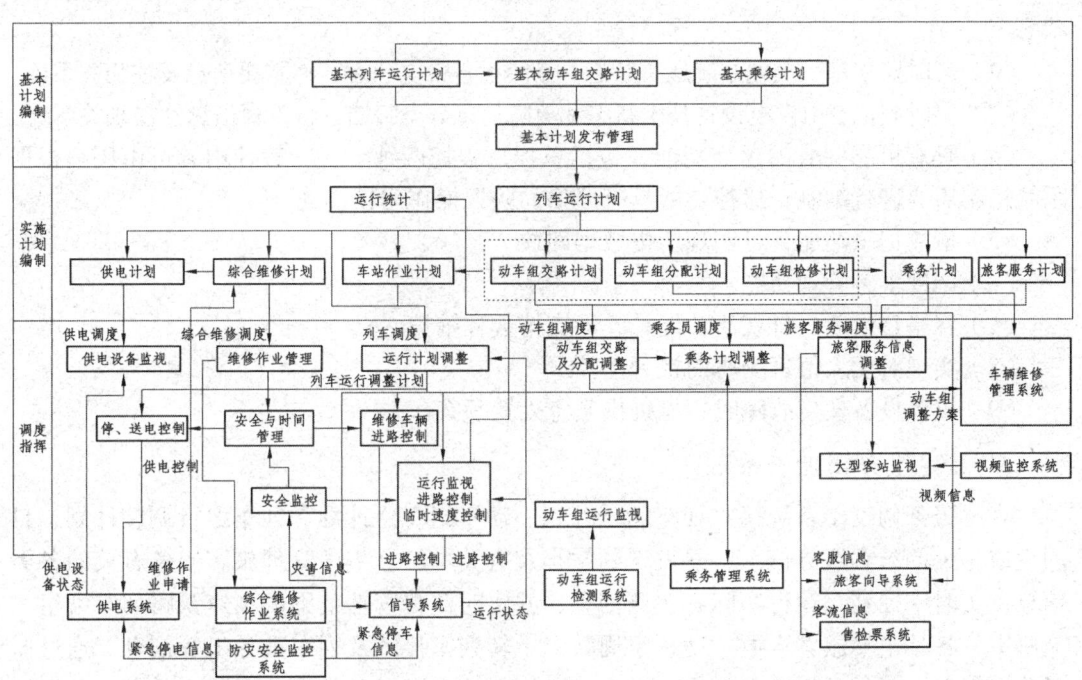

图6-2-4 高速铁路调度指挥系统构成

1. 计划调度子系统

国铁集团运输调度指挥中心和各铁路局集团公司调度所运输计划编制部门采用统一的计划编制系统，能随时按业务需求的调整进行权限控制和功能切换。计划编制系统根据计划编制规则要求，提供计算机辅助计划编制方式，具备牵引计算、合理性检查和模拟仿真功能。

2. 列车运行调度子系统

列车运行调度子系统具备实施计划接收、人工和自动列车运行计划调整、列车运行监视、列车运行调整计划下达、人工和自动进路控制、实绩运行图描绘、调度命令传送、列车跟踪及车次号校核等功能。在异常情况下，国铁集团调度指挥中心运行管理系统能接管高速铁路调度所指挥权。

3. 动车调度子系统

动车调度子系统具备接收列车运行计划、动车组交路和列车运行调整计划的功能，可实时显示动车组的运行位置、运用情况和动车组状态。根据列车运行调整计划、车载诊断信息等，制订动车组交路和动车分配调整计划并发送至有关单位。查询动车组的修程、修制和与动车组运用相关资料，接收动车检修部门的动车组有关信息，并在动车组发生故障时，提供紧急处置预案。

4. 供电调度子系统

（1）接收列车运行计划、供电计划、综合维修计划、列车运行调整计划和列车运行状态等。

（2）实时监视牵引供电系统运行状态、系统设备带电状态，将重要信息发往相关系统。

（3）实时监视牵引供电设备技术状态和故障信息分类归档，将重要信息发往相关系统。

（4）具有可靠完善的遥控功能，包括单控、程控两种方式，程控内容可由用户根据系统控制需要进行编制，遥控功能具有严格的防误操作闭锁措施。

（5）事故记录功能，可实现历史数据回放。

（6）调度事务管理功能。

（7）容错自诊断、自恢复功能，并能支持远程维护。

（8）实现对无人值班场所的视频监控。

（9）供电设备发生故障时，能提供紧急处置预案。

5. 客运服务调度子系统

客运服务调度子系统接收列车运行计划、动车组交路计划和列车运行调整计划，自动生成相关的旅客服务信息，并发送到站车及有关单位。集中管理旅客服务有关的各类信息，实时掌握列车运行实际和预测信息，并实时监督管辖范围内高速铁路列车编组、上座率、各站中转旅客人数、动车组周转、中转列车接续及列车乘务组等信息。通过监督晚点列车，制订其运行调整建议方案，查询与旅客服务相关的数据，生成相关数据统计和信息汇总。当发生突发事件时，能提出紧急处理预案、旅客输运方案，提出列车运行调整方案建议，同时对大型车站关键场所进行视频监控。

6. 综合维修调度子系统

综合维修调度子系统具备综合维修管理、防灾安全监控和综合设备管理功能。

（二）调度所岗位设置

铁路局集团公司高速铁路调度主要设置值班副主任、计划、列车、客服、动车、供电和施工调度台。某铁路局集团公司的调度指挥大厅如图6-2-5所示。

图 6-2-5　调度指挥大厅

1. 值班副主任

高速铁路值班副主任是铁路局集团公司管辖范围内高速铁路调度指挥的领导者和负责人，主要负责管理和协调各工种调度；对高速铁路运输的应急处置、重点运输等工作进行盯控、把关；督促各类运输计划的执行情况，汇总和掌握各类安全信息，按规定向各相关部门（如应急调度台等）通报。

应急调度台由专职应急值班副主任值守，主要负责对高速铁路运输中出现的突发事件、设备故障等安全信息进行收集和通报，协调铁路局集团公司各专业处室的应急值守人员开展应急处置工作，并负责向局集团公司领导汇报。

2. 列车调度

列车调度台设列车调度员和助理调度员各一名。列车调度员是列车调度台管辖区段内高速铁路运输的指挥者，主要应用调度集中系统（CTC）进行调度指挥发工作。负责按时下达列车运行计划、监控高速铁路列车运行；及时处理各种突发情况，调整列车运行计划，发布各种调度指令；领导和协调高速铁路司机、车站工作人员、设备管理单位人员等。助理调度员协助列车调度员工作，主要负责监控列车运行情况，操作CTC设备、编写和发布调度命令和设置列控限速等工作，并负责组织高速铁路设备的日常施工维修和临时抢修工作。

CTC列车调度台作业流程如图6-2-6所示。

3. 客服调度

客服调度员负责整个铁路局集团公司范围内的日常客运、客服及行包运输组织工作，对日常客运信息进行处置，及时发布停运（加开）列车等客运调度命令。

4. 动车调度

动车调度台调度员，负责承担局集团公司管内动车组运用、检修的日常组织和指挥工作，根据高速铁路运营、检修的需要，编制动车组车底运用、回送、检修计划；收集动车组列车在出库、运行、回库过程中出现的各种车辆问题，及时通报相关工种；动车组列车故障时启用热备动车组，协调现场和动车段处理动车组临时发生的问题等。

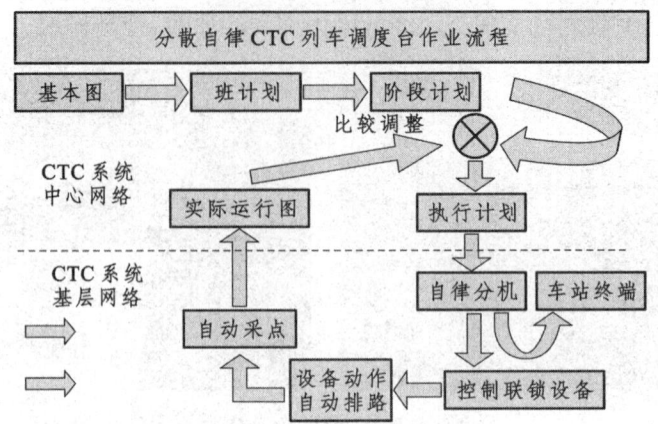

图 6-2-6　CTC 列车调度台作业流程

5. 供电调度

供电调度台调度员，负责监控高速铁路牵引供电、电力系统安全运行；负责组织和指挥供电、电力设备检修和抢修工作，并进行停送电操作和下达命令。供电调度员主要利用供电综合远动监控系统（SCADA）工作，实现设备操作和故障报警等信息处理功能。

6. 施工调度

高速铁路施工调度台调度员，负责编制高速铁路区段的施工、维修作业计划，遇计划施工后有限速时，需要提前发布运行揭示调度命令。

高速铁路运营的安全，离不开各调度台间的紧密联系、密切配合，行车调度是确保高速铁路调度指挥安全、列车安全畅通运行的中枢与关键。值班副主任领导和协调各工种调度，督促各岗位按章、按标作业，共同确保高速铁路列车运行的安全畅通，保证高速铁路调度指挥的安全稳定。

（三）调度指挥运营计划

1. 高速铁路调度日计划

高速铁路调度日计划是一日内的运输工作计划，包括列车开行计划和施工、维修计划。计划起止时间为 0:00~24:00。计划编制的主要依据有：列车运行图、有关技术作业时间标准、有关文件、电报、调度命令、动车组运用（车型、组数）、检修计划及回送、试运行、分界站协议、月度施工计划、设备维修作业计划申请等。

计划调度员每日 10:00 前根据列车运行图及相关文件、电报、调度命令确定次日动车组开行方案，转交动车调度员和相关机务（机辆）段、动车（车辆）段、客运段。动车调度员 15:00 前将动车组车底运用方案、热备车及重点事项转交计划调度员，施工调度员 15:00 前将路用列车运行方案转交计划调度员。客运计划调度员 16:00 前与相关调度所交换列车开行计划，17:30 前形成次日列车开行计划。列车开行计划经调度所主任（副主任）

审核批准后,报国铁集团调度中心,并于18:00前以调度命令下达有关单位、调度台。

2. 列车运行调整计划

列车调度员应及时编制和下达3~4 h列车运行调整计划,并及时与相邻调度台交换。其主要内容包括:车站列车到、发时分和列车会让计划(采用计算机下达的为实时调整计划),列车在中间站作业计划,施工、维修计划及天窗时间安排,重点注意事项。

列车调度员进行列车运行调整时,一般可采取方法包括:组织列车按允许速度运行;选择合理的会让站;组织列车在车站进行平行作业;组织列车反方向行车。

3. 列车开行计划落实

(1)为实现列车开行计划,维护良好的运输秩序,要求组织有关运输生产单位按各项作业时间标准完成作业,组织晚点旅客列车恢复正点。

(2)直属客运站、车务段调度掌握有关旅客列车开行及运行、站延晚点情况。遇旅客运输异常、有突发情况时,协调指挥旅客换乘、继乘、疏散、高铁快运集装件临时换乘或接卸等应急处置工作,协调有关部门完成重点运输工作。

(3)客运段调度应协调组织落实客运乘务计划和旅客列车加开、停运、折返、更换车底、客运乘务员食宿安排、旅客换乘等相关客运工作,参与重点运输任务落实工作;掌握本段旅客列车正晚点情况,加强与出乘班组沟通,动态掌握旅客列车突发情况,并协调指导客运乘务组妥善处置;向调度所报告乘务计划落实和在途乘务人员、乘务工作有关的情况。

(4)机务(机辆)段调度应向铁路局集团公司机车调度员(动车司机调度员)提报动车组司机分布动态,并及时反馈机班按计划兑现情况。

(5)动车(车辆)段调度应向铁路局集团公司动车调度员提报动车组运用和检修情况、动车组车底运用方案、编制的动车组运用和扣修日计划、相关调度命令申请和重点事项;参与编制动车组高级修建议计划,组织落实高级检修动车组跨局回送计划,编制动车组在段高级检修生产计划,组织动车组回送,掌握动车组在厂(段)检修进度和检修计划调整情况;掌握动车组故障及修复情况并上报调查处理情况,提出动车组试运行、在外段的临时检修和回送需求。

任务实施

根据以上相关知识,由老师组织学生分组讨论高速铁路行车组织相关内容,各小组派代表进行总结汇报,小组互评,教师点评。提高学生运用理论知识解决实际问题的能力。

//// 任务三　高速铁路客运服务 ////

能力目标

能按规定完成旅客安全检查作业;能够组织旅客进行检票作业;能够安全、规范组织旅客乘降；能够安全、有序做好动车组列车乘务工作。

> 知识目标

掌握检票服务工作内容；掌握旅客站台乘降服务工作内容；掌握动车组列车各岗位工作职责。

> 相关知识

高速铁路旅客运输覆盖旅行服务的全过程，以最大限度地满足不同层次的旅客出行需求。包括了客票预订和售票服务、站车信息服务、旅客换乘服务以及各种形式旅客自助服务等，实现了运营组织管理和运输服务管理的一体化。

一、高速铁路旅客服务信息系统

人工窗口售票视频扫码观看

（一）铁路客票系统

中国铁路客票发售与预订系统（Ticketing and Reservation System，TRS）已建成覆盖全国的超大型售票网络，拥有窗口、代售点、自动售票机、电话等多个售票渠道。铁路客票系统包含车站服务、互联网/移动端售票、电话订票、电子支付前置、列车服务、票务管理、客户关系管理、订餐服务、车票营销以及交易服务集成平台和数据共享集成平台，为旅客出行提供了方便。

客票系统按国铁集团、铁路局集团公司、车站三级配置设备。车站级客票系统设置人工售票、自动售票、检票、实名制核验等终端设备。

1. 人工售票设备

人工售票备品备件包括制票机、切刀、打印头、凭条打印机、窗口对讲器、身份证件识读设备、优惠证件识读设备、二维码识读设备、售票计算机（PC 机）（含显示器及键盘）。

（1）支持售票、打印行程信息提示、改签、退票、补票等功能。

（2）根据车站售票组织方式，设置于售票区、综合服务中心、服务台、补票室等场所。

（3）设置 PSAM 卡、工作台桌椅、窗口双屏等。

自动售票机动画扫码观看

2. 自动售票机设备

自动售票机备品备件包括报销凭证打印模块（含堆叠及双路供纸机构）、输入输出（IO）扩展板、身份证件识读模块、优惠证件识读模块、银行卡处理单元、凭条打印单元、维护打印单元、后台维护单元、运营状态显示屏、纸币接收单元、纸币找零模块、旅客显示模块、信息及操作屏、主控模块、UPS、出钞闸口、出票闸门、报销凭证回收模块。

自助检票视频扫码观看

3. 车站检票设备

（1）门式自助检票机。

门式自助检票机备品备件包括二维码识读模块、工控机、门翼（标准通道）、门翼（宽通道）、门翼电机、证卡识读模块（身份证件+中铁银通卡）、人脸图像采集模块、检票信息显示屏、通行控制模块（含门控制、传感器控制及灯光控制）、电源模块、数据存储卡（CF卡）和编码器。

（2）柱式检票机。

柱式检票机备品备件包括主控单元、信息显示屏、二维码识读模块、证卡识读单元、电源模块、机械锁、状态指示灯、语音播放模块、散热模块。

（3）手持检票设备/客运作业手持终端。

手持检票设备/客运作业手持终端备品备件包括手持作业终端、手持作业终端电池、蓝牙证卡识读器。

4. 实名制核验设备

（1）人工实名制核验设备。

人工实名制核验设备备品备件包括人脸图像采集设备、二维码识读设备、身份证识读设备、验票主机（PC机，含显示器及键盘）。

自助验证视频扫码观看

（2）自助实名制核验设备。

自助实名制核验闸机备品备件包括二维码识读设备、控制主机、门翼（标准通道）、门翼（宽通道）、门翼电机、身份证件识读模块、人脸图像采集模块、信息显示模块、通行控制模块（含门控制、传感器控制及灯光控制）、电源模块。

（二）旅客服务信息系统

1. 旅客服务信息系统

旅客服务信息系统可以为铁路旅客提供购票、进站、候车、乘车、出站等服务信息，为客运服务人员提供列车到发、作业指示、视频监控等生产信息和作业手段。通过该系统的运行，可以全面实现各种静态、动态引导信息、广播信息的自动执行，自动引导旅客进站、候车、乘降及出站，能较好地兼顾智能化、自动化和人性化等特点。旅客服务信息显示如图 6-3-1 所示。

图 6-3-1　旅客服务信息

2. 铁路客运管理信息系统

铁路客运管理信息系统以先进的信息技术为支撑，满足铁路客运管理部门的值乘计划管理、在途列车监控、客运组织与作业管理、列车办公与服务管理的功能需求，规范铁路客运管理作业流程，提高工作效率。

客运管理信息系统总体结构采用国铁集团、铁路局集团公司二级部署，国铁集团、铁路局集团公司、客运站段三级应用的模式。

（三）客运站车无线交互系统

铁路客运站车无线交互系统由列车便携式移动终端和地面设备组成。客票信息发布服务器与既有客票信息系统互联，列车便携式移动终端通过公用无线网（非公众网）经由信息交互平台，向客票信息发布服务器发送查询请求信息，客票信息发布服务器收到查询请求信息后，从客票系统获取该次列车席位等相关信息并反馈到列车便携式移动终端中。

列车从车站开出后地面系统负责从客票系统获取乘车人数通知单、列车席位等相关信息，并通过无线传输，发送给指定的移动终端设备，列车长可通过无线终端机接收座位的出售情况，提高了列车席位的查询效率。

（四）铁路客户服务中心系统

铁路互联网服务系统以满足旅客的需求为出发点，在高度信息安全保障的基础上，建立客户与铁路服务者之间的沟通和互动渠道。在旅客旅行的各环节中提供全方位的查询、咨询、订票、投诉等服务。铁路通过互联网开展宣传、信息发布、市场调查等业务。

铁路客户服务中心系统的主要功能包括电子商务、信息/应用、旅行计划制订、娱乐、延伸服务、业务宣传、个性化功能、多通道访问、服务功能、系统管理等。

（1）受理电话、互联网、信件投诉以及社会监督机构、上级单位和政府部门转来的投诉。

（2）组织客运站段及运输服务相关单位做好调查处理并反馈结果。

（3）汇总、分析本铁路运输企业管辖范围内的旅客投诉情况，提出改进意见和建议。

（4）定期与基层单位开展客服业务及人员培训交流，征求意见，编制、汇总典型投诉案例，并组织开展客服人员业务培训。

（5）受理职工对旅客投诉处理的申诉。

二、高速铁路票务服务

人工验证服务视频扫码观看

（一）人工售票服务

根据旅客需求，按规定为旅客办理车票售票、改签等相关业务。

1. 售票服务

（1）问清旅客乘车日期、车次、到站、席别、票种、张数，询问旅客是否购买乘意险。

（2）输入乘车日期、车次、发到站、票种、张数、席别，请旅客确认购买保险信息，告知旅客票价。

电子支付售票视频扫码观看

（3）与旅客核对购票信息无误后，询问旅客购票支付方式（现金、银行卡、微信、支付宝）。

（4）通过身份证识读设备读取或手工输入旅客证件信息，选择或录入旅客手机号码。

打印行程提示单视频扫码观看

（5）确认无误后，将打印乘意险保单、发放乘意险发票及行程信息提示单、证件、找零款或银行卡（支付凭条）一并递交旅客，同时唱报车票发到站、张数、席别、找零，遇到非本站始发列车要进行重点提示。

2. 改签、变更到站服务

（1）收取有效身份证件原件（已取报销凭证的，收回报销凭证）。

（2）询问旅客改签的日期、车次、席别或变更到站等内容。

（3）按照旅客需求及改签规定，变更日期、车次、席别、到站等内容。

（4）核对行程信息提示单信息是否正确、完整、清晰。

（5）确认无误办理改签后（已取报销凭证的收回报销凭证），将商户存根联、旅客联与改签后新行程信息提示单或银行卡一并递交给旅客。

3. 退票服务

（1）收取乘车人车票及有效证件，确认车票是否有效。

（2）查看旅客是否领取报销凭证。如未领取，电子客票通过身份证识读设备读取或手工输入旅客证件信息操作；如已经领取报销凭证，则需向旅客收回报销凭证。再根据屏幕显示将退票费、退票款额及退款方式告知旅客，旅客确认后，办理退票手续。

（3）将退票款或退款 POS 凭条、退票费报销凭证、证件一并递交给旅客，并支付退票款。在报销凭证上加盖"退"字章，并将报销凭证收回。

（4）旅客无法提供有效身份证件购票时，请旅客到车站公安制证口，按照相关要求提供证明办理临时身份证，或引导旅客在铁路 12306 移动端自行办理临时身份证明。

车站人工售票服务如图 6-3-2 所示。

图 6-3-2　车站人工售票服务

（二）自动售（取）票服务

（1）对每台机器进行结账操作，取出设备内的废票，维修故障设备。

（2）根据票卷余量请领票据，根据零款余量更换零款，并对零款进行分类规整。

（3）给自动售设备补充零款、票据，提取票款。

（4）巡视检查，后台监控所有自动售、取设备，发现故障及时维修，遇不能维修的情况立即报修，及时解决问题。

铁路票务自助终端界面如图 6-3-3 所示。

项目六　高速铁路运营组织与管理

图 6-3-3　铁路票务自助终端界面

三、高速铁路车站客运服务工作

高速铁路车站客运组织工作的主要内容包括正确引导旅客上下车和站台候车管理等。

（一）安全检查工作

安全检查是指所属铁路运输企业在客运车站、旅客列车对旅客和其他进站、乘车人员及其随身携带品、托运的行包快件进行禁止和限制物品检查的活动。车站安检通道应配备安检仪（含操作台）、安全门、处置台、液体检测仪，与手检岗位数量相当的手持金属探测器，以及与之配套的旅客自弃箱（桶）、安检筐（篮）、隔离围栏（带）、手检站立台、禁限物品临时存放柜等。安检仪应结合实际配置延长带，安检仪出口取物侧应设置隔离栏杆，每个安检区域至少应配备一个防爆罐和一条防爆毯，按要求配置爆炸物探测仪。

（1）安检人员按照作业标准进行安检，确保车站安检工作有序开展。

（2）熟练操作安全检查设备，保持设备干净整洁。

（3）熟知禁限物品的种类和范围，掌握安检仪工作原理、成像规律、判图方法，准确鉴别各类禁限物品。

（4）做好车站安检备品备件、设备设施检查巡视工作，确保车站安检备品备件及设备设施在位状态良好。

（5）做好安检现场秩序维护，引导乘客进行安检并做好宣传解释工作。

人工检票服务视频扫码观看

（二）进站检票服务

（1）组织候检旅客在检票口前列队，负责解答旅客问询，受理旅客投诉，并做好针

151

对重点旅客的细微服务。

（2）检查候车区引导显示、检票机等设备的运行情况；实行首问首诉负责制，旅客问讯时，有问必答，回答准确。

（3）根据需求为特殊重点旅客提供帮助，做到有服务，有交接，有通报；对需要照顾的老幼病残孕旅客，要重点关注，优先照顾。落实好各项服务标准，对旅客做好"温馨服务"工作。

检票服务工作如图6-3-4所示。

图6-3-4　检票服务工作

（三）站台乘降服务工作

站台候车主要依靠设备，一般不需要专门的客运员进行管理，如不同线路的列车分别采用不同的颜色标进行区分，衬以鲜艳的颜色标出候车安全线，站台的地面上设有明显的各种车型车门位置标记，设置排队标志等引导乘客排队上车。

（1）负责站台旅客的乘降、闲杂人员的清理、站车交接、突发情况的处置、高铁快件的盯控等工作，重点事宜要及时进行汇报。

（2）掌握客流变化及列车运行情况，做好乘降组织，随时注意站台旅客动向，防止旅客扒车、钻车、跳车和横越线路，确保列车安全正点。

（3）按规定与列车办理交接手续，确认无误后办理签字交接手续。

（4）掌握客运非正常情况下的应急预案，做好突发事件的应急处置。

（5）负责设备巡视检查，确保设备设施运用状态良好。

（6）负责电扶梯值守制度的落实，确保人身安全。

站台乘降服务工作如图6-3-5所示。

图6-3-5　站台乘降服务工作

（四）候车服务工作

铁路运输企业应当为旅客提供良好的旅行环境和服务设施，文明礼貌地为旅客服务，在约定期限或者合理期限内将旅客安全运输到车票载明的到站。在车站等公共场所设置安全标志、导向系统和信息服务系统等设备设施。

1. 车站客服中心服务

高速铁路车站客服中心位置适当，标志醒目，应配备信息终端和存放服务资料、备品的设备。主要提供求助服务（包括重点旅客、失物招领、辅助器械等服务项目）、应急改签、咨询服务、投诉建议受理及会员服务。实行首问首诉负责制。正确回答旅客候车、中转换乘、购票、退票、改签等内容。对于旅客的问询，做到有问必答，回答准确；对于旅客提出的问题不能解决时，指引到相应岗位，并做好耐心解释。接听电话时，要向旅客通报单位和姓名。

2. 服务台设施备品

服务台设施备品包括综合查询终端，具备铁路办公网、客票网、互联网接入条件；配备电话传真复印一体机、对讲机、视频监控、音视频记录仪；配备衡器（包括旅客携带品尺寸测量）、轮椅、拐杖、担架等辅助器械、便民箱（包括针线包、胶带、老花镜、尼龙绳、信封、小工具盒等）、药品箱（放置非处方药品并建立台账，对缺失及过期的药品及时进行撤除和补充，确保旅客使用安全）；配备与旅客服务有关的资料（公交信息、旅游信息、新业务信息等）并定置摆放。

四、动车组列车客运乘务服务工作

动车组列车客运乘务组是指高速铁路列车为完成旅客及其行李运输任务而组成的出乘人员小组。

（一）动车组列车乘务组组成

动车组列车乘务组由客运乘务员、随车机械师、司机、公安乘警（安全员）、随车保洁和餐服人员组成，简称"六乘人员"。列车上保洁、餐饮由社会专业公司承担时，其员工视同列车乘务组成员。

（二）动车组列车乘务组服务工作

动车组车底出库上线，列车长、乘警（安全员）、保洁组长（餐车领班或指派一名保洁人员）按照各自职责分工分别做好旅客列车上部设施的检查、问题填记和列车出库质量的验收工作。客运乘务员、保洁组长负责全列卫生质量、消耗品配置情况的检查验收，客运乘务员负责服务设施、客运备品、广播及显示屏信息更新情况的检查，发现问题及时反馈处置。

1. 客运乘务组服务工作

客运乘务组承担服务旅客、处理票务、检查列车保洁和餐饮工作质量等工作。当发生影响旅客安全的问题时，客运乘务组应当立即采取有效的措施，保护旅客安全。

2. 随车机械师服务工作

随车机械师应按技术作业过程的规定检查动车组；在列车运行途中，随车机械师应监控动车组设备技术状态，确保车辆设备设施作用良好，正常使用，空调达到规定的温度范围；做好车内巡视，运行途中发生车辆设备设施问题要及时检修，无法修复的，在上部服务设施记录单注明，对列车长在乘务多功能信息系统中的设备故障反馈进行确认，抓好跟踪、问题上报。CRH2型动车组列车机械师根据司机通知负责动车组车门开关。

3. 随车保洁人员服务工作

按岗位作业流程及要求进行随车保洁作业，负责列车运行中、折返站的卫生清扫、垃圾收集，保证列车卫生质量；对始发、途中、折返检查发现的列车卫生质量、消耗品配置、备品工具定位情况等的不达标项进行补强整改，途中加强对卫生间、洗脸间等重点部位的卫生保洁，按照作业项填记"清扫作业及检查记录单"，随时保持车厢环境卫生整洁；逢用餐时间，随车保洁人员在做好分管车厢卫生后可协助餐车做好餐车卫生的清洁工作；特殊情况下，完成列车长布置的临时性任务。

4. 餐服人员服务工作

餐服人员负责餐饮商品的安全及供应，满足旅客及工作人员的餐饮需求。餐服人员负责餐吧车区域内的卫生保持，负责检查餐吧车餐饮设备功用和进行安全管理，规范作业流程，结合运用车型配置符合规定数量、规格、功率的厨房电器设备，规范人员操作，保证餐车营业证照齐全。餐服人员严格执行食品安全管理规定，规范销售行为，明码标价，不捆绑销售商品，提供发票；掌握餐食、商品、VIP旅客赠品的销售使用情况，保证正常供应，保持餐吧车美观整洁，根据各车型餐车商品定位摆放，不堵塞通道；售货车内外清洁、定位放置，制动性能良好，有防撞胶条。

5. 公安乘警（辅警、安全员）服务工作

公安乘警（辅警、安全员）负责动车组司机室安全，负责维护车内秩序，会同列车长组织列车上危险品的检查工作。公安乘警（辅警、安全员）应加强车厢检查，遇影响列车秩序和治安事件时，及时到达现场进行处置。

6. 动车组司机服务工作

动车组司机执行规章制度，服从调度指挥，履行岗位职责。当动车组在区间被迫停车时，指挥随车机械师、列车长处理行车、列车防护和事故救援等相关工作；当动车组发生故障时，按照规定的程序独立处理或指挥随车机械师共同处理。

五、高铁快运服务工作

高铁快运营业场所的设置位置不影响旅客通行。

（一）高铁快运设备设置要求

高铁快运营业场所外有机动车作业场地和停车位。办理窗口有桌椅、计算机、制票机、扫描枪，配有电子衡器和装卸搬运机具，电子支付窗口配备 POS 机。有施封钳等包装工具，有专用箱、集装袋、锁等包装材料。高铁快运作业场地分区合理，有防火、防爆、防盗、防水、防鼠设备。

（二）高铁快运作业场地质量要求

高铁快运作业场地满足集散分拣、装卸作业、物品和集装容器暂存等作业要求，其位置的设立要保证能方便、快捷地进出车站和站台。高铁快运物品要经指定通道进出车站、站台。

（三）高铁快运作业质量要求

（1）高铁快运使用专用箱、冷藏箱、集装袋等集装容器以集装件的形式在高铁车站间运输，承运物品和集装件要严格执行安全检查规定。

（2）装卸、搬运高铁快运集装件时轻搬轻放，堆码整齐。合理安排装车计划，列车到站前将集装件提前搬运至站台指定位置，列车停稳后按计划装载；始发站在旅客上车前完成装车，中途站在开车铃响前完成装车；装卸车作业过程不干扰旅客乘降。装车完毕后向列车长汇报集装件装车位置及件数。集装件应装载在列车指定位置，载客动车组列车可将集装件装载大件行李存放处、二等车厢最后一排座椅后空档处、集装件专用存放柜、动卧列车预留包厢等位置；一节车厢内大件行李存放处和最后一排座椅后空档处要预留不少于三分之一的空间供旅客使用；集装件码放在车厢内最后一排座椅后的空档处时，不能影响座椅靠背后倾；需中途换向的列车，不使用最后一排座椅后的空档处。利用高铁确认列车运输时，集装件还可码放在二等座车座椅间隔处等位置，但不得码放在座椅上；装载重量不超过列车允许载重量。

（3）有押运员跟车作业的列车，列车长要对押运员的证件进行检查和登记。无押运员跟车作业的列车，列车乘务人员在运行途中巡视、检查高铁快运集装件码放、外包装、施封等状况。发现高铁快运集装件短少或外包装、施封破损的，立即报告列车长。列车长到场确认后，组织查找，必要时报警。对于上述异常情况，由列车长开具客运记录，载明现有集装件数量、编号或内装物品实际情况，到站时交快运公司工作人员处理。

（4）遇列车故障途中需更换车底或终止运行时，由列车长通知押运员，由押运员负责集装件换乘和后续处置。无押运员时，列车长报告被换乘车所在地铁路局集团公司高铁客服调度员高铁快运装载情况，由乘务组临时看管集装件。换乘地点在车站时，原列乘务组在车站协助下组织集装件换乘，不具备换乘条件时集装件随原列回程或交车站临时看管；换乘地点在区间时，集装件随原列回程；列车长在换乘或交车站前，要开具客运记录附于集装件上。

（5）到站卸车提前到位，立岗接车。集装件外包装、施封破损或集装件短少的，凭客运记录或现场检查，核实现状，办理交接。

（6）进入站台的作业车辆及移动小机具、小推车不得影响旅客乘降，不堵塞通道，不侵入安全线；要停放在指定位置，与列车平行，有制动措施；行驶或移动时，不与本站台的列车同时移动，不侵入安全线，速度不超过 10 km/h。不得有非作业车辆进入站台。

高铁快运作业如图 6-3-6 所示。

图 6-3-6　高铁快运作业

任务实施

根据以上相关知识，由老师组织学生分组讨论高速铁路客运服务相关内容，各小组派代表进行总结汇报，小组互评，教师点评。提高学生运用理论知识解决实际问题的能力。

复习思考题

1. 高速铁路客流调查包括哪些内容？
2. 高速铁路列车开行方案包括哪些方面的内容？
3. 高速铁路列车运行图的要素有哪些？
4. 高速铁路车站行车工作包括哪些内容？
5. 高速铁路调度各岗位的主要工作内容是什么？
6. 高速铁路旅客服务信息系统主要包括哪些内容？
7. 高速铁路旅客运输服务主要包括哪些方面的内容？

项目七

"复兴号"动车组列车乘务作业

// 项目描述 //

动车组列车乘务组工作按照"统一管理、分工负责、各司其职、相互协作"的原则,实现乘务一体化作业管理。列车乘务工作由列车长组织协调,全面负责列车的安全、服务、经营、管理工作。本项目主要介绍"复兴号"动车组司机乘务作业、"复兴号"动车组随车机械师乘务作业和"复兴号"智能动车组客运乘务作业。

通过本项目的学习,培养学生严格遵守规章制度和劳动纪律的习惯,使其具备较强的集体精神和社会责任感。

//// 任务一 "复兴号"动车组司机乘务作业 ////

能力目标

能对"复兴号"动车组司机乘务作业过程有初步的认识。

知识目标

掌握动车组司机乘务作业过程及要求,了解司机接到调度命令处理过程,掌握运行中应急处置过程。

相关知识

动车组司机是铁路运输的主要技术工种,担负着驾驶动车组,维护动车组列车安全正点的责任。动车组司机必须熟练掌握作业标准,做到遵章守纪、按标作业、平稳操纵、安全正点。"复兴号"司机室如图7-1-1所示。

一、待乘作业

出乘前须充分休息,严禁饮酒。

认真执行待乘休息管理规定。进、出公寓(待乘室、间休室)应进行酒精含量测试及实行指纹录入,并按规定办理出、入手续。

图 7-1-1 "复兴号"司机室

二、出勤

(一)出勤准备

按规定整洁着装、佩戴有关标志,携带动车组驾驶证、工作证、铁路岗位培训合格证书、有关业务资料、行车指导仪(行车必备规章)及 450 MHz 手持终端、铁路数字移动通信系统手持终端(GSM-R 区段携带)、LKJ 临时数据专用 IC 卡、动车组司机操控信息分析系统(简称"EOAS")转储卡等。

(二)准时出勤

到机车调度员(出勤)处报到,立正报告(用语:"××机班,值乘××次出勤")。出示证件,接受指纹影像识别、酒精含量及身体机能测试,听取机车调度员(出勤)传达安全通报、上级要求,领取司机报单、司机手账、添乘指导簿、列车时刻表、交付揭示、出乘提示等。

使用远程出退勤设备办理出勤作业时,在操作终端的提示和派班室机车调度员的审核确认下,进行指纹识别、酒精检测等事项。

根据担当区段,按列车运行方向顺序在交付揭示中勾画出与本次值乘有关的揭示内容;一次出乘作业时间内担当同一个区段两个及以上往复交路时,对交付揭示按照乘务区段逐条运行揭示、逐趟担当的列车进行核对、勾画,并将与该条运行揭示有关的列车按照担当的车次顺序在相应命令号左侧标注列车车次号;对临时限速应简要摘抄(命令号、区段、公里标、日期及起止时分、限速值)在司机手账上,并在车站站名处标记"△"。高速铁路的公里标、半公里标,设在一条线路自起点计算每一整公里、半公里处(见图 7-1-2)。

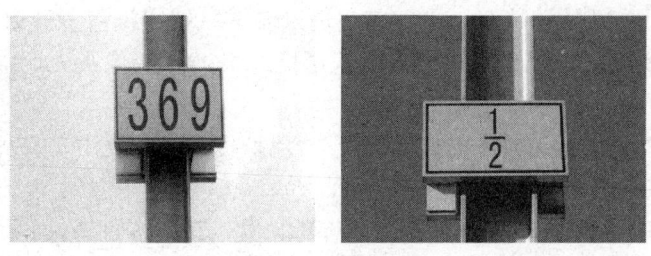

图 7-1-2　高速铁路的公里标、半公里标

（三）班前预想

认真开展班前预想。根据天气、值乘区段、作业时段、车型、编组、固定股道以及运行揭示、上级要求和出乘提示等，开展安全预想、制定安全措施，并记录在司机手账上。

学习一条（非正常行车）规章，严肃、认真地向机车调度员（出勤）汇报预想内容，听取机车调度员（出勤）出乘指导，将填记好的司机手账、核对勾画后的交付揭示交机车调度员（出勤）审核、盖章，相互确认后领回，并开启 GSM-R 手持终端。

三、整备作业

（一）领取钥匙

在动车段（所）内按规定走行线路和时间到动车所调度员处签到，了解动车组型号、编组、存放股道以及"止轮器、禁动牌"设置情况，并记录在司机手账上；领取"动车组运用技术状态交接簿（单）"、动车组司机钥匙并执行签认登记制度；动车组车底需进行调车转线作业时，领取"动车所转线作业通知单"，并到车站值班员处核对转线计划并妥善保管。

动车组在设有车辆值班室的车站（存车场）存放时，到车辆值班室，与值班人员办理钥匙交接手续；在未设车辆值班室的存车场存放时，到存车场大门门卫室，与车站安排的胜任人员办理钥匙交接手续；在车站到发线存放时，到车站行车室与车务应急值守人员（车站值班员）办理钥匙交接手续。

乘坐交通工具或按规定走行线路到达接车地点，确认动车组型号、编组正确。

（二）非操纵端上车

在动车组非操纵端上车。确认自身处于安全位置（登车台上）后，打开司机室客室隔门或侧门，进入非操纵端司机室，并将 450 MHz 手持终端置于规定频道；发现司机室有明显异味时，通知随车机械师共同确认，做好记录并汇报所属机务段。

经检修作业后的动车组，司机在接车后应对司机室保洁情况进行验收，发现司机室内有脏、乱等保洁不到位的情况时，应记录在司机手账上，并汇报给动车所调度员。

（三）非操纵端检查作业（双组重联为端部司机室非操纵端）

（1）确认动车组型号、编组正确。

（2）从动车组非操纵端接车，由客室门进入非操纵端司机室。开启450 MHz手持终端置于规定频道，插入EOAS转储卡，确认司机室EOAS摄像头无遮盖，封条、设备可见部位无破损。

（3）确认司机室配电盘1内"救援装置""保护接地"（仅1车有此开关）自动开关在"断开"位，其余各自动开关均在"闭合"位；司机室配电盘2内"ATP电源"自动开关在闭合位，"联解控制"自动开关在"断开"位，其余各自动开关均在"闭合"位；司机室配电盘3内的各旋钮开关均在"非作用"位（左侧），"保护接地控制1"旋钮开关仅在1车设置，"机车电源1""机车电源"自动开关在"断开"位，其余各自动开关均在"闭合"位。

（4）确认转换开关盘1内"蓄电池"旋钮开关在"0"位、司机警惕装置旁路开关在"开"位、列车无线控制开关在"0"位、ATP电源开关在"分"位、ATP隔离开关在"运行"位、ATP显示器切换开关在"DMI1"或"DMI2"位；转换开关盘2内救援开关在"0"位，其余各旋钮开关均在"非作用"位（左侧），"保护接地控制2"旋钮开关仅在1车设置。

（5）检查操纵台MMI、DMI、HMI屏、仪表外观良好，刮雨器开关"停止"位，司控器手柄、方向开关均在"0"位，"紧急制动""紧急断电"按钮位置正确（左旋）。蓄电池电压值不低于"96 V"（电压值不足96 V时必须向动车所调度员报告，通知随车机械师）。

（6）插入主控钥匙下压右旋至"司机室占用"位（见图7-1-3），将转换开关盘1内"蓄电池"旋钮开关左旋至"开"位保持3 s，确认EOAS转储卡工作指示灯闪亮，确认HMI屏的左侧屏默认显示牵引主页面（见图7-1-4），右侧屏默认显示制动主页面（见图7-1-5）、CIR启动。

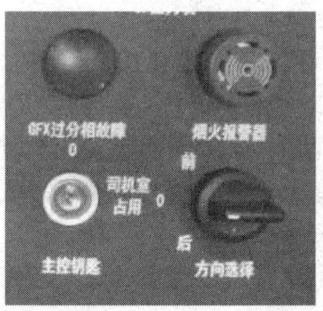

图7-1-3 插入主控钥匙

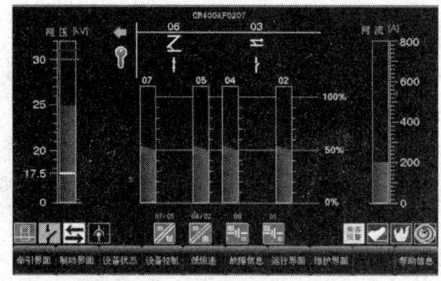

图7-1-4 牵引主页面

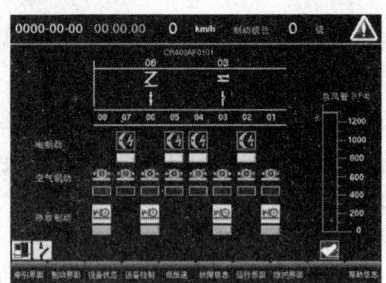

图7-1-5 制动主页面

（7）将方向开关置于"前"位，确认绿色"换端标识"消失。司控器手柄置于最大常用制动位，确认停放制动施加（HMI 屏"制动主页面"上确认停放制动施加正常，操纵台左侧停放制动灯亮），通过"故障信息"界面查看动车组的故障情况，发现当前有故障信息时，应及时通知随车机械师或动车所调度员。

（8）进入左侧 HMI 屏"设备控制—设备切除"页面，确认无高压设备切除，根据随车机械师的要求选择相应的受电弓。扳动升弓开关至"升弓"位保持 3 s，确认受电弓升起、网压值正常，待"主断标识"变蓝后闭合"VCB 合"开关，确认 HMI 屏"牵引变流器""辅助变流器""充电机"显示"绿色"。

（9）将转换开关盘 1 内"ATP 电源开关"置于"开"位，确认 ATP 启动正常。点击 HMI 屏【设备状态】【安全环路】，进入【安全环路】界面，将司控器手柄置于"B4"位，按压"紧急复位"按钮，复位紧急制动，在【安全环路】界面上确认紧急制动缓解。

（10）确认停放制动施加，将转换开关盘 1 内"ATP 电源开关"置于"分"位，司控器手柄置于"0"位，方向开关置于"0"位，HMI 屏显示绿色"换端标识"，拔出主控钥匙（下压左旋），确认"换端标识"变为白色，将 EOAS 转储卡拔出，锁闭司机室门窗，进行换端作业。

（四）操纵端（双组重联为端部司机室操纵端）检查作业

（1）进入操纵端司机室，确认工作指示灯闪亮，司机室 EOAS 摄像头无遮盖，封条、设备可见部位无破损。

（2）选择 CIR 线路名称与运行区段相符。在 GSM-R 线路区段，正确注册 CIR 车次功能号，确认 CIR 操作终端 MMI 显示与值乘车次相符，并注册 GSM-R 手持终端车次功能号。遇设备原因无法完整输入相应的列车车次时，司机需汇报车站值班员（列车调度员），按其指示办理。

（3）将司控器手柄置于最大常用制动位，缓解停放制动（HMI 屏上"制动主页面"停放制动缓解，操纵台左侧停放制动"缓解"指示灯亮），确认停放制动缓解。具备出段（所）条件时，向所属动车所调度员和信号楼汇报作业完毕，准备出所。

（4）运行中，将左侧 HMI 屏置于"牵引"界面，将右侧 HMI 屏置于"制动"界面。

（五）升弓操作

（1）升弓操作时，根据随车机械师的要求选择相应的受电弓。

（2）动车组存放在车站里，在邻近正线一侧线路撤除防溜作业时，根据随车机械师止轮器撤除方位的通知，转报列车调度员（车站值班员），在得到列车调度员（车站值班员）扣停邻线列车准许下车的口头指示后，通知随车机械师下车作业，作业完毕后及时向列车调度员（车站值班员）汇报。

（3）正确设置机车综合无线通信设备（简称"CIR"）、ATP、GSM-R 手持终端，做好动车前的各项准备工作。

（4）根据运行区段和动车组车型及出发模式选择动车组车载自动过分相方式。

四、出段（所）作业

（一）车机联控

动车段（所）内整备作业完毕，与停留地点所属信号楼执行车机联控，了解出段（所）、存车场径路，确认信号显示正确，厉行确认呼唤，鸣笛（限鸣区段除外）动车。在动车段（所）内运行遇 ATP 输出制动停车时，必须与车站（段、所）联控确认后，方可继续运行。

在检修线（库）内转线前应与动车所调度员联系，确认门禁表示器开放后，方可与车站值班员执行"问路式"调车联控，确认具备转线条件后，再行动车。

（二）动车组运行

动车组运行时，必须在运行方向前端司机室操纵。非操纵端司机室各操纵开关、手柄应在规定位置，门、窗均应锁闭。行车安全装备必须全程运转，按规定正确操作使用，严禁擅自关机。不得使用车载无线通信设备进行与行车无关的通话，并应遵守保密的相关规定。

（三）不良天气运行

遇雨雪冰霜等不良天气，动车组在动车段（所）、存车场内出库时，应选择适当地点施加制动，观察制动效果，确认制动状态。在与车站的分界处按规定执行车机联控。

（四）进入车站

进入车站，按动车组停车位置标志，做到一次稳准停妥，无特殊原因，禁止再次移动列车；停车后，实施最大常用制动，确认停车位置正确。

（五）开门

接到列车长（押运人员）"开门"通知时，确认停车位置 DMI 显示的站台信息正确后，及时开启站台侧集控车门；自动开关门装置发生故障时，通知随车机械师。

对标和开门作业时要认真执行确认呼唤制度。

（六）添（登）乘动车组司机室

（1）动车乘务组以外人员添（登）乘动车组司机室时，由动车组乘警（无乘警时，由列车长、随车机械师或列车员等列车工作人员负责）在司机室门外验证审核后使用无线对讲设备通知司机开门，经司机确认、许可后方可进入司机室。进入司机室后，司机要严格查验、登记添（登）乘人员的证件，对不符合规定的人员，一律拒绝添（登）乘司机室。添（登）乘人员要在动车组司机手账记事栏内签名。

（2）添（登）乘动车组司机室只准在始发站、换乘站办理，中途停车站不得受理。同一司机室添（登）乘人数不得超过 2 名，不得影响司机的正常工作。

（3）因临时任务急需，相关人员可凭列车调度员发布的调度命令登乘动车组司机室。执行专运任务需添乘时，可凭相关证明登乘动车组司机室。

五、发车准备与发车

（1）核对 CIR、ATP、GSM-R 手持终端设置。

（2）动车组列车在始发前需在操纵端进行简略制动试验（动车组终到车站，不退出司机室占用，再同向始发时除外）。

（3）开车前 2 min，预报发车时分，确认操纵端司机室各门、窗锁闭；确认操纵台上的车载信息监控装置、DMI、MMI 设置正确，开关、按钮、手柄位置正确，仪表显示正常；装备停放制动装置的动车组，确认制动手柄在最大常用制动位、停放制动已缓解；对前方车站固定股道、固定站台及区间运行揭示进行预报。

（4）根据开车时间，确认呼唤行车凭证正确、车门关闭、缓解制动，按开车时分鸣笛启动列车。

① 开车前根据本次列车长的通知关门。

② 具备开车条件后，记录开车时分。

③ 列车启动时报点，头部越过车站最外方道岔后，确认操纵台显示屏和仪表显示状态。在牵引初始位置稍作停留，根据目标速度值将主控手柄置于适当级位，并做到起车稳、加速快。

六、途中运行

（一）正常情况运行

正常情况下，必须在运行方向前端司机室操纵。运行中应参照列车操纵示意图、提示卡操纵列车，严格执行确认呼唤和联控制度，做到"彻底瞭望、确认信号、准确呼唤、手比眼看"，坐姿端正，动作规范。需确认操纵台设备时尽可能选择在线路平直的区段，先"外"后"内"，减少中断瞭望时间。

服从命令，听从指挥，牢固树立安全、正点意识。严格遵守列车运行图规定的运行时刻和各项允许及限制速度，按信号显示要求行车。

遇有信号显示不明、不正确或发现危及行车和人身安全时，立即采取减速或停车措施，并报告列车调度员（车站值班员）。

运行中不得离开司机座位（紧急避险、停车状态故障处置时除外）。

（二）接到调度命令

1. 书面调度命令

司机接到列车调度员使用无线传送系统下达的书面调度命令时，除了对命令内容进行确认外，还须重点对接收的调度命令发令时间（年、月、日、时、分）进行确认，确认无误后方可签收，及时打印并进行再复核。对其内容有疑问时，须立即向列车调度员询问。遇无线传送系统故障时，在具备良好的转接设备和通信记录装置的情况下，可使用列车无线调度通信设备发布、转达，司机接到命令后，须与列车调度员（车站值班员）核对。

2．口头指示

运行途中接到临时限速的调度命令或口头指示时，须确认列车当前位置与限速始点里程，采取制动减速措施。按照口头指示的临时限速，在提示标签上注明限制速度，粘贴在 DMI 左侧中部；使用调度命令无线传送系统传输调度命令时，应将打印的调度命令放置在 DMI 左下方。

3．临时降弓运行

在高速铁路区段运行途中接到列车需临时降弓运行的调度命令时，须确认列车当前位置与降弓始点里程，严格按照命令要求执行，将打印的调度命令放置或粘贴在 DMI 左侧中部，并向机务信息台汇报。

应熟练掌握担当区段"禁停标"的分布情况，遇在"禁停标"区域等待信号时，必须提前制动，严禁停在禁停区。动车组被迫停车以及遇恶劣天气、行车设备故障等突发情况造成列车停在禁停区域时，应立即降下受电弓，请求救援。

（三）动车组列车通过接触网电分相

（1）熟悉所担当区段内接触网电分相位置。

（2）一般不应在牵引电动机带负荷的情况下断开主断路器。过分相前应将牵引手柄退回"0"位或"切"位。

（3）动车组运行中应使用自动过分相功能。在经过乘务区段第一个分相区时，需验证能否正常自动过分相，司机应做好随时手动过分相的准备。

（4）动车组列车不能实现自动过分相时，应采取手动过分相的方式。列车运行至电分相前，及时切除牵引力，严格按"断"电标，提前断开主断路器，确认全列车通过分相区后"合电"，立即向列车调度员（车站值班员）报告，并通知随车机械师。

在接触网电分相前方设断电标，断电标设置在电分相中性区段起始位置前第 2 根支柱上（该支柱距电分相中性区段起始位置不小于 80 m）；在接触网电分相后方设合电标，合电标设置在电分相中性区段终止位置后 400 m 处附近的接触网支柱上（该支柱距电分相中性区段终止位置不小于 400 m）。设置位置如图 7-1-6 所示。

（5）列车接近接触网电分相处，应注意 ATP 的 DMI 显示，发现 ATP 的 DMI 左下角显示闪烁的紧急消息红色图标，应立即手动断开"主断"，并将情况报告列车调度员（车站值班员）。

（6）列车通过接触网电分相后，确认操纵台显示屏和仪表显示状态。

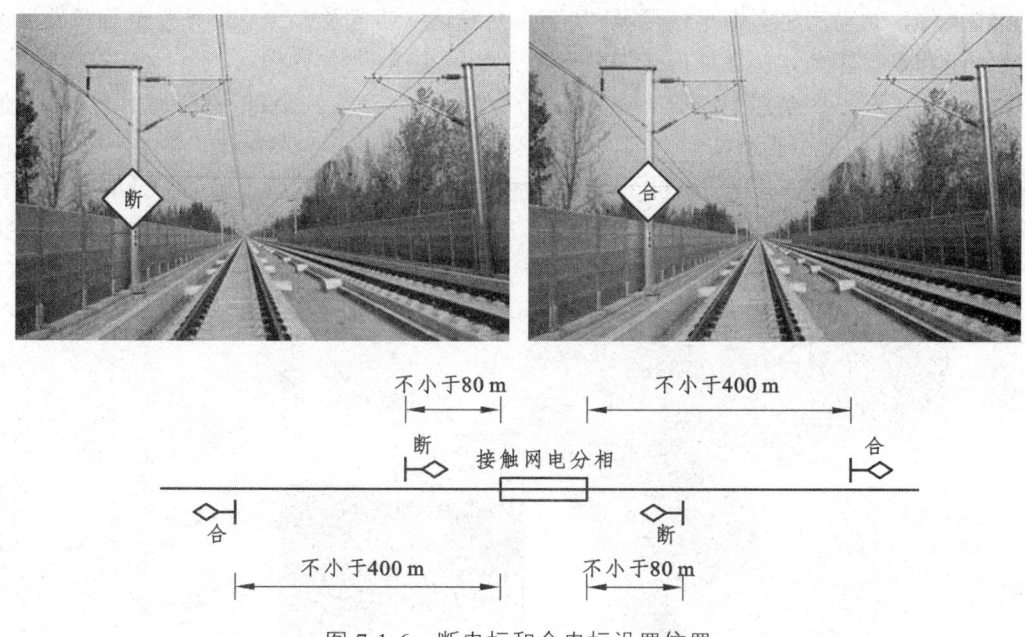

图 7-1-6　断电标和合电标设置位置

（四）运行中升、降受电弓

运行中遇升、降受电弓标或升、降弓手信号时，须及时降下或升起受电弓。运行中发现在非分相区主断路器断开时，应确认网压显示；接触网网压为零或自动降弓时，需立即断电降弓、停车，将发生弓网故障的第一时间、地点报告列车调度员（车站值班员）。发现本线挂有异物时，如异物情况不影响行车，按正常行车方式通过，按照 ATP 显示的对应里程，向列车调度员（车站值班员）报告。本线降弓可以通过时，应立即断开主断、降下受电弓，按降弓方式通过该地点。不能降弓通过时应立即停车，并报告列车调度员。异物在本线危及行车安全的或接触网异常（含网压）等情况时，应立即断电降弓、停车，并向列车调度员（车站值班员）报告停车原因、停车位置以及相关情况，通知随车机械师按规定检查处理。

处理完毕后，司机向列车调度员报告处理情况，并询问接触网供电状态，在得到列车调度员准许升弓的口头指示，与随车机械师确认具备升弓条件后，按规定升弓、开车。

（五）列车进、出站

列车进站前，按规定进行车机联控或确认 CIR 进路预告信息（接收到车站的股道信息后，须对司机手账上记录的股道进行核对）。确认进站凭证、ATP 显示的允许运行速度值，控制列车运行速度。通过列车在站中心报点，停站列车停车后记点，确认正晚点时分。

1. 进站停车作业

（1）进站停车时，应采取"固定初制地点，固定制动级位，固定速度控制，固定参照目标"相结合的统一操纵模式，减少制动级位调整。

（2）停车制动前将牵引手柄回至"0"位并确认，遇危及人身、行车安全等意外情况要立即采取制动措施，制动后应及时将牵引手柄回至"0"位并确认。

（3）进入车站严格控制速度，在接车股道站台头部，确认 ATP 语音提示（"左/右侧站台"）正确；在接车股道站台中部，执行警惕呼唤，按停车位置标志，做到一次稳准停妥；停车后，确认停车位置、ATP 语音提示和 DMI 显示站台信息正确后，及时开启站台侧集控车门；自动开关门装置发生故障时，通知随车机械师。对标和开门作业要认真执行确认呼唤制度。停车位置标志如图 7-1-7 所示。

图 7-1-7　停车位置标志

（4）在车站开车前，司机根据本次列车长的通知关闭集控车门。

（5）坚守岗位，不得擅自离开司机室（特殊情况需离开司机室时，须锁闭司机室门，携带 450 MHz 的 GSM-R 手持终端，并汇报给列车调度员，通知随车机械师看守）；等会列车不准降弓、断"主断"、关闭辅助电源装置，并应按规定显示列车标志。

（6）办理客运业务的动车组列车因故未完全停靠站台后，司机要立即向列车调度员（车站值班员）报告停车情况。在停车原因消除后，司机应启动列车，将列车停靠至规定位置。

2. 开车出站

（1）动车组列车在停车站开车前，对前方车站固定股道、固定站台和区间运行揭示进行预报。

（2）动车组列车在停车站出站后，头部越过车站最外方道岔时，确认操纵台显示屏和仪表的显示状态。

（六）运行中应急处置

运行中发现或接到动车组故障信息时（危及行车安全的必须立即按规定采取停车措施），应立即通知随车机械师，并按车载信息监控装置的提示及时处理，报告列车调度员（车站值班员）。

（1）动车组途中故障应急处置，区间停车超过 20 min，站内停车超过 30 min，仍无法判明故障原因或无法处置不能继续运行时，司机根据随车机械师的救援申请，转报列车调度员（车站值班员），请求救援。

（2）得到随车机械师要求下车检查处置的通知时，转报列车调度员。在接到列车调度员已发布邻线列车限速 160 km/h 及以下或已扣停（封锁）调度命令的口头指示后，通知随车机械师。得到随车机械师作业完毕上车的通知后，报告列车调度员（车站值班员）。

（3）组织旅客疏散时，必须在接到列车调度员已扣停邻线列车的口头指示后，方可通知有关人员进行作业。

（4）非正常情况停车后，立即报告列车调度员（车站值班员），汇报停车原因、地点及停车、开车时间，并通知随车机械师、列车长。

遇在区间被迫停车不能继续运行需要防护时，按规定进行防护（应首先使用列车防护报警装置进行防护），并报告列车调度员（车站值班员），指挥随车机械师、客运乘务组共同处理有关行车、列车防护和事故救援等事宜。

（5）遇降雾、暴风雨雪等恶劣天气，以地面信号作为行车凭证且显示距离不足 200 m 时，报告列车调度员，凭列车调度员发布的改按天气恶劣难以辨认信号的调度命令行车。机车信号良好时，按机车信号显示运行，当接近地面信号机时，司机应确认地面信号，遇地面信号与机车信号显示不一致时，立即采取减速或停车措施，并向列车调度员报告。天气转好时，及时报告列车调度员发布调度命令，恢复正常行车。

（6）发现因暴雨、大雪、大雾或沙尘暴等恶劣天气造成能见度小于 200 m 时，准许司机根据情况降低运行速度；遇有冰雹、大风等特殊情况时，准许司机根据情况采取降低运行速度、停车等应急处置措施。司机应将上述情况及时向列车调度员（车站值班员）报告。

（7）动车组头罩损坏开裂、不能正常闭合时，限速 160 km/h 运行。

（8）在 300 km/h 等级运行线路上发生烟火报警时，实施最大常用制动降速至 200 km/h 或维持当时低于 200 km/h 的速度运行；在 200 km/h 等级及以下线路上发生烟火报警时，实施最大常用制动降速至 120 km/h 或维持当时低于 120 km/h 的速度运行。降速运行时，通知列车长和列车调度员（车站值班员）。

七、终到作业

（1）动车组列车终到站按标停车后，保持列车最大常用制动状态，确认停车位置正确及站台侧后，开启站台侧集控车门（确认列车在得到开门的通知后，打开站台侧集控车门）。

（2）入段（所）前，司机根据随车机械师的通知要求，确认或换升受电弓作业。

（3）接到"关门"通知时，关闭车门。与车站联系，了解入段（所）、存车场径路。确认信号显示正确，厉行确认呼唤，鸣笛动车。

（4）严禁做与行车工作无关的事情。严守段（所）、存车场内走行速度规定，由近及远逐架确认呼唤信号。

（5）到达动车所存车场（线）停妥后，应与动车所调度员联系。动车所调度员通知就地停放时，司机按规定降弓，并做好防溜措施；动车组车底需转线进入检修线存放时，动车所调度员应向司机传达调车转线作业计划。

（6）动车组在设有车辆值班室的车站（存车场）存放时，在车辆值班室，与值班人员办理钥匙交接手续；在未设车辆值班室的存车场存放时，在存车场大门门卫室，与车站安排的胜任人员办理钥匙交接手续；车站到发线存放时，在车站行车室与车务应急值守人员（车站值班员）办理钥匙交接手续。

八、退勤

（1）到退勤地点办理退勤手续。在动车段（所）内办理退勤时，与动车调度交接司机室驾驶操纵设备技术状态；按规定填记、复核司机报单，总结本次乘务工作，分析安全正点情况，并做好记录。

（2）退勤时，接受酒精含量测试，按规定汇报途中运行、安全正点、行车安全装备使用、车机联控执行等情况。

（3）交还司机报单、交付揭示、列车时刻表、司机手账、添乘指导簿、车机联控信息卡等，并做好途中添乘人员的登记，办理退勤手续。

任务实施

根据以上相关知识，由老师组织学生分组讨论"复兴号"动车组司机乘务作业要求，各小组派代表进行总结汇报，小组互评，教师点评。提高学生运用理论知识解决实际问题的能力。

//// 任务二　"复兴号"动车组随车机械师乘务作业 ////

能力目标

能对动车组随车机械师乘务作业有初步的认识。

知识目标

掌握动车组随车工具备品定置，掌握动车组随车机械师作业过程。

相关知识

动车组列车需设置动车组随车机械师乘务组，随车机械师应按技术作业过程的规定检查动车组。在列车运行途中，应监控动车组设备技术状态，及时处理车辆故障，经处置确认无法正常运行时，通知司机选择维持运行或停车。按《动车组随车机械师一次出乘作业标准》要求，制定乘务组担当交路的技术作业图表。

一、动车组随车工具备品

动车组随车工具和行车、应急、客运备品应根据车型结构特点随车配备、定置定量存放。"复兴号"动车组的随车备品明细见表 7-2-1、表 7-2-2、表 7-2-3。

表 7-2-1 CR400AF-2017 动车组工具备品定置

车号	名称	规格	数量
01 车	铁鞋	盒	1（2 只）
	登顶梯	套	1
	应急梯	架	1
	过渡车钩	套	1
	响墩	片	3
	火炬	支	1
	旅客乘降梯	架	1
	扩音器	台	1
	防护网	套	8
04 车	工具箱	个	1
	渡板	套	1
	接地杆	套	2
	验电笔	套	1
	绝缘工具包	个	1
	登顶工具包	个	1
	大锤	个	1
05 车	渡板	套	1
	视频检查记录仪	盒	1
	接地杆	套	2
	验电笔	套	1
	绝缘工具包	个	1
	登顶工具包	个	1
	异物清除杆	根	1
00 车	铁鞋	盒	2（4 只）
	应急梯	架	1
	过渡车钩	套	1
	响墩	片	3
	火炬	支	1
	登顶梯	架	1
	旅客乘降梯	架	1
	防护网（4 窄 1 宽）	套	5

表 7-2-2　CR400AF-B 动车组工具备品定置

车号	名称	规格	数量
01 车	铁鞋	盒	1（2 只）
	应急梯	架	1
	过渡车钩	套	1
	响墩	片	3
	火炬	支	1
04 车	渡板	套	1
	防护网	套	4
	接地杆	套	2
	验电笔	根	1
	登顶梯	套	1
	异物清除杆	套	1
	登顶工具包	个	1
	绝缘工具包	个	1
05 车	旅客乘降梯	架	2
08 车	渡板	套	1
	防护网	套	11
09 车	渡板	套	1
	防护网	套	12
	工具箱	个	1
	视频检查记录仪	盒	1
	扩音器	个	1
	受电弓捆扎器	盒	2
	大锤	个	1
13 车	渡板	套	1
	防护网	套	4
	接地杆	套	2
	验电笔	根	1
	登顶梯	套	1
	登顶工具包	个	1
	绝缘工具包	个	1

续表

车号	名称	规格	数量
16 车	旅客乘降梯	架	2
00 车	铁鞋	盒	1（2只）
	应急梯	架	1
	过渡车钩	套	1
	响墩	片	3
	火炬	支	1
注：司机室圆凳在 01、00 车司机室内，铁鞋在司机室 01、00 车头罩内			

表 7-2-3 CR400AF-B-2116 动车组工具备品定置

车号	名称	规格	数量
01 车	铁鞋	盒	1（2只）
	应急梯	架	1
	过渡车钩	套	1
	响墩	片	3
	火炬	支	1
	旅客乘降梯	架	2
04 车	渡板	套	1
	防护网	套	4
	接地杆	套	2
	验电笔	根	1
	登顶梯	套	1
	异物清除杆	套	1
	登顶工具包	个	1
	绝缘工具包	个	1
08 车	渡板	套	1
	防护网	套	4
09 车	渡板	套	1
	防护网	套	5
	工具箱	个	1
	视频检查记录仪	盒	1
	扩音器	个	1
	受电弓捆扎器	盒	2
	大锤	个	1

续表

车号	名称	规格	数量
13 车	渡板	套	1
	防护网	套	4
	接地杆	套	2
	验电笔	根	1
	登顶梯	套	1
	登顶工具包	个	1
	绝缘工具包	个	1
00 车	铁鞋	盒	1（2只）
	旅客乘降梯	架	2
	应急梯	架	1
	过渡车钩	套	1
	响墩	片	3
	火炬	支	1

注：司机室圆凳在 01、00 车司机室内，铁鞋在司机室 01、00 车头罩内

随车机械师工具备品如图 7-2-1 所示。

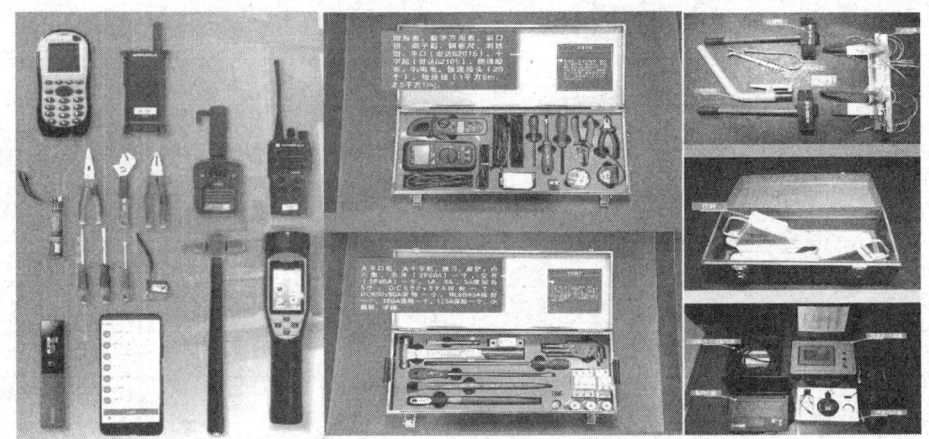

图 7-2-1　随车机械师工具备品

二、动车组随车机械师乘务作业

（一）出勤

1. 出勤前

出勤前，应充分休息，严禁饮酒。

2. 出勤

出勤时，应按规定着装，佩戴胸卡并携带相应证件及随身工具，到动车所调度室（存放点值班室）接受酒精含量测试，领取"动车组固定服务设施状态检查记录""动车组出所质量联检记录单""CR 型动车组随车机械师乘务日志""动车组故障交接记录单"、随车钥匙、GSM-R 手持终端、450 MHz 手持终端等，听取命令、任务、要求及注意事项，了解动车组检修、故障处理及前次运行情况。

（二）接车作业

（1）按规定插设安全防护号志。

（2）检查确认动车组头罩锁闭到位、重联端车钩连接状态良好，两侧裙板及盖板锁闭到位、空气弹簧无漏风、车端连接管线无脱落。检查头罩作业如图 7-2-2 所示。

图 7-2-2 检查头罩

（3）作业完毕，撤除安全防护号志。

（4）动车组供电后，开启空调、照明、旅客信息系统等，确认工作状态。

（5）检查随车工具、材料及行车备品。

（6）动车组出所时，巡视动车组运转情况，发现异常及时处置，并向调度室报告。

（三）始发作业

1. 站台巡视

到达车站后，在站台侧检查确认侧门、车外显示器、受电弓状态良好。站台巡视执行"必指、必呼、必看"（"三必"作业法）。即在检查列车前端头罩和高压系统等动车组重要部件时必须手指所看部件，同时口中报出部件名称，对该部件进行详细检查。此外，还需要检查站台补偿器、车门、两节车厢间电气连接线等是否完好。站台巡视作业如图 7-2-3 所示。

2. 进入监控室等候发车

到乘务（监控）室，与列车长交接"动车组固定服务设施状态检查记录"，监视车载信息系统。

图 7-2-3 站台巡视

（四）途中作业

1. 发车后

发车后，巡视检查车内主要服务设施技术状态，监视列车运行状态。关注列车通信和弓网情况并填写行车日志。

2. 运行途中

运行途中，按照要求每两个小时对全列车进行一次巡视，根据"听、看、闻、巡、联"（"五字"作业法）仔细对车内进行巡视。在乘务（监控）室监控列车运行及设备状况，发现故障及时报警，按规定程序处置，并做好记录。

3. 动车组司机继乘

动车组司机继乘换班前，动车组随车机械师应向动车组司机了解运行情况并做好记录。

（五）折返站作业

（1）列车到站前，动车组随车机械师与动车组司机会合，了解运行情况并做好记录。
（2）列车到站后，在站台侧检查确认侧门、车外显示器、受电弓状态良好。
（3）到乘务（监控）室，监视车载信息系统。

（六）换乘作业

1. 继乘动车组随车机械师

继乘动车组随车机械师按规定出勤后，提前 15 min 到继乘站站台接车。

2. 退乘动车组随车机械师

列车到达换乘站前，退乘动车组随车机械师须巡视车厢，向动车组司机了解运行情况，填写"CR 型动车组随车机械师乘务日志""动车组故障交接记录单"，整理交接物品，在乘务（监控）室等待办理换乘交接。巡视作业如图 7-2-4 所示。

图 7-2-4 巡视作业

3. 通过站换乘

通过站换乘时，继、退乘动车组随车机械师在乘务（监控）室办理出勤时领取的物品及列车运行状态交接，交接后退乘动车组随车机械师在站台侧立岗送车。

4. 折返站换乘

折返站换乘时，继乘动车组随车机械师在折返始发端立岗接车，监听列车运行声音，检查受电弓等可见部位状态，列车停稳后到乘务（监控）室与退乘动车组随车机械师办理出勤时领取的物品及列车运行状态交接。

折返站换乘后、始发前，继乘动车组随车机械师到乘务（监控）室，监视车载信息系统。

折返站换乘作业过程中遇有动车组故障需要应急处理时，退、继乘动车组随车机械师要协同配合，共同处理。

（七）终到作业

（1）列车到站前，进入监控室对列车进行监控运行，确认车门等良好正常，向动车组司机了解运行情况并做好记录。

（2）列车到站后，会同列车长巡视车厢，办理车内固定服务设施状态交接并共同填写"动车组固定服务设施状态检查记录"，填写"CR 型动车组随车机械师乘务日志"，整理交接物品。

（3）重点故障提前预报动车所，在乘务（监控）室等待随车入所。

（4）入所途中，通过车载信息系统监控动车组运行状态。

（5）入本所后，到调度室报告动车组运行情况，办理重点故障、领用物品等交接；入外所（存放点）后，到调度室（值班室）交接随车钥匙、"CR 型动车组随车机械师乘务日志""动车组故障交接记录单"。

（八）退勤

随车机械师途中下车执行人身安全卡控措施。

三、随车机械师途中下车人身安全措施

（一）下车前准备工作

途中遇有动车组故障或其他突发情况，按照规定或接司机、调度要求，需要随车机械师下车进行检查时，要做好准备工作（包括环境确认、请令汇报、穿戴防护和盯控人员等各环节）。

（1）确认好停车的线路环境，依照周围环境情况做好下车的各项准备工作。

（2）通过司机向行车调度员申请下车检查的调度命令，严禁未经调度同意提前下车，必要时随车机械师可以通过电话直接同动车调度员或行车调度员进行联系。

（3）穿戴个人安全防护用品，穿好防护背心，携带电台和手机。遇有雨雪天气时，要将防护背心穿在雨衣外面，起到防护作用。

（4）确认好作业的盯控人员，同司机、车长保持联系畅通，遇有现场作业条件的变化，确保能够及时接收到司机、车长或盯控人员的通知。

（二）上下车要求

（1）随车机械师必须由主控端司机室非会车侧司机登乘门上下动车组。

（2）下车时要面朝动车组，禁止由车上跳下。

（3）中车长客股份公司生产制造动车组使用司机登乘脚踏，中车四方股份公司生产制造动车组要注意确认内嵌式脚踏的位置，防止踩空。

（4）遇有线路条件不良，使用脚踏时仍然距离地面较高时，要规范使用登乘梯，防止下车后站立不稳而摔伤。

（三）现场作业环境确认

（1）随车机械师在下车后对动车组进行检查时，注意观察周围线路环境，特别是脚下线路走行条件，避免奔跑，防止扭伤。

（2）在高铁线路旁行走时，注意盖板和踏板等覆盖的情况，防止设备不良造成的人身伤害。

（四）会车侧作业的要求

（1）遇有检查需要，随车机械师要前往会车侧进行检查时，需提前通过司机向行车调度员提出申请和临线限速申请，得到同意后方能前往会车侧进行检查。

（2）遇动车组停留在隧道、桥梁、弯道等现场情况不良处所时，要根据现场条件向司机或行车调度员提出临线封闭、扣停临线列车的申请，确保现场作业人员的人身安全。

（五）不良天气和特殊作业时的注意事项

（1）遇有雨雪、大雾、大风、雷电等恶劣天气时，随车机械师下车前要做好相应的安全防护，视情况穿戴绝缘鞋、安全帽等。

（2）遇有动车组申请救援时，如搬动、安装过渡车钩存在困难，寻求列车长的指挥、帮助，避免单人作业造成人身伤害。

（3）遇到动车组弓网故障，需要登顶检查时，必须在有人防护的情况下进行，登顶梯下端必须有人进行防护，登顶后必须使用安全带，将安全带同车顶安装牢固的设备固定好，确保人身安全。

任务实施

根据以上相关知识，由老师组织学生分组讨论动车组随车机械师作业过程及要求，各小组派代表进行总结汇报，小组互评，教师点评。提高学生运用理论知识解决实际问题的能力。

//// 任务三 "复兴号"智能动车组客运乘务作业 ////

能力目标

能对"复兴号"智能动车组客运乘务作业有初步的认识。

知识目标

掌握"复兴号"智能动车组服务设施；掌握高速铁路动车组客运乘务作业过程。

相关知识

动车组列车客运乘务人员应当坚持"人民铁路为人民"的服务宗旨，严格作业流程和作业标准，以保障旅客安全为前提，为旅客营造温馨舒适的旅行环境。

一、"复兴号"智能动车组智能服务设施

（一）信息服务

（1）"复兴号"智能动车组全列提供基于 5G 技术的 Wi-Fi 无线网络，为旅客提供优质的语音通话和移动网络服务。

（2）车厢顶部设置 29 寸宽屏电视，可分屏显示列车运行和娱乐节目信息。卫生间增加智能照明，当检测到有人进入后，自动调节灯光亮度，增加"禁止吸烟"的语音提示。

（3）商务座配备了支持手机投屏功能的智能交互终端，可为旅客提供丰富的娱乐节目、运行信息等服务。

（二）运维智能化服务

（1）"复兴号"智能动车组提升了列车运行、安全监控、检修维护等方面的智能化水平。为实现行车安全信息监控集成化、动态化、智能化，随车机械师监控室设人机交互29寸LCD智能显示屏，集成了动车组所有的运行信息，随车机械师能通过其观察动车组的运行状态。

（2）"复兴号"智能动车组增加了手持移动终端，随车机械师能随地通过其查找相关文件资料，提高了随车机械师的作业条件和应急处置的能力，为动车组安全运行提供了有力的保障。

（3）通过列车网络和车厢视频的联动，当发生烟火、超员、旅客触发紧急按钮、车门异常等报警时，可通过车厢视频联动报警快速确认和处置故障，降低了故障进一步扩大的风险，提高了列车途中故障处置的效率。

信息服务如图7-3-1所示。

图7-3-1 "复兴号"智能动车组信息服务

二、二等座乘务员作业内容及质量标准

（一）二等座车内设备设施

1. 二等座席

二等座座位把手增设座位号，在二等座椅靠背上增加了USB充电接口，方便旅客使用手机和充电；增加了小桌板杯托凹槽深度，以提高水杯放置的稳定性。二等座席如图7-3-2所示。

图7-3-2 二等座席

2. 无障碍车厢

8辆编组列车在4号车厢、17辆编组列车在8号车厢专门设置有无障碍车厢，配备

宽阔的通过门、无障碍卫生间、轮椅放置区等，在服务设施上增加盲文标识，座椅把手上增加盲文标识。无障碍车厢如图 7-3-3 所示。

图 7-3-3　无障碍车厢

3. 餐吧区

列车设置了开放式的餐吧区，厨房设备具备食品的冷藏、冷冻、保温、加热等功能。餐吧车还设有自动售卖机，其中的水果、饮料、零食等食品，乘客可以通过手机扫码支付的方式购买。

（二）二等座乘务员作业内容及质量标准

1. 出乘作业

（1）出乘点名。

着装应规范，开车前 2 h 到点名室报到，列车长组织班组职工列队统一接受车队干部传达命令，听取当趟重点工作。

（2）开出乘会。

证件齐全有效，通信设备作用良好，电量充足，佩戴位置统一，听取列车长布置趟重点工作，安全预警，学习业务知识，进行业务知识抽考，关闭手机，签认手机台账，接受列车长酒精含量测试。

2. 接车作业

（1）接车准备。

开车前 40 min 到达站台，在站台指定位置列队集合接车；接动车所出库列车，严格落实站台移动机具管理制度；请领消耗品，清点核对数量无误后交接签认，并押运至站台。

（2）安置备品。

按规定位置将所负责区域备品定位放置。

（3）检查汇总。

对所负责区域内的卫生情况及列车上部服务设施、应急备品进行检查汇总，汇报列车长；检查车底移动机具编号、制动、防撞胶条、状态，确保配置齐全、作用良好。

接车作业如图 7-3-4 所示。

图 7-3-4　接车作业

3. 始发作业

（1）迎接旅客。

开车前 20 min 及时登录站车无线交互系统，掌握车内客流；统一听从指挥，在规定位置立岗，站姿规范；关注重点，优先照顾，主动帮扶引导，负责无障碍车厢乘务员，随时关注轮椅停放处，禁止存放其他物品；特殊情况如遇站台距离车门缝隙大、车门与站台存在高度差、站台地面不平等现象，根据站台实际情况，按照列车长安排在车门口立岗；开车前 10 min 对所负责区域行李架及大件行李存放处进行整理，消除安全隐患。

（2）乘降组织。

关注站台情况，组织吸烟旅客、送站旅客尽快上下车；开车前 5 min，确认旅客乘降情况；听取列车长对讲机统一指挥，依次汇报旅客乘降（由头车至尾车依次汇报）情况，瞭望确认乘降完毕后使用对讲机汇报；列车关门后在上车处车门位置立岗，行注目礼出站；关门前播放"关门前提示"，开车后进行列车自动预报广播，播报欢迎词、下一站预报和禁烟宣传。触发文明出行和安全宣传、设备设施介绍、征信宣传广播、铁路旅客温馨提示，遇广播系统故障，采用终端机播放；遇列车中途无法运行需折返等情况，广播宣传"列车折返退差"。

4. 途中作业

（1）巡视车厢。

按照每半小时一次的频次巡视值乘车厢；检查车门等重要设备设施，整理旅客行李，做到摆放平稳、牢固，妥善放置。衣帽钩仅限挂衣物。巡视车厢，掌握旅客动态，做到全面检查、不漏项；掌握中途及终到客流量及流向，做到重点组织。

（2）重点旅客服务。

关注旅客动态。落实首问首诉，解答旅客问询，对旅客不文明乘车及各类违规行为要及时劝阻。掌握重点旅客信息，对重点旅客做到"三知三有"（知座席、知到站、知困难，有登记、有服务、有交接），在站车交互系统中进行标注。运行途中为有需求的重点旅客提供送水服务。

（3）去向核实。

面向旅客用站车无线交互系统终端机查验车票，落实实名制验票制度；及时掌握负责区域内的客流情况,对学生票、伤残票等特殊票种、乘车证件、减价证件进行核对。对于无票、延长变更座席、减价不符及其他需要办理补票的旅客,利用终端机做好登记并汇报给列车长。

(4)检查卫生。

到站前提示重点旅客,广播通告(内容包括列车前方到站、安全提示)落实"一站三报"制度;巡视所负责区域,保持车内清洁,垃圾随时收取,每半小时巡视卫生间一次。

(5)车内查票。

随同列车长及办公席进行闭环式查票,做到无遗漏。

(6)解答问询。

按规定落实首问首诉,解答旅客问询;遇有突发事项,做好现场处置及时汇报列车长。

(7)中途站乘降组织。

在规定位置立岗,列车进站时,首尾车乘务员使用对讲机汇报列车停靠站台方向及列车尾部进站情况;关注站台旅客情况,确认有无重点旅客,巡视检查所负责车厢的车门是否正常开启;落实安全宣传、扶老携幼。组织下车吸烟旅客及送站旅客尽快上下车。

5. 折返站作业

(1)检查遗失品。

确认旅客下车完毕,车内无闲杂人员,并对负责区域内设备、隐蔽部位进行检查,确认无遗留物品及安全隐患,及时汇报给列车长。

(2)卫生检查。

检查车厢终到卫生,登记脏座椅套,检查垃圾投放情况。检查座椅网袋清理情况和指南、杂志的定位摆放情况,检查卫生纸、擦手纸、清洁袋、纸杯等各种消耗品的补充情况;盯控随车保洁做好折返站的卫生恢复及消毒作业;折返时由随车人员进行卫生恢复及转座椅,做好联劳及盯控。

6. 终到前作业

终到前最后一个运行区间或终到前 30 min(长编组 50 min),进行终到卫生恢复和备品整理工作;到站前清点备品及消耗品数量,保证齐全完好,确保接班班组的正常使用,顺利交接。

7. 退乘作业

(1)到站后作业。

和乘服员协作收取头枕片及剩余消耗品。终到入动车所的车底乘务员收取剩余消耗品,将软、硬抽纸清点后,押运至库房与库管人员交接、核对、签认。

(2)移动机具退库。

严格落实站台移动机具管理制度。动车所配属车底垃圾车、航空车推送至指定位置,定位放置。

(3)列队退乘。

退乘列队整齐;参加退乘会,总结趟工作;签认当趟考核卡;签认手机管理台账。

三、商务、一等座乘务员作业内容及质量标准

（一）商务座车内设备设施

在 8 辆编组的列车中，商务客室位于头尾车厢，17 辆编组有一节完整的商务车厢。商务客室为"1+1"布置，只有 A 和 F 的座位号。座椅具备坐姿、半躺、平躺三种姿态的自动调节和一键复位功能，同时搭配柔性臂阅读灯，手机无线充电、降噪耳机，小件物品存放区等诸多设施。商务客室采用座椅交错布置，提高了旅客乘坐的私密性、便捷性、舒适性。商务座车内的设备设施如图 7-3-5 所示。

图 7-3-5　商务座车内的设备设施

（二）一等座车内设备设施

一等座椅增加了可调节头靠、电动腿靠等，将小桌板设置在前排座椅靠背上。一等座车内的设备设施如图 7-3-6 所示。

图 7-3-6　一等座车内的设备设施

（三）商务、一等座乘务员作业内容及质量标准

1. 请领备品

服务备品、赠品数量齐全，包装完好、签字确认。商务赠品领取做好数量清点核对，检查配备物品是否齐全。耳机数量充足，确保性能良好。

2. 接车作业

（1）接车准备。

开车前 40 min 到达站台，在站台指定位置列队集合接车。根据车底靠站台时间，站台集合后，商务乘务员与配送人员携带备品在商务车厢列队等候车底。

（2）摆放备品。

卫生间、车厢内、座椅靠背袋内服务备品要定位摆放。长编动车组备品箱整齐码放在商务车厢最后一排座椅的后方空间里，上下叠加不超过三层，不挤占走行通道，大不压小、方不压圆、重不压轻，并用苫布苫盖；短编动车组备品箱放置在 1、8 车座椅最后一排后，码放的高度应不影响旅客调整靠背角度。商务座卫生间使用的空气清新设备放在置物台一端，喷香口对准洗手池，其他卫生间衣帽钩悬挂香囊。

棉织类备品放置于置物袋内，接车后将置物袋统一折叠放置于备品柜内。报刊栏内阅读刊物依次顺序摆放，商务小食品靠外侧摆放，靠近旅客座席位置置物格内定型一次性耳机、湿毛巾，为减少旅客等候时间，便于旅客及时体验。将一次性拖鞋定型于旅客鞋子存放格内。

（3）检查车容。

接车后对商务车智能交互终端、无线充电设备等进行检查，确保性能状态良好，调节车内灯光亮度，商务车通风口全部手动调节至开启状态。始发放客前将一等座椅恢复初始状态，车厢灯光调试明亮适中，席位显示下方增加氛围灯，让旅客能更直观地找寻席位。

（4）调整端门。

旅客放行前，将商务舱感应门（非立岗端）打成手动状态，打开商务舱广播设备，音量适中。商务自动端门为手动外开式，始发放客前乘务员将端门打开并固定好。

3. 始发迎接旅客

开车前 20 min 及时登录站车无线交互系统，掌握商务、一等车旅客人数，根据旅客人数准备商务赠品。商务座、一等座乘务员在短编动车组 1、8 车，长编动车组 1、16 车车内面向旅客登乘车门车内立岗。

出现特殊情况，如遇站台距离车门缝隙大、车门与站台存在高度差、站台地面不平等现象，根据站台实际情况，各车厢乘务员按照列车长安排在车门口立岗。结合终端数据掌握商务旅客乘车人数，车门处立岗，引领旅客入座，致简洁欢迎词，介绍智能交互终端的操作方法。

4. 始发开车作业

（1）饮食服务。

将饮食品放在托盘上为旅客发放，在提供饮品时，要做好相关安全提示。智能动车组因商务座椅升级为半包围式座椅，要感知旅客需求，注重服务细节。智能动车组一等座可为旅客适当调节小桌板的位置，前排旅客多角度调节座椅靠背也不会造成后排旅客的水杯倾倒。

（2）报刊服务。

商务车乘务员主动询问旅客需求，由旅客自行选择。

（3）防寒毯服务。

商务车乘务员要征询每名旅客是否需要防寒毯，有旅客需要时应及时提供；提供前，应检查防寒毯包装封口是否完好，提供时，应在旅客面前拆封。智能动车组应给予旅客温馨舒适环境，减小对旅客的干扰，将防寒毯提前放置在前排座椅下方置物盒上，已消毒标识统一朝向旅客。

（4）其他服务。

服务完毕后，退出商务车厢，将商务舱感应门（非立岗端）恢复成自动状态；如有旅客需要休息，先关闭遮光帘、照明灯，再退出，将商务舱广播音量调至静音，及时调节风量，确保车内温度适宜。智能动车组商务舱服务完毕手动关闭车厢端门，调制车内灯光色调，如有旅客休息，手动关闭旅客上方出风口。

5. 途中作业

（1）保持车内环境。

确保车内环境卫生整洁，用托盘收取垃圾。卫生间一客一清，加强卫生巡视。确保干净整洁，消耗品补充及时。

（2）适需服务。

落实首问首诉制度，解答问询准确，处理问题及时，提示旅客手机等物品不要放置在座椅扶手周围，避免物品掉落在商务座椅缝隙内。按需为旅客提供防寒毯、眼罩、耳机、耳塞、免费读物等服务备品，有需求有服务，无需求不干扰。按需为旅客添加饮品，特殊重点旅客做到重点关注，优先照顾。

（3）商务赠餐服务。

列车始发时，登记旅客用餐需求。将用餐时间、种类、数量报餐服长。商务乘务员使用终端机备注餐时品种并及时上传信息。按旅客预约用餐时间提前 10 min 与餐服长核对赠餐准备情况，确保按时供应。按照旅客用餐时间，由餐服员送至商务车，由商务车乘务员进行服务。遇有少数民族旅客对餐食品类有特殊需求时，应予以满足。旅客用餐完毕，及时将餐盘、餐具收回。观察旅客状态，做好开餐提示，协助旅客打开小桌板。按照餐食、餐具、热汤顺序依次摆放在托盘上，按时送餐到座。用餐完毕后及时收取餐盘，闭合小桌板。

商务赠餐服务如图 7-3-7 所示。

6. 中途站作业

（1）提示到站。

到站前 10 min 口头轻声逐个提示下车旅客做好下车准备。遇有重点旅客或熟睡旅客，要提前做好唤醒服务，提示旅客带好行李物品。便捷换乘站准确掌握便捷换乘车厢，提示中转换乘旅客换乘地点。对行动不便重点旅客要做好帮扶工作。根据旅客需求，使用站车无线交互系统预约接站服务，让旅客享受到专人接站、专属通道、出站便捷的服务。

图 7-3-7 商务赠餐服务

（2）座席恢复。

将空余座席卫生、座椅角度、靠背袋恢复到位。商务车使用托盘收取杂物，收取拖鞋、防寒毯。商务车头枕片落实好"一客一换"。

（3）组织中途站乘降。

在规定位置立岗，列车进站，首尾车乘务员对讲机汇报列车停靠站台方向及列车尾部进站情况。关注站台旅客情况（如有无重点旅客），巡视所负责检查车厢的车门是否正常开启。落实安全宣传、扶老携幼。组织吸烟及送站旅客尽快上下车。通过对讲机听取列车长统一指挥，依次汇报乘降（由头车至尾车依次汇报），落实瞭望制度，瞭望确认乘降完毕后用对讲机进行汇报。

7. 终到站作业

（1）到站前作业。

商务车到站前 15 min 使用托盘收取杂物，收取拖鞋、防寒毯。到站前 15 min 提示旅客到站时间、个人物品、下车位置。询问重点旅客需求，帮扶重点旅客提拿行李，提前到车门附近等候。

（2）到站后作业。

到站后在车门口立岗，使用规范用语，送别下车旅客。全面巡视车厢，确认旅客上下完毕，检查有无遗失物品。

8. 退乘作业

（1）赠品退库。

服务备品、赠品清点装箱。押运赠品退库与库管员或交接人员交接签认。

（2）列队退乘。

退乘列队整齐。参加退乘会，总结趟工作。签认当趟考核卡。签认手机管理台账。

任务实施

根据以上相关知识，由老师组织学生分组讨论"复兴号"智能动车组客运乘务作业过程及标准，各小组派代表进行总结汇报，小组互评，教师点评。提高学生运用理论知识解决实际问题的能力。

复习思考题

1. 简述动车组司机乘务作业过程。
2. 简述动车组随车机械师乘务作业过程。
3. 动车组随车工具备品包括哪些内容?
4. 动车组随车机械师作业过程包括哪些内容?
5. 动车组随车机械师途中下车作业安全措施包括哪些内容?
6. 简述"复兴号"智能动车组客运乘务作业过程。

项目八

智能高速铁路

// 项目描述//

智能高速铁路是以全生命周期管理为主线，具备全面感知、泛在互联、融合处理、主动学习和科学决策等特征的新一代高速铁路系统。智能高速铁路具有复杂性、多层次性、高风险性、非线性、涌现性等特征。本项目主要介绍智能高速铁路概述和高速铁路智能客运应用的相关内容。

通过本项目的学习，培养学生信息化管理意识，使他们具有创新精神，具有较强的社会责任感，能坚守岗位，尽职尽责。

//// 任务一　智能高速铁路概述 ////

能力目标

能对智能高速铁路有初步的认识。

知识目标

了解智能高速铁路的相关技术，掌握智能高速铁路建设的相关内容。

相关知识

我国高速铁路覆盖地域广，建设运营中面临很多复杂地质、气候和自然环境等考验，为有效提升铁路运输安全水平、提高运营管理效率和效益、增强旅客出行服务品质，需要发展智能高速铁路。

一、智能高速铁路定义与内涵

（一）智能高速铁路定义

智能高速铁路是广泛应用云计算、大数据、物联网、移动互联、人工智能、北斗导航、BIM、5G 等新一代信息技术，综合高效利用资源，实现高速铁路移动装备、固定基础设施及内外部环境间信息的全面感知、泛在互联、融合处理、主动学习和科学决策，形成全生命周期一体化管理的新一代高速铁路系统。

（二）智能高速铁路内涵

智能高速铁路的核心是通过数字化、智能化技术的深度融合应用，实现设计、施工、运营的全生命周期管理。

1. 全面感知

构建具备多维感知、广泛覆盖的传感网、物联网等，实现对铁路基础设施、移动装备、外部环境、气候变化、旅客行为等因素进行全面的信息感知，为高速铁路设计、施工和运营管理等提供信息支撑。

2. 泛在互联

依托有线通信、无线通信、卫星通信等技术，实现高速铁路基础设施、移动装备、外部环境等广泛、深度、安全的信息交互与共享，在此基础上实现路网、车站、列车、人员、环境等全面连接，为数据融合处理提供基础。

3. 融合处理

利用不同时间、空间的多源、异构数据资源，实现海量多模态数据的高效融合与智能处理，并与气象、地震及其他交通方式等实现信息融合应用，开展跨专业、跨行业的大数据分析，为综合决策提供科学依据。

4. 科学决策

基于大数据分析、知识推理等方法，为建设期提供进度优化、质量管控、安全预警等决策支持，为运营期提供精准预测、经营管理、调度指挥等决策支持。

5. 安全可靠

通过对高速铁路固定设施、移动装备、运输过程、外部环境、人员等的状态感知，实现各类风险隐患、事故故障等的预测、预警，构建主动感知和超前防范机制，整体提升高速铁路建设和运营安全保障能力。

6. 经济高效

智能优化高速铁路运输组织，提高运输效率和效益；由"计划修"向"状态修"转变，降低养护维修成本；通过精益化经营管理提高经营效益。

7. 温馨舒适

车站、动车组等采用舒适化人性化设计，为旅客提供全方位、全过程出行服务，满足旅客多样性和个性化服务要求，提升旅客出行体验。

8. 方便快捷

运输模式创新和业务流程再造，为旅客提供一站式出行服务，实现出行信息透明化、出行服务多样化、出行体验便捷化。

9. 节能环保

优化动车组动力结构和列车运行控制方式，实现各环节用电在线监测、智能分析和节能控制，降低高速铁路能源消耗。优化建筑结构、设备性能，降低环境污染和噪声污染，促进高速铁路绿色发展和可持续发展。

二、智能高速铁路相关技术

（一）智能视频监控技术

智能视频监控技术是指利用计算机视觉的方法，在不需要人为干预的情况下，通过对视频序列进行实时自动分析，实现对目标的定位、识别和跟踪，在此基础上进行行为分析，以达到完成日常管理和对异常情况预警的目的。智能视频监控系统主要由视频数据采集、视频数据编码、视频数据传输及视频数据分析处理、异常行为报警等部分组成。

智能视频分析技术分为动态视频目标检测定位、动态视频目标跟踪、动态视频目标分类识别、行为理解与描述、异常事件分析等部分。

1. 动态视频目标检测技术

动态视频目标检测技术是智能视频分析的基础，主要通过监控画面识别目标区域的图像变化，从监控场景中将目标提取出来。动态视频目标跟踪是结合物体的外表和运动特性，实现对不同形状、颜色、不同背景的目标进行识别的技术。

2. 动态视频目标分类识别

动态视频目标分类识别包含目标的识别、目标行为模式的分析、目标的状态分析等。行为理解与描述是最具挑战的研究方向，因为观察人的最终目标就是分析和理解人的个人行为、人与人之间及人与其他目标的交互行为等。

3. 异常事件分析报警

异常事件分析报警是智能视频监控的主要目的，是视频监控智能化的必然要求。智能视频监控系统变被动监控为主动识别，全天候、可靠的视频监控减少了人为因素造成的误报、漏报，将监控人员从"目不转睛"和主观的分析判断模式中解放出来。通过智能视频分析模块对监控画面的自动分析，实现对异常事件的主动编码、报警和保存。提高报警精度和响应速度。

智能视频监控可应用于线路、车站、隧道等高速铁路系统的敏感地带，有效防止任何可疑的人和事物在不知情的情况下进入这些铁路重地，从而防止潜在危险的发生。

（二）物联网技术

物联网是根据相关协议，通过各种信息传感设备如射频识别、红外感应器、全球定位系统、激光扫描器等，将任意物品与互联网进行连接，通过信息的通信及交换，对物品进行智能化识别、定位、监控、跟踪和管理的一种网络技术。

高速铁路在铁路信息化管理中各领域采用物联网技术，构建一个集运输、人员、设备、通信于一体的大数据平台，使铁路交通运输信息化、智能化，为保障运输安全、提高运输效率、改善服务质量打下坚实的基础。

1. 电源及环境监控系统

电源及环境监控系统是一种用以远程实时监控机房内各类电源设备和环境信息的智能化辅助系统。该系统利用配电盘、整流模块、环境测试芯片等设备，采集机房内实时监控数据和报警信息，通过网络传输至系统数据库中，并进行实时的分析、判断和告警，能够辅助信息管理人员全面掌控机房内各类设备的运行环境信息，减少系统维护时间，也可为实现机房无人值守提供有效的技术手段。

2. 电子台账及人员定位管理系统

在铁路系统推广使用设施设备电子台账管理系统后，将大大节省人力资源，避免人工输入时可能出现的错误，提高人员工作效率；该系统能实现对设备运行情况的实时监控、统计，提高设备的安全性和利用率，充分发挥信息化管理系统、大数据平台的优势，从根本上保证铁路运输的安全。

3. 其他关键控制方面

借助物联网先进的信息感知技术，加强对高速铁路运营过程的实时监督管理，及时准确地掌握固定、移动设备服役状态及自然环境动态变化信息，实现安全管理信息的有效整合与高度共享，为安全预警、决策支持及救援指挥提供辅助决策。

（三）GIS 地理信息系统

地理信息系统是一门集计算机科学、地理学、环境科学、空间科学、信息科学和管理科学为一体的边缘学科，是在计算机硬件、软件系统的支持下，以地理数据库为基础采集、存储、管理、分析和描述整个或部分地球表面与空间和地理分布有关的数据，为地理研究和地理决策服务的空间信息系统。

GIS 地理信息系统包括数据输入子系统、数据存储和检索子系统、数据操作和分析子系统以及进行输出显示的报告子系统。各子系统的紧密结合使得 GIS 具有采集、管理、分析、输出地理空间信息，进行区域空间分析和动态预测，在计算机系统支持下完成空间地理数据管理、地理分析和地理决策等功能。

GIS 运行流程如图 8-1-1 所示。

由于铁路系统庞大、专业众多，不同业务部门下的工作人员可根据自己的需要，在平台中查看同一区域的航空测量图、线路平面图以及地图等不同图像；还可利用平台生成针对本部门业务需要的线路概要图，并对这些图像进行编辑，在图上自由写画，或记录作业报告等。

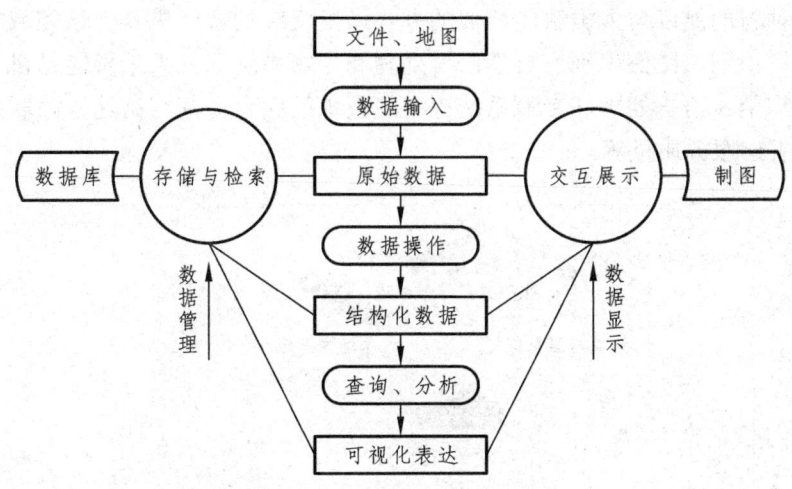

图 8-1-1　GIS 运行流程

（四）北斗卫星导航系统

中国北斗卫星导航系统由空间段、地面段和用户段三部分组成，可全天候、全天时为各类用户提供高精度、高可靠定位、导航、授时服务。

1. 北斗卫星导航系统作用

通过北斗高精度定位，实现基础设施的形变监测，有效预防安全风险隐患；通过位置信息、测速测向信息等列车运行时空大数据分析，共享服务于专业应用系统；通过天通卫星构建的应急通信网络，在应急情况特别是极端灾害与重大事故导致地面网络不可用时，确保有效通信。

2. 铁路北斗应用服务平台

依托全路统一的北斗技术应用平台，为高速铁路提供全天候、全天时、高精度的定位导航、同步授时和短报文通信服务。

3. 位置和信号覆盖服务

建设地基增强系统播发差分信息，为各专业应用提供高精度位置服务；建设隧道信号覆盖系统，将卫星信号引入隧道等遮蔽区域，消除人员和车辆的定位盲区。

4. 北斗高精度智能作业终端

通过配置北斗高精度智能作业终端，实现上线作业人员定位、监控、轨迹回放，保障作业人员安全。

高速铁路北斗卫星导航系统应用如图 8-1-2 所示。

（五）人工智能技术

人工智能是研究、开发用于模拟、延伸和扩展人的智能的理论、方法、技术及应用系统的一门新的技术科学。人工智能是计算机科学的一个分支，它试图了解智能的实质，并生产出一种新的能以与人类智能相似的方式做出反应的智能机器,该领域的研究包括机器人、语言识别、图像识别、自然语言处理和专家系统等。人工智能是机器人、语言识别、图像识别、语言处理和专家系统等多门技术的融合,其与高速铁路联系起来,可进一步提高客运服务质量等。

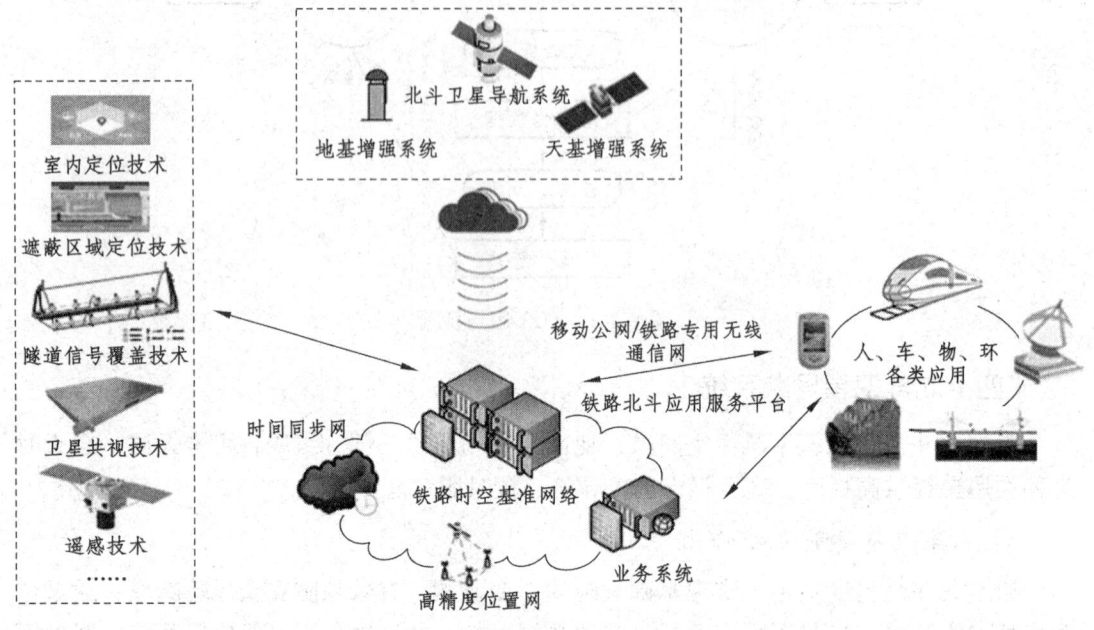

图 8-1-2　高速铁路北斗卫星导航系统应用

(六) 大数据分析技术

大数据技术是指从各种各样类型的巨量数据中,快速获得有价值信息的技术。"大数据"不仅指数据本身的规模,也包括采集数据的工具、平台和数据分析系统。随着铁路信息化步伐的加快,铁路运营系统的数据已具有海量、多源性、数据类型多、处理要求快等大数据特点。

铁路运输大数据技术的应用优势主要包括以下 3 个方面。

1. 提高信息集成效率

大数据技术能够整合分散数据源中的数据,建立综合的生产信息体系。

2. 优化风险控制模型

大数据技术有助于铁路相关部门确定设备的运营状态变化规律,并根据变化路径设置风险控制点,逐点进行评估风险,从而形成全新的风险动态研判体系及管理模式。

3. 强化风险预测精度

大数据技术提供的基于预测的应用可将现场大量第一手生产信息进行充分利用,帮助铁路相关部门更加主动地掌控局面,为风险处置提供客观、准确的决策依据。

三、高速铁路智能建造

高速铁路智能建造以"BIM（建筑信息模型）+GIS 技术"为核心，综合应用新一代信息技术，与先进的工程建造技术相融合，实现建设过程中进度、质量、安全、投资的精细化和智能化管理，推动高速铁路建设从信息化、数字化走向智能化。

智能建造是智能高速铁路体系架构的三大板块之一，也是智能装备和智能运营的基础，智能建造包括勘察设计、工程施工、建设管理 3 个领域。

（一）桥梁智能施工

高速铁路桥梁以混凝土梁桥为主，包括常用跨度简支梁桥、连续梁桥、连续钢构桥等。数量最多的简支梁在梁场内实现了智能化预制，现场施工主要是运梁车运输和架桥机的架设，针对大型运架设备实现了智能化管理。混凝土桥梁结构的预制装配化是高速铁路桥梁建设的重大成就之一，包括梁体的节段拼装、桥墩的节段拼装、预制管桩的应用及桥面设施的预制拼装等，具备良好的智能化施工条件。为了保障既有线的运营安全，高速铁路桥梁采用转体施工连续梁或连续刚构，转体过程的智能化控制是提升施工质量的关键手段之一。

（二）隧道工程

在隧道工程上努力实现超前地质预报信息化，隧道围岩量测及三维激光断面扫描信息化，隧道开挖与衬砌施工辅助决策信息化，采用隧道管片智能预制、装配式隧道基底，实现盾构机作业状态监控和协同管理。

铁路隧道的防灾救援系统，是高速铁路发展必须具备的安全设施。隧道监测系统的功能主要是对铁路长大隧道及隧道内的列车运行设施实时监测，在隧道及隧道内的行车设备发生故障或危及行车安全及发生行车事故时，及时报警并在系统终端得到体现，列车调度员及相关设备管理人员能第一时间发现故障并采取使列车限速、禁行等措施，以保证列车运行安全。

1. 隧道火灾报警监控装置

隧道火灾报警监控装置能实现对隧道内的火灾以及车底、车体、车轴进行监测，同时配有视频监测系统能对发生报警的位置进行确认，准确定位发生火灾的列车和位置。防灾设施有温度探测器、烟雾探测器和有毒气体探测器以及视频摄像监视系统、报警装置等，消防设施有专用消火栓等，从而使隧道灾害的预报监控防范措施更加完善、有效。

2. 隧道变形监视报警装置

隧道变形以 1/100 mm 为单位进行测量，应在隧道内上、中、下部均装设地震位移监测点，实时监测隧道内的物理位移，监测地震对隧道的累积影响，及时发现隧道的局部微变形。

3. 隧道涌水监视装置

由于隧道有部分是和地表相连接的,部分涌水可能进入隧道,对涌水的监测和处理也是确保隧道安全的重要工作。隧道应设置相应的涌水监测点,对涌水量进行监测,并设有大功率水泵,将涌水抽到地表。

(三)智能路基压实监测系统

由于高速铁路动车组的运营速度高,对路基的压实度、稳定性和沉降量要求极高,应用"路基连续压实监控系统",在压路机碾压路基过程中,路基反作用力产生的波形反馈回监控系统中,再与压实目标值进行对比分析,是否合格便一目了然,保证了施工质量。

(四)无砟轨道板埋设芯片

在某些无砟轨道板的混凝土结构里埋设芯片,并进行编码,当激活芯片并联网后,可以实时监测轨道板的使用状况,方便检修和查阅数据,节省成本,芯片的使用寿命长达60年。

在铺轨过程中,应用智能机器人检测,采用机械化、自动化铺轨机组和施工信息化等手段,大幅度提高轨道精度和施工效率。

(五)可视化智慧施工系统

"可视化智慧施工系统"包括施工参数、过程监测、地质预测等,实现全过程可视化动态管理。每一个盾构机搭载了几千个传感器,都具有感知、修正和自动调节的功能,设备状况、地下工作情况等数据都被直接上传到大盾构数据指挥中心,可24 h提供远程监控和技术服务。

四、高速铁路智能装备

智能装备板块与智能建造、智能运营紧密协同,分为移动装备、通信信号、牵引供电、检测监测4个领域。

(一)智能装备板块主要组成

1. 移动装备领域

移动装备领域包含智能动车组、智能综合检测车等。其中智能动车组主要包括动车组智能监控、动车组智能诊断、动车组智能服务等内容;智能综合检测车主要包括智能检测设备、智能检测数据分析等内容。

2. 通信信号领域

通信信号领域包含信号、通信等方向,其中信号主要包括车站进路自动控制、列车运行控制、列车自动驾驶 ATO 等内容;通信主要包括智能通信承载网、智能移动通信、智能调度通信等内容。

3. 牵引供电领域

牵引供电领域主要包括智能牵引变电所、智能供电调度系统等内容。

4. 检测监测领域

检测监测领域主要包括基础设施检测监测、自然灾害监测与预警、周界入侵智能监测、环境智能监测等内容。

检测监测需汇集智能建造板块的线路、桥梁、隧道、轨道等基础设施设计和施工数据，包括线路坡度、曲线要素、车站道岔、股道、线路允许速度、灾害监测、视频监控点位等，是智能运营板块的基础设施。智能运维应用提供轨道、隧道、路基、道岔、自然灾害等基础设施及环境检测数据、监测数据，报警及预测数据，包括隧道衬砌表观状态、隧道变形及纵向沉降、隧道内吊装设备震动、线路几何尺寸、轨道结构状态、轮廓限界、道岔及钢轨探伤、风速、雨量、雪深等检测监测数据，衬砌病害、动压力报警、结构安全参数报警、砂浆层离缝、环境典型安全隐患及周边环境位移变化等报警数据。

（二）高速铁路自动驾驶

列车自动驾驶以自动化方式替代司机驾驶列车的任务，利用地面信息实现对列车牵引、制动、惰行和自动折返等任务的运行控制，并综合考虑运行计划、列车性能参数、线路数据条件等因素进行实时计算和优化控制，使列车处于最佳运行状态。具备高速动车组车站自动发车、区间自动运行、车站自动精确停车、车门/安全门联动控制等功能，有效确保列车运行安全、提高列车运行效率、降低牵引能耗、减轻司机劳动强度、改善旅客乘车体验。

1. 高速铁路 ATO 系统结构与功能

高速铁路 ATO 系统是列车运行控制系统 ATP 基础上增设 ATO 实现自动驾驶控制，地面设置专用精确定位应答器实现精确定位，地面设备通过无线通信实现站台门控制、站间数据发送和运行计划处理。主要通过实现区间自动运行控制、车站自动停车和发车、车门防护及站台门联动控制来提高运输效率和安全性。高速铁路列控系统车载设备由 ATP（列车自动防护系统）与 ATO（列车自动驾驶系统）两部分构成。

2. ATP 设备

ATP 设备由车载安全计算机、GSM-R 无线通信单元、轨道电路信息接收单元、应答器信息接收模块、司法记录单元、人机界面、列车接口单元及测速测距单元等组成。在原有 ATP 车载设备功能基础上增加车门防护功能，精确停车误差评定和自动驾驶 ATO 允许控制，人机界面增加显示 ATO 功能相关的控制、状态、报警等信息显示及操作，具备支持 ATO 自动驾驶等功能。

3. ATO 设备

在 CTCS-3 级列控系统基础上，车载设备增加车载 ATO 系统、GPRS 电台及相关配套设备：ATO 车载设备在 ATP 的行车许可下，通过 GPRS 无线通信单元接收运行计划、站间数据（含线路基础数据和临时限速）等信息，实现列车速度自动控制、车站精确定位停车、自动开车门和车门/站台门联动控制、列车运行节能控制以及设备诊断、记录和报警等功能。

高速铁路自动驾驶如图 8-1-3 所示。

图 8-1-3　高速铁路自动驾驶

（三）"复兴号"智能动车组

智能动车组主要分为智能基础技术支撑平台、智能研发与制造、智能运用与维护和智能运营四部分的内容。

1. 智能基础技术支撑平台

智能基础技术支撑平台主要包括车载信息物联网、车载以太网通信网络、地面云及车载数据存储计算中心、基于 5G 的技术集合，包括通信信息新技术和新能源新材料等动车组新技术。其中，通信信息新技术和量子通信技术的车地数据通信网络、基于先进通信网络的动车组 Wi-Fi 覆盖等；新能源新材料等动车组新技术包含基于燃料电池技术的车载新能源系统、永磁电机技术、涡流制动技术、SiC（碳化硅）技术、3D 打印技术等。

2. 智能研发与制造

智能研发与制造主要包含智能设计、智能研发、智能制造等技术。

3. 智能运用与维护

智能运用与维护主要包含智能动车组虚拟维修、智能运维等技术。

4. 智能运营

智能运营主要包含动车组智能控制、智能诊断及导向安全、智能能源管控、智能服务等技术。

（四）智能牵引供电

高速铁路智能牵引供电包括智能供电设备、智能供电调度、智能供电运行管理及通信网络，可实现智能故障诊断、预警、自愈重构等功能，还可以为供电系统提供健康评估服务。

1. 牵引供电安全监测诊断系统

牵引供电安全监测诊断系统是为了适应高速电气化铁路及高速铁路特点的设备在线监测系统。实现对主要电气设备的实时在线监测,在建立设备分析模型的基础上,通过专家诊断软件系统对历史数据进行统计分析,确定设备运行状态,指导运行维护人员工作。

(1) 牵引变电站高压设备在线监测系统。

牵引变电站高压设备在线监测系统由后台专家诊断系统、变电站通信管理单元、就地智能化间隔监测单元组成。各间隔监测单元布置于现场设备处,就地完成设备状态数据的在线测量及处理。站内通信管理机通过工业以太网或串行总线和间隔设备联系,控制各间隔监测单元,接受各间隔监测单元测量和上传的实时数据。通信管理机可根据变电站内网络及通信的具体情况,通过内部局域网向站内后台专家诊断系统或通过调制解调器向远程维修调度诊断系统传送数据。诊断软件可安装于供电段维修调度管理部门,通过 Web 浏览方式远程监视各变电站的实时、历史数据,并可接入牵引供电相关管理部门,协助专业工程师对设备进行管理和对设备运行状况进行评估。通过远程诊断系统可以随时随地通过网络在线监测牵引变电站等高压设备的运行状态参数。

(2) 高速铁路牵引所亭智能巡检系统。

高速铁路牵引所亭智能巡检系统主要由智能移动巡视监测系统、环境监控系统及远程控制中心三部分组成。系统采用无轨化导航、红外测温、图像识别等技术,按照运行维修需要设计巡检内容、巡检方式和巡检路线,代替人工自动完成牵引所亭室内外的红外测温、表计识别、声音采集、视频采集等多项日常巡检任务,实现数据远程传输、设备异常报警,并形成牵引所亭的巡检日志。

2. 供电安全检测系统

接触网维修机制主要以日常维护、预防修、状态修为主。弓网动态检测、接触网巡检、车载接触网运行状态检测、接触网检测监测、受电弓滑板状态检测、接触网供电设备地面监测。接触网进行全方位、全覆盖的综合检测监测,实现对高速接触网结构、附属线索和零部件的检测,以及实现对接触网运行参数和供电设备参数的实时在线检测。通过数据的分布处理,集中存储,数据同步,实现多源数据的综合管理、关联展示、历史对比、做到检测监测数据集中统一地存储与分析,并对发现的问题进行动态追踪,监控处理进度。

3. 变电设备智能巡检系统

变电设备智能巡检系统又被称为"电子写实"的智能巡检系统,其采用先进的非接触操作方式。巡检人员手持巡检器,沿着指定路线巡查,在规定驻足点用巡检器感应并读取参数。巡检器自动记录到达该作业点的时间和人员,再通过数据线将巡检器与计算机相连,将数据上传到管理软件的数据库中。

4. 牵引变电所设备运行状况巡视系统

牵引变电所设备运行状况巡视系统是对变电所值班巡视人员工作进行定时提醒、监督其按规定巡视并对其工作过程进行记录的专用设备,该系统由电子标签、手持无线终端及后台管理软件等组成。系统能对关键及重要设备进行实时测量,记录相关参数,记录机房值班人员的工作过程及设备的运行状态,并通过网络远程存储在服务器上,管理人员通过终端设备监控值班人员的工作质量及设备状态,方便管理人员集中管理及技术维护。

五、高速铁路智能运营

高速铁路智能运营的目的是实现客运服务、运输组织、基础设施养护及动车组运维等的便捷化、智能化。智能运营与智能建造、智能装备紧密协同,划分为客运服务、运输组织、养护维修等 3 个领域。客运服务领域包含智能客运、智能票务等方向。运输组织领域包含智能综合调度、智能行车调度等方向。养护维修领域包含工电供一体化运维、动车组智能运维等方向。

(一)高速铁路智能调度

高速铁路智能调度集中,是在现有调度集中系统的基础上,引入人工智能技术及算法,实现列车运营计划的智能调整,为列车调度人员提供更高级安全检查、更高效辅助办理的技术手段,用于提高列车调度指挥效率及运营效率。

智能 CTC 系统主要在列车运行计划智能调整、列车进路和命令安全卡控、行车信息数据平台信息共享等方面进行了优化完善。

1. 列车运行计划智能调整

在恶劣天气或设备故障等应急情况下,利用列车交路、最小折返时间和到发线运用等关键信息数据库,遵循不改变列车运行先后顺序和停靠站点的策略,建立与限速关联的晚点车次、总晚点时间、到发线运用等综合列车运行计划智能调整策略,实现列车运行计划的智能和快速调整,以提高调度员应急处置效率。

2. 列车进路和命令安全智能卡控

融合 CTC 相关行车和信号逻辑关系,拓展自律卡控条件,提高行车安全性。智能卡控包括进路道岔一键单锁和解锁,实现对重点列车进路的重点智能盯控;卡控不一致的调度计划与执行路径,防止调度员阶段计划中的人为错误;有效卡控分路不良道岔的未单锁操作等。

3. 行车信息大数据平台

将 CTC 系统与铁路运输信息集成平台深度结合,实现 CTC 与客运、供电、施工、防灾等多专业信息互联和实时共享,具备提供应急处置流程、列车运行综合展示、客票(旅客人数、座席)信息和司乘信息展示、线路停送电的自动化卡控、施工命令符号自动上图和防灾限速信息自动提取等功能。

（二）动车组检测智能机器人

由于车底有些部件的位置距离地面高达 1.9 m，工作人员仰视不容易检查狭窄点位，容易漏检而造成安全隐患。智能检测机器人的机械臂则可以伸入作业人员难以到达的位置，实现多角度、近距离的立体扫描检查。

动车智能检测机器人由灰色的身体和两只黄色的检测手臂组成，这两个"器官"分别是它的控制中心和图像采集机构。操作人员发出启动信号，机器人便在地沟中自动精确巡航到指定部位开始检测。它们利用手臂上的高清视觉系统快速扫描检测部位，并将采集到的高清车底图像数据传输回中心计算机进行处理。

计算机将采集到的图像与事先录入的"健康"动车组图像进行智能对比分析，准确判定出动车组上的螺栓、轮对以及制动盘等部件是否存在故障，并通知作业人员进行处理，确保动车组安全检修的质量。

机器人的每一趟检测记录、每一帧画面都会被服务器保存下来，确保作业过程的可追溯。每一列动车的数千个位置都被有效纳入自动化检查，一列 8 辆编组动车检修时间从 120 min 缩短到 60 min，作业人员也由 4 人减少到 2 人，大大提高了检修效率。动车组检测智能机器人如图 8-1-4 所示。

图 8-1-4　动车组检测智能机器人

（三）高速综合检测列车

高速综合检测列车是一列装有专用检测设备的列车，其基本构成是在高速铁路实际运营的动车组上搭载具备一定技术精度的专业检测、分析、巡检仪器及计算机等设施，对线路轨道、牵引供电、通信信号和影响列车运行安全环境的技术指标和相关信息进行实时检测，并具有时空同步定位、数据传输和分析功能，对基础设施状态进行检测和质量综合评估，以保证检测作业时与行车实际状态一致的工况并获得准确、实时的检测数据。其检测结果主要用于指导基础设施的养护维修和新线验收。为了使检测结果反映高速铁路列车运行时基础设施的真实状态，综合检测列车检测时运行速度应可能与列车运行速度一致。其中针对轨道不平顺检测系统，检测速度可达到 400 km/h。高速综合检测车检测功能如图 8-1-5 所示。

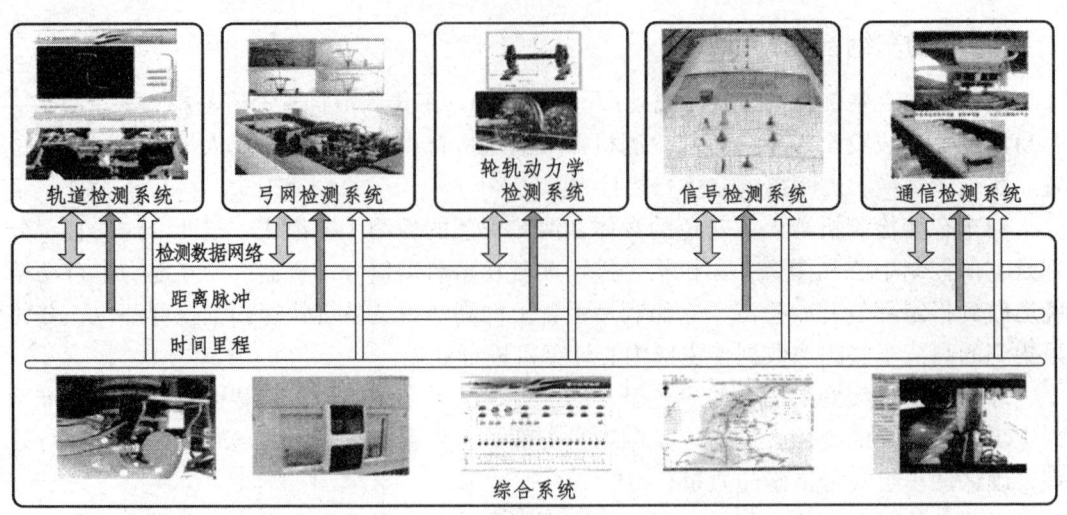

图 8-1-5　高速综合检测车检测功能

> **任务实施**

根据以上相关知识，由老师组织学生分组讨论智能高速铁路相关内容，各小组派代表进行总结汇报，小组互评，教师点评。提高学生运用理论知识解决实际问题的能力。

//// 任务二　高速铁路智能客运应用 ////

> **能力目标**

能对高速铁路智能客运有初步的认识。

> **知识目标**

掌握高速铁路智能票务内容；掌握高速铁路智能车站内容。

> **相关知识**

智能票务和智能客运直接面向旅客，为旅客提供多渠道的电子化、便捷化票务服务，并提供覆盖进站、候车、乘车、出站等全环节的出行服务，实现客流信息的精准采集和预测。

一、高速铁路智能票务

随着万物互联、数据驱动、智能决策的数字化时代的发展，"互联网+出行"得到深入应用，为旅客出行全过程提供个性化、一站式的客运服务。智能票务系统的建设全面提升了旅客出行的满意度和幸福感,实现了客运生产组织和客运服务流程的全面优化与重构。

(一) 智能票务主要业务

智能票务业务涉及海量的内外部动静态数据,主要包括客票交易数据、管理数据、席位数据、价格数据、检票基础数据、检票交易数据、铁路畅行会员数据、乘车人数据、e卡通数据、候补数据、接续换乘数据、核验数据、车次停靠站数据、余票数据、出行服务产品数据、商户信息、订单数据、交易数据、结算数据、用户评价、发票信息、列车定员、发送量、上座率、客座率、客票收入、客流预测等数据,以及外部民航、公路、旅游等信息。随着自主选座、接续换乘、12306订餐、网约车、铁路旅游、新型票制、高速铁路 Wi-Fi 覆盖等新功能不断出现,票务服务变得智能化、人性化。高速铁路智能票务主要由电子客票、智能售票组织、定制化服务和旅客画像等方面的内容构成。

(二) 电子客票

铁路电子客票是存储在铁路客票系统中的一种电子数据,是以电子数据形式呈现的铁路旅客运输合同凭证,承载了与铁路旅客运输服务相关联要素信息。智能票务通过对电子客票各项关键技术的研究和客票系统架构的升级,实现了纸质车票运输合同凭证、乘车凭证、报销凭证三大属性的有效分离。

1. 全程服务信息化

实现旅客从购票、进站、候车、乘车、出站、换乘等全流程的信息化服务。旅客购票后,无须换取纸质车票,凭购票的有效身份证件,便能办理进站实名制核验、乘车和出站检票、列车查验等手续,客票系统根据证件信息识别证件所对应电子客票的有效性。通过车票的电子化和全程服务的信息化,能有效消除旅客车票丢失、毁损和购买假票的风险,彻底解决纸质车票存在的问题。

2. 票务服务自助化

对于持可识读购票证件,如二代身份证、港澳台居民居住证、电子护照等的旅客,无论是进站实名制验证验票,还是检票乘车、出站,或是获取乘车信息、办理车票变更和打印报销凭证,均可通过车站设备自助办理手续。对于在12306移动端上完成人证核验的旅客,可以直接使用移动端里的"检票二维码"检票乘车;对于持不可识读购票证件的旅客,也可通过半自助设备读取购票信息单,人工核验证件后完成手续办理。检票二维码如图 8-2-1 所示。

3. 线上线下服务一体化

旅客在12306网站售票系统上购买的电子客票,可以在车站窗口办理改签和退票;旅客在车站窗口或自动售票机上购买的电子客票,也可以在12306售票系统上办理改签和退票。

图 8-2-1　检票二维码

（三）智能售票组织

智能售票组织是指在现有售票组织的基础上，引入精细化的有座席管理和无座席/自由席存量管理相结合的席位管理方式，以营销自动生成售票组织加以人工辅助调整，实现席位调整的自动化和智能化，同时提供方便、快捷的操作手段，提高业务操作的工作效率，建立信息沟通机制和平台，实现信息共享，为相关部门提供数据支撑，通过大数据处理进行票额智能预分与开行方案动态优化。

1. 票额智能预分

票额智能预分核心功能包括客流预测和票额自动分配。在车票预售过程中根据销售进展和客流情况进行动态调整，实现席位资源和客流需求的最佳匹配。利用大数据技术分析旅客信息和售票数据，构建客流预测系统。

2. 开行方案动态优化

在客流预测基础上，结合运力资源配置情况，对旅客列车的运行区段、运行径路、列车种类、开行对数、编组内容、停站和动车组运用方案进行动态优化调整。

（四）定制化服务

定制化服务是针对不同人群提供适合的客运服务方案，旅客可以自主选择自己最满意的服务。定制化服务让无形的服务释放出更大的价值，从而收获旅客的满意度。"静音车厢"为喜欢安静出行环境的旅客量身打造，从而获得更加舒适的感觉。"一站式"服务是对重点旅客乘车全流程的重点服务，让旅客感受温馨。"高铁+旅游""高铁+酒店""高铁+餐饮"等服务使旅客能享受到吃、住、游、购、娱的乐趣及延伸服务。

二、智能客站旅客服务与生产管控平台

高速铁路智能客站是广泛应用新一代信息、控制和通信技术，面向便捷、安全、高效、节能等目标，通过自动化信息服务和智能化管理控制，实现客、站、车、城交互协

调发展的智能综合体。智能客站数据主要包括旅服作业计划数据、生产指挥数据、客运设备管理数据、应急管理数据、行李 X 射线图像信息、旅客放/取包图像信息、旅客-行李关联信息、违禁品报警及处置信息、安检设备状态信息、人员在岗信息、路线规划数据、导航数据、定位信息数据、站内信息数据、语音数据、人像数据等，为改进客运管理和安全运行提供支持。

智能客站旅客服务与生产管控平台（简称平台）是向旅客和铁路客运站工作人员提供综合客运生产服务为目标的平台。该平台自动接入国铁集团客票日计划和运输调度平台日计划、调度命令、阶段计划以及 CTC 压轨信号，综合集成旅客服务信息系统、客运管理系统、生产指挥、设备监控系统和应急管理系统等子系统，具有深度集成、智能控制、信息共享、集中管控和分散布局等特点。平台数据来源及结构如图 8-2-2 所示。

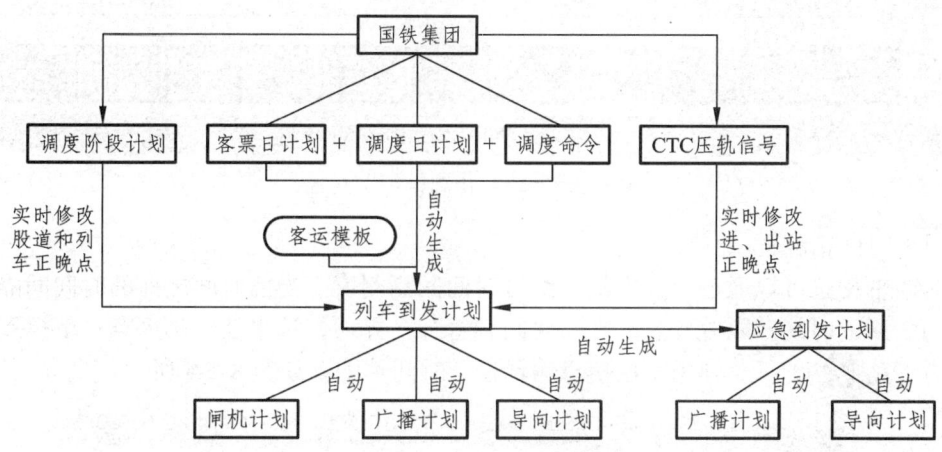

图 8-2-2　平台数据来源及结构

（一）到发管理

通过智能客站旅客服务与生产管控平台主要工作界面便可完成车站作业管理的各个操作，包括基本操作、到发管理、作业指挥、广播管理、导向管理、系统管理等。到发管理是旅客服务系统的核心模块，所有与调度和客运业务相关的操作和管理功能都是在到发管理模块中完成和执行的。依据图定到发计划模板生成动态客运计划，依据不同的客运命令对动态客运计划进行修订与管理；将广播、导向等系统的业务和管理内容进行集成。根据列车到发情况，对导向、广播等子系统进行相应客运计划的手动、自动下发。

1. 图形化到发计划

图形化的到发计划界面（见图 8-2-3）包括按钮区和信息显示区。操作员可以根据操作习惯直观地对各车站列车的到点、发点、股道、检票口等信息进行调整和管控。

在图形化到发计划界面按钮区，单击【配置】按钮，弹出"动态配置"界面。动态配置界面包括业务流程列表区、业务流程编辑、时间轴预览、业务配置、时间轴配置、小火车配置、按钮区七个部分。

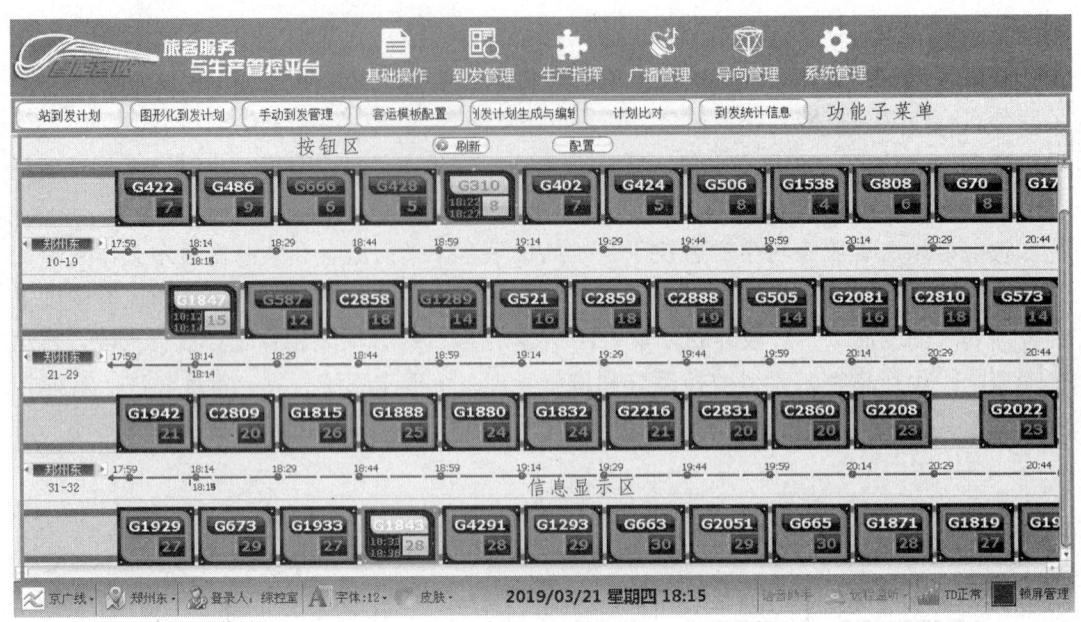

图 8-2-3　图形化到发计划界面

（1）时间轴配置。

时间轴配置可以通过上、下箭头配置时间间隔刻度、当前时间之前的时间间隔、当前时间之后的时间间隔等信息。在"时间轴管理"界面，选中任一小火车；鼠标点击小火车右上角 ![icon] 图标，弹出车次信息编辑栏。时间轴配置如图 8-2-4 所示。

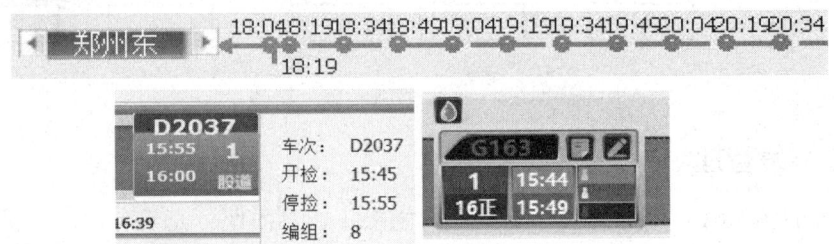

图 8-2-4　时间轴配置

（2）小火车配置。

小火车车头底色分为黑色、黄色、蓝色三种，黑色代表当前时间之前的列车，黄色代表当前时间之后 1 h 以内的列车，蓝色代表当前时间 1 h 以外的列车。鼠标右击小火车车次位置，弹出业务操作信息栏。终到列车可对预告、列车到达、出站立即开检、出站立即停检、立即执行、切换自动、切换手动进行操作。始发车可对预告、列车离站、进站立即开检、进站立即停检、立即执行信息进行操作。小火车配置如图 8-2-5 所示。

图 8-2-5　小火车配置

2. 客运模板

客运模板主要是对列车信息进行调整。列车信息包括到点、发点、股道信息、进站开检变更、进站停检变更、候车室检票口变更、编组变更、是否立折等。

客运模板配置界面（见图 8-2-6）包括按钮区、查询功能区、列车信息配置区、候车室检票口区，可以对相应列车的股道、站台、进站方向、检票口和候车室进行配置。

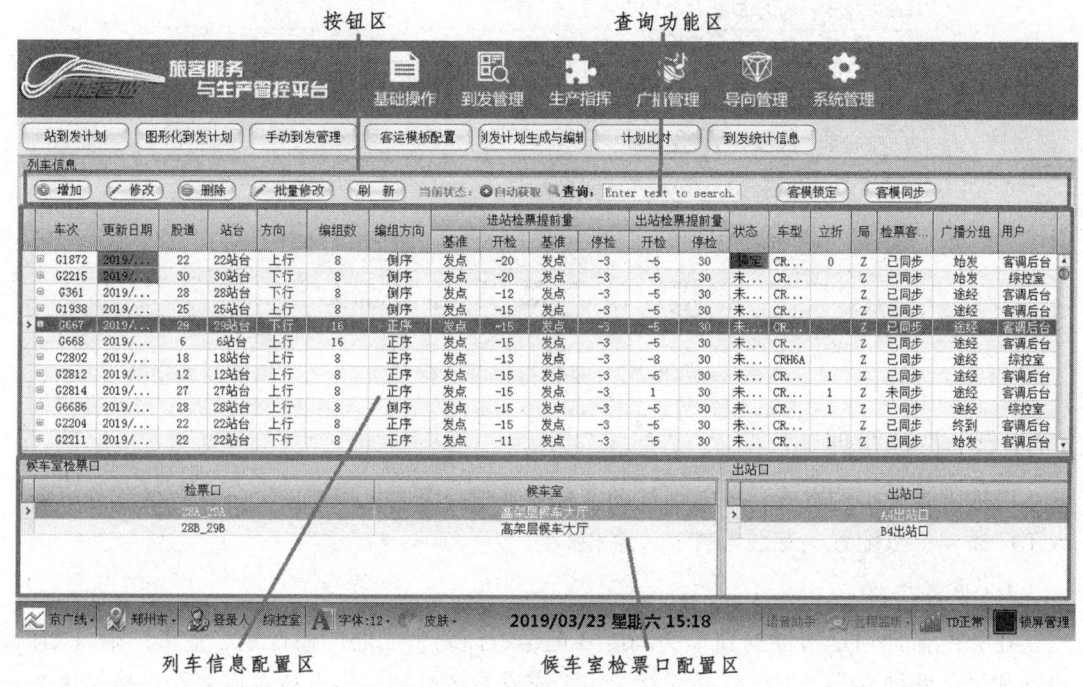

图 8-2-6　客运模板配置界面

（二）生产指挥

生产指挥管理界面集成了广播、引导、检票、上水、吸污、人员作业等计划。

1. 联动控制

生产指挥系统接到调度集中系统晚点或人工发送列车晚点的命令后，自动调整列车到发计划，联动修改广播、引导、检票、上水、吸污、人员作业等计划，并发送至手持终端和旅服系统设备控制器上，实现联动控制。

2. 列车到发计划和客运组织参数调整和发布

列车的到发计划和客运组织参数调整和发布内容包括到点、发点、股道信息、调整预告、车底到、列车到达、列车离站、进站检票时间变更、候车室检票口变更、编组变更、人员作业调整等。

3. 动态标记

每条站车次信息都有自己的动态标记。列车到晚点、发晚点、股道变更、检票口变更状态分别以不同颜色进行标记；广播和导向计划执行状态包括未执行、正在执行、执行失败、执行成功、执行冲突，并分别以不同颜色进行标记；人员作业状态包括未开始、未到岗、正在作业、已完成执行冲突，并分别以不同颜色进行标记。

生产指挥动态标记如图 8-2-7 所示。

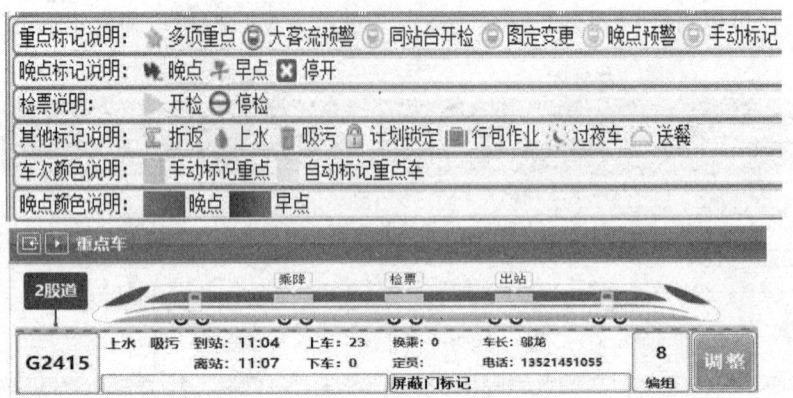

图 8-2-7　生产指挥动态标记

（三）广播管理

广播管理是指对本线路各客运站的广播业务进行管理。广播管理主要包括业务广播、人工广播、参数配置、专题编排、广播模板。

1. 业务广播

业务广播计划是指根据列车的调度客运组织计划生成的广播计划，业务广播计划以自动和手动两种方式下发给广播系统，用于完成对客运站工作人员及旅客提供接站出站、候车、开停检、列车到达等方面的听觉引导服务。业务广播模块包括日常广播、变更广播、应急广播、冲突广播四个子页面。

（1）变更广播。

变更广播是在列车有变更情况（如晚点、停运、股道变更等）时需要的广播。

（2）应急广播。

应急广播可以灵活处理车站工作人员临时增加某车次某广播在相应广播区播放的问题。应急广播通过手动选择列车车次、业务类型、广播模板、广播区域，然后根据该车次在到发系统里的具体信息生成相应的广播计划，人工控制播放或者停止。

（3）业务计划执行状态

业务计划有十种执行状态，并用各种颜色表示，使操作员能够直观地了解广播计划执行状态。其执行状态包括：0——未执行（白色），1——开始执行，2——正在执行，3——执行成功，4——执行失败，5——停开，6——晚点未定，7——执行冲突，8——停止执行，9——正在停止，10——停止成功。

2. 人工广播

操作人员可通过人工广播实现对不同广播区域使用广播声卡、卡座、CD、话筒等不同信源进行广播与监听的功能。人工广播界面包括广播区展示、信源展示、播放队列、TTS 信源和辅助功能区五个区域。

（1）TTS 播放音频。

TTS 播放音频可以实现将文字转换成语音广播的功能，能够输入文本进行试听与广播。在相应的文本框输入文字，广播区展示界面选择要广播的广播区域，然后点击播放。一般用来播放寻人、寻物等广播。

（2）语音播放。

在广播区展示界面，选择要广播的区域，点击左下角主话筒，即可用话筒进行口播。

（3）专题广播。

选择要播放的专题广播，右侧展示出广播的区域，可以进行修改广播区和删除广播区的操作。点击播放按钮，即可播放该条广播。也可以通过设置自动播放，到时间以后，让专题广播自动播放。

广播管理操作界面如图 8-2-8 所示。

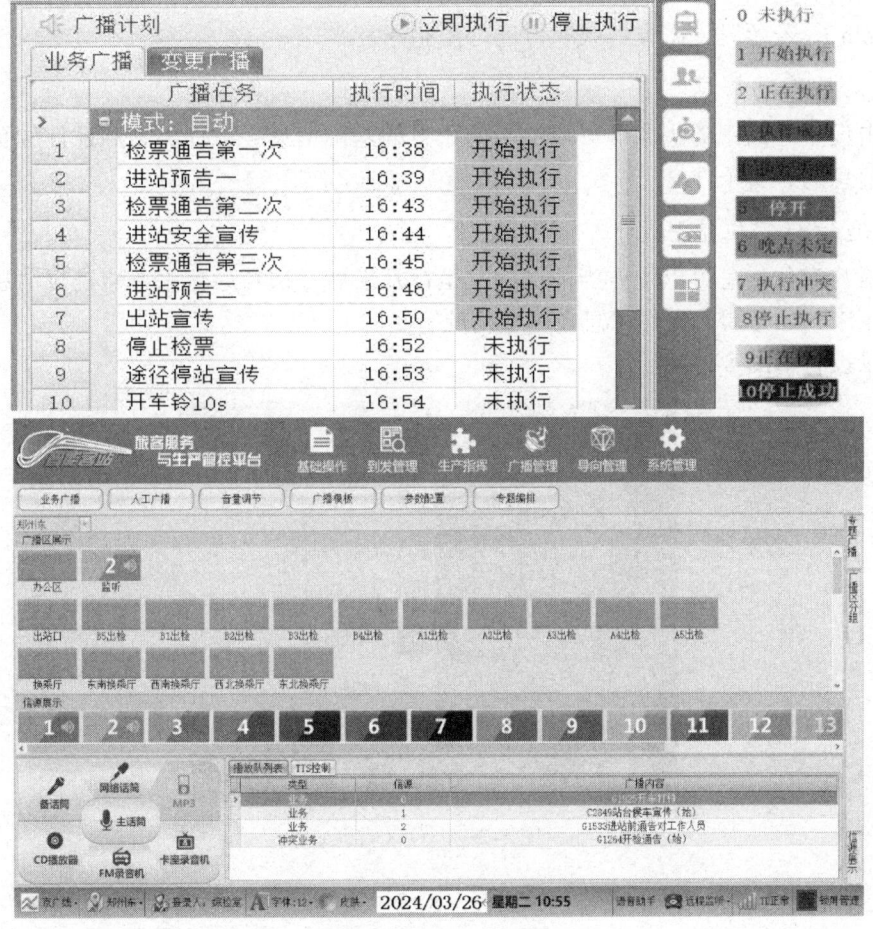

图 8-2-8　广播管理操作界面

207

三、智慧车站手持作业终端

智慧车站客运作业手持终端备品备件包括手持作业终端、手持作业终端电池、蓝牙证卡识读器。

（一）登录设置

在登录主界面选择【所属路局】【直属单位】【所属车站】后，点击下一步输入用户ID和密码后即可进入系统。

1. 消息提醒设置

关闭声音提示，会直接将服务中断、未读提醒关闭。服务中断和未读开启时，默认提醒时间 5 min，可自行修改时间。

2. 二维码名片

二维码名片用于客运人员之间自行调整作业，需要通过后台获取。有时效性（暂时定为 5 min），若超时，需重新获取再进行作业调整。

3. 人员基础信息

点击设置界面中的头像即可显示当前账号的基础信息，证件类型和证件号是录入提交征信信息的必要条件。

4. 通信与定位信息

通信与定位信息可以查看当前经纬度坐标及最后一次与后台服务器进行消息交互的时间，用来判断是否有定位信息及通信情况。

登录设置如图 8-2-9 所示。

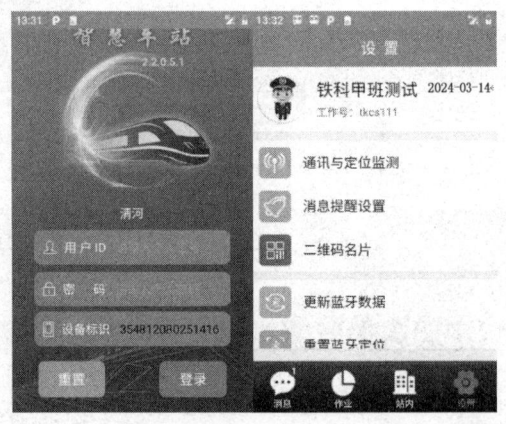

图 8-2-9　登录设置

（二）消息提醒

消息界面根据不同类型的消息进行分类，消息需要"查阅"签收，不点击则会一直显示为未签收状态，若开启"未读消息提醒"，则会根据设置的提醒时间进行重复的提醒。

签收后，对应的消息的背景色置为灰色。

消息提醒如图 8-2-10 所示。

图 8-2-10　消息提醒

消息分类及功能见表 8-2-1。

表 8-2-1　消息分类及功能

类型	功能
上岗提醒	日班计划到岗前提醒上岗
调令消息	短消息发送页面"调令消息"发送汇总的相关调令内容
安全卡控	1 h 内相关消息：上水/吸污、同站台（7 min）、大客流、股道变更、编组变更、正反变更、加开车（变更是与前一天做对比得出的）
变更消息	晚点（半小时内的晚发、晚到）、恢复正点、检票口变更、股道变更、出站口变更，发停开、到停开、恢复、临时加开
侵入预警	站台越白线、端部入侵、逆行等
应急通知	应急处置流程信息和"应急消息"类型信息
站车交接	超员电报、站车互查、遗失物品、重点旅客等的交接
客服工单	重点旅客、遗失物品、寻人工单

（三）作业界面

在作业界面中显示不同车次的作业状态、风险卡控点和重点车标记、已完成的作业开始时间和结束时间。点击"车次"，在弹出框中查看车次详情信息及手动打卡（开始/结束）。手动打卡需要有蓝牙定位信息，否则无法打卡。

作业界面如图 8-2-11 所示。

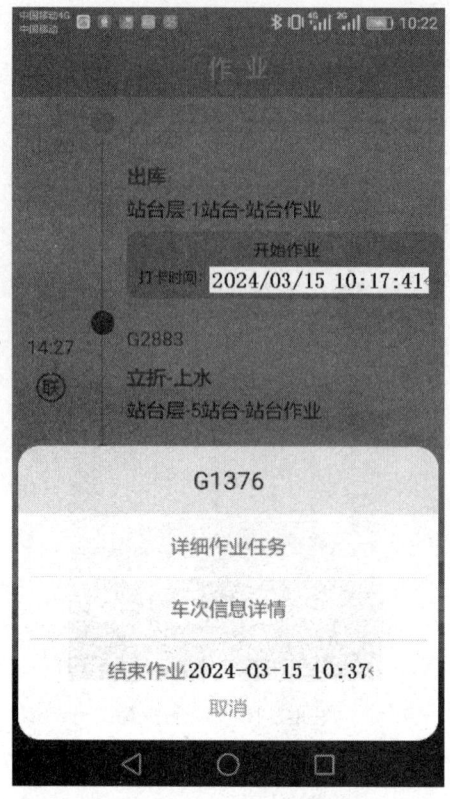

图 8-2-11　作业界面

（四）站内作业管理

在站内主界面点击右上方九宫格图标，页面可以实现九宫格式和列表式的风格转化。

1. 作业调整管理

作业调整可以对当前的作业人员进行调整，扫描接替人员二维码即可进行作业调整，并选择调整作业类型或车次类型。

2. 到发信息管理

在旅客服务信息系统到发界面上方的搜索框输入查询的车次，点击"车次"后进入旅服到发列表详情页，在旅服到发列表详情页中，可以手动进行列车离站、立即开检、立即停检等操作。

3. 到发公告

到发公告界面可以对列车的车次、始发终到站信息、到开时间、站台、状态进行查询。站内作业管理如图 8-2-12 所示。

4. 调度命令

在调度命令界面可以通过发令日期与执行日期对调度命令进行查询（见图 8-2-13）。

项目八 智能高速铁路

图 8-2-12 站内作业管理

图 8-2-13 调度命令查询

5. 股道示意图

股道示意图实时直观地显示不同股道上车次的停靠站台及作业状态等信息，对于不同作业的工作状态，颜色显示有所不同，可以点击界面的右上角进行查看，如图 8-2-14 所示。

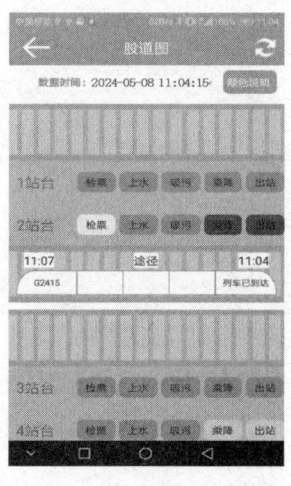

图 8-2-14 股道示意图

211

任务实施

根据以上相关知识，由老师组织学生分组讨论高速铁路智能客运相关内容，各小组派代表进行总结汇报，小组互评，教师点评。提高学生运用理论知识解决实际问题的能力。

复习思考题

1. 智能高速铁路有哪些相关技术？
2. 高速铁路智能建造包括哪些方面的内容？
3. 高速铁路智能装备包括哪些方面的内容？
4. 高速综合检测车的检测功能有哪些？
5. 高速铁路智能客运包括哪些内容？

参考文献

[1] 中国铁路总公司. 高速铁路牵引供电知识读本[M]. 北京：中国铁道出版社，2015.

[2] 国家铁路局. 高速铁路设计规范[M]. 北京：中国铁道出版社，2015.

[3] 兰云飞. 高速铁路概论[M]. 北京：北京交通大学出版社，2016.

[4] 佟立本. 高速铁路概论[M]. 5 版. 北京：中国铁道出版社，2017.

[5] 《技规》条文说明编写组.《铁路技术管理规程（高速铁路部分）》条文说明[M]. 北京：中国铁道出版社，2018.

[6] 曲思源. 高速铁路运营安全保障体系及应用[M]. 北京：中国铁道出版社，2018.

[7] 中国铁路上海局集团有限公司. 动车组司机一次乘务作业标准[M]. 北京：中国铁道出版社有限公司，2019.

[8] 王慧. 高速铁路概论[M]. 成都：西南交通大学出版社，2020.

[9] 中国国家铁路集团有限公司. 铁路运输调度规则（高速铁路部分）[S]. 北京：中国铁道出版社有限公司，2022.

[10] 中国国家铁路集团有限公司. 铁路客运服务信息系统设计规范[3]. 北京：中国铁道出版社有限公司，2023.